放送大学叢書　050

新・住宅論

新・住宅論　目次

はじめに

本書は、２０１３年から２０１７年まで放映された放送大学「新しい住宅の世界」のテキストを、２０２０年の社会状況から見直すことによって再構成した著作である。

放送大学の講師の依頼を受けたのは、２０１１年の東日本大震災が勃発した直後である。

僕は、この大震災を契機に、日本の住宅のあり方が大きく転換することを直観した。そして、ちょうどその時期に開講する放送大学で、それまでの住宅のあり方を抜本的に考え直してみようと考えたのである。その時から現在までに、ほぼ10年が経過したが、当時、再検討した基本的な問題は、現在でも大きく変わっていないように思う。

当初「新しい住宅の世界」を構想するにあたって、僕は以下のような目標を立てた。

1. 日本の住宅の状況をサステイナブルデザインの視点から総合的にとらえること。

2. 住宅がどのようにつくられ、どのように住まわれているかについての総合的な知見、すなわち「住宅リテラシー」（住宅の理解力）の普及が、震災復興を含めた、今後の住宅をよくする重要な前提条件と考えたのである。たとえば、現在も重要視されている住宅の省エネルギー化という目標は、単に設備機器の性能を改良するだけでは達成できない。住み手が自分の住む住宅の成り立ちを知り、それに適合した住まい方を実行しなければ、決して達成されないからである。

3. 日本の住宅の問題を、歴史的視点と技術的視点から立体的にとらえること。
住宅のあり方に対して、第二次世界大戦後の住宅問題の変遷を辿る歴史的視点と、住宅の生産構造をハード・ソフトの両面からとらえる技術的視点の、両面からアプローチすることをめざした。というのも、戦前の住宅と戦後の住宅のあり方は、終戦を転機として、住まい方が大きく変化し、それに並行して住宅の生産と供給の仕方も大きく変わっているからである。

4. 日本の住宅が置かれている状況を、さまざまな視点から多角的にとらえること。
そのために、立場や視点の異なる多種多様な人びと、建築家やデザイナーだけでなく、住宅部品メーカー、ハウスメーカー、ディベロッパーなど、住宅のデザインと生産・供給に関連する幅広い調査と取材を実施すること。

5．住宅の世界を建築家の立場からとらえ、建築家の社会的役割を明らかにすること。建築家という職能は、一般に考えられているように、特異なデザインを提供することだけにあるのではない。それだけではなく、時代を先取りするような原型的なデザインを提案することも建築家という職能の重要な社会的役割であることを明確にすること。

以上のようなスタンスから放送大学のテキストをまとめることを通して、東日本大震災が、住宅に関するそれまでの問題を、より一層複雑化したことを理解できたと思う。住宅に関係するさまざまな問題は複雑に絡み合っており、単一の視点から全体を把握することはできない。大震災はその複雑さをさらに推し進めていたのである。

そこで、テキストをまとめるに当たって最初に考えたことは、そのように複雑な住宅の問題を解きほぐすための包括的な視点についてである。その回答が、第1章で紹介した「建築の4層構造」のマトリクスである。このマトリクスは、僕の大学院時代の師である建築家、池《いけ》辺《べ》陽《きよし》から学んだ設計方法論にもとづいて、それを僕自身の設計実務の経験を通じて展開させた理論図式である。池辺の設計方法論は『デザインの鍵』（池辺陽：著　丸善、１９７９）に明解にまとめられている。この著作に展開されている設計方法論は、現在でも十分に通用する根源的な視点を提供していると思う。

住宅の問題をとらえる上で、もうひとつ重要な条件は歴史的な視点である。「建築の4層構造」においても、重要な条件として〈時間〉を挙げている。現代の住宅の問題は、すべて歴史的に形成されている。その経緯は、主に第二次世界大戦後の社会改革と住宅政策の転換に起源があるのである。

当初の放送大学テキストをまとめる際には、住宅の問題をそれまでとは異なる新しい視点にもとづいて再検討することをめざしたので、番組名とテキストのタイトルは「新しい住宅の世界」とした。放送大学の番組制作と連続講義を通して、その目標はほぼ達成できたのではないかと考えている。

今回、放送大学のテキストを再構成し、叢書にまとめるにあたっては、新しい視点にもとづく住宅論という意味を込めて『新・住宅論』とタイトルを改めることにした。本書を通じて、住宅について総合的に考える視点を持ってもらえれば幸いである。

◉第一章　住宅の現在

1．本書の目的

本書の目的は、これからの日本の住宅のあり方について、できるだけ広い視点から捉えることである。全15章で現代の日本の住宅が、どのような建築材料や設備機器によって、どのように建設され、どのような経路で供給され、どのような人びとによって、どのように住まわれているのかを多角的に捉えた上で、これからの住宅はどうあるべきかについても考えてみたい。

一口に住宅といってもさまざまな種類の住宅がある。第二次世界大戦終了以降は戸建住宅が主流だったが、最近の大都市では集合住宅も徐々に大きな割合を占めている。戸建住宅だけをとりあげても、工務店や大工による建売住宅、ハウスメーカーによる商品化住宅、建築家の設計による住宅など。さまざまなタイプがある。集合住宅にもかつての住宅公団による団地をはじめとして、賃貸マンションや分譲マンション、最近では超高層マンションなどさまざまタイプが存在する。これらのすべてを個別的にとりあげることはできないが、本書ではこれらの住宅に共通する問題として、これからの住宅のあり方を総合的に見る視点を提案したい。

2. 建築家がつくる住宅

建築家の視点

筆者は住宅の設計を専門とする建築家である。公共建築や商業建築を設計した経験もあるが、中心的な仕事は戸建住宅の設計である。したがって本書は日本の住宅のあり方を建築家の視点からとらえた内容になる。

とはいえ筆者は一般的な建築家とは異なり、住宅を建築作品としてだけではなく、社会的・技術的な生産物という視点からもとらえ、その考えにしたがって設計を展開している。さらに大学建築学科の教員として、建築や住宅のデザイン理論と実務を教えた経験をもっている。

一般に建築家が設計する住宅はハウスメーカーの住宅や一般的な注文住宅に比べると、どこか違って見えることは確かである。その違いはどこからくるのだろうか。さまざまな理由が考えられるが、最大の要因は住宅に関する建築家のヴィジョンにある。

当たり前のことだが、建築家は建主の要求と同時に、敷地、予算、法律、技術といったさまざまな条件を考慮しながら設計を進める。しかし建築家はそれだけでは満足しない。建築家はそれぞれ独自のヴィジョンを持ち、それを設計に盛り込もうとする。ヴィジョンは建築家によってさまざまだが、ひとつだけ共通している点がある。それはヴィジョンを通じて、社会に対して何らかの提案や問題提起を行おうとしていることである。建築家は特定の建主の要求と敷地の条件に対して設計を進めながら、そこに個別性を越えた社会的なテーマを埋め込もうとする。もちろんハウスメーカーの住宅や一般的な注文住宅も現代社会のなかでつくられている以上、何らかの形で社会的なテーマが込められている。しかしながらそのテーマは、今現在の社会的条件に結びついている。一方、建築家のヴィジョンが提案するテーマは、現在を脱却して未来へ向かおうとしている。そして未来を見据えるためには、過去から現在へと続く時間、すなわち歴史を知らなければならない。したがって建築家のヴィジョンを根底で支えているのは歴史意識だといってもよいだろう。歴史意識にもとづく独自のヴィジョンをもっているのが真の意味での建築家なのである。

本書ではそのような建築家としての視点から住宅をつくり住まうという一連の活動をとらえてみたい。

アートとデザイン

最近では、住宅を単に住むための機能的な場所としてではなく、立体的で空間的なアート作品と見なす傾向が見られるようになっている。つまり住宅の形や空間を、一種の造型的な作品としてとらえるのである。その場合には、建築家は芸術家（アーティスト）ということになる。

これに対して、先に述べたように住宅を社会的・歴史的な存在と見なすことは、住宅をデザインとしてとらえるといってもよいかもしれない。筆者の師匠である建築家、池辺陽（1921-1979）は『デザインの鍵』という著書のなかでアートとデザインの違いについて、以下のように定義している。

芸術（アート）がデザインと区別されるもっとも大きなポイントは、その作品自体の価値にあり、それがどうしてつくられたかということや、それが生まれることによって何が起こるのかということは第二の問題である点である。それに対してデザインは、つくられたものに最大の意味がある訳ではなく、それが生まれることによって社会に影響を及ぼし、さらに新たなデザインを生んでいくポイントを内蔵していることに求められている。別のことばでいえば、デザインの行為は、未来に対する方向性の発見といってもよい。

『デザインの鍵　人間・建築・方法』（池辺陽：著　丸善、１９７９）

このような定義から、アートは個別的で一回的な作品であるのに対し、デザインは一般的で反復的な生産物であること、あるいはアートには作家の署名性が刻印されているのに対して、デザイナーの仕事は匿名的な存在であるといった相違点を導き出すことができる。

とはいえ住宅は通常のアート作品とは異なり、「住む」という実用的な機能をもっている。さらに個別的に制作されるアート作品とは異なり、現代の住宅は個別的な戸建住宅であっても、住宅産業というひとつの産業領域のなかで建設されている。したがって住宅に関しては、アートとデザインは住宅を見る際の視点の相違に過ぎないということもできる。

実際に建築の世界では、明確に分けることは難しいとはいえ、相対的にアート的な側面に焦点を当てるメディアと、デザイン的な側面に重点を置くメディアの両方が存在している。たとえば一般の建築のメディアでは、住宅は建築家の署名が刻印された作品として紹介されるのに対し、グッドデザイン賞のようにプロダクト製品を対象とする賞の場合には、住宅は一般の工業製品と同じような視点で審査されている。

図1－1：『デザインの鍵』表紙

以上のような点を踏まえて、本書では住宅を個別的な作品（アート）としてよりも、基本的にデザイン的な視点からとらえることにしたい。

3. サステイナブルデザイン

3・11とサステイナブルデザイン

筆者が大学の研究室で掲げていた研究テーマは「建築と都市におけるサステイナブルデザイン」であり、このテーマは現在も変わっていない。サステイナブルデザインとは

「持続的なデザイン」という意味である。何を持続するのかについては後に詳しく説明するが、サステイナブルデザインは、これからのあるべきデザインを総合的にとらえる視点であり、建築や都市がめざすべき重要なテーマである。

3・11（東日本大震災）以降、都市や建築におけるサステイナブルデザインの視点は、今まで以上に重要になってきた。今回の震災は街や住宅に対するわれわれの考え方を根本から転換させたといっても過言ではない。この転換は以下のような4点にまとめることができる。

1 われわれが時間をかけてつくり上げてきた街や住宅という物理的な秩序が、いとも簡単に瓦礫という無秩序な状態に変わってしまうことが明らかになった。

2 原子力発電所を含めて、われわれの生活を支えている電気、通信、上下水道といったエネルギーのインフラストラクチャーが、いかに脆弱な存在であるかが明らかになった。

3 震災は震災共同体という自生的なコミュニティをうみ出す契機となり、われわれが忘れかけていたコミュニティという人間の結びつきの重要性を再認識させた。

4　街や住宅という物理的な存在が消滅したとき、われわれに残されているのは、歴史的な記憶や想い出だけであることが明らかになった。

今後われわれが街や住宅について考える際には、以上のような4つのパラダイム転換から出発しなければならない。この4つのパラダイム転換は、それぞれ建築や都市の4つの側面に対応している。これを整理すれば以下のようになるだろう。

1は、建築や都市が、われわれの生活を支える「物理的な秩序」であることを示している。

2は、建築や都市が、われわれの生活を支える「エネルギーの制御装置」であることを示している。

3は、建築や都市が、家族やコミュニティのために存在していることを示している。

4は、建築や都市が、人びとにとって歴史的な記憶のメディアとなることを示している。

筆者の考えでは、サステイナブルデザインとは、建築や都市がもっているこれら4つの側面のそれぞれを持続させるデザインのことを意味している。

建築の4層構造

サステイナブルデザインのために建築や都市を上記のような4つの側面によってとらえる枠組を「建築の4層構造」と名づけてみたい。

初めに、この枠組の歴史的な経緯について考えてみよう。ローマ時代の建築家ウィトルウィウスは建築を3つの要素によって定義している。

「強・用・美」つまり「強さ、実用性、美しさ」である。ウィトルウィウスによる建築の定義は、そのまま近代建築の用語に翻訳することができる。「強」は耐久性、「用」は機能性、「美」は形態である。さらにこれを現代の建築用語に翻訳すれば、「耐久性」とは材料や建設などの技術であり、「機能」とは社会的用途やビルディング・タイプ（建物類型）であり、「形態」とは建築の表現、広い意味での文化的記号だといってよいだろう。

私見では、3・11震災からも明らかになったように、これからのサステイナブルな建築の条件として、この3つの条件に、もうひとつ重要な要素として「エネルギー」を加えるべきである。サステイナブルな建築は以上の4条件によって成立するのである。

この4条件から、建築を次の4つの視点でとらえる以下のような仮説が導き出される。この4条件は、上で述べた建築の4つの側面に対応していることがわかる。

1 建築は物理的な存在である。
2 建築はエネルギーの制御装置である。
3 建築は生活のための機能を備えている。
4 建築は記憶や意味を伝える記号である。

4つの視点は大きくふたつに分けることができる。前の2条件は建築のハード面をとらえ、後の2条件はソフト面をとらえている。ハードウェアとソフトウェアといってもよい。ハードウェアとソフトウェアという定義から直ちに連想するのはコンピュータだろう。コンピュータは人間の脳をモデルとしてつくられている。人間の脳にもハードウェアとソフトウェアの側面があり、4つの視点からとらえることができる。言い換えれば、建築の4つの側面の原型モデルは脳（身体）を備えた人間である。これを図式化すると以下のようになる。

1 脳は特定の物理的構造をもった脳細胞のネットワークである。
2 脳は脳細胞のネットワークを流れる電気・化学的エネルギーによって作動する。
3 脳はそれぞれ働きの異なる機能モジュールのネットワークによって成立している。
4 脳は記号を操作し、意識現象をうみ出す。

以上からもわかるように、4つの視点は建築と人間を同じモデルによってとらえることを可能にする。つまり4つの視点によれば、建築と人間の相互作用をとらえることができるわけである。この点はサステイナブルデザインを展開する際にきわめて重要な条件である。

「建築の4層構造」のマトリクス

以上のような4つの視点をさらに詳細に展開すると表1-1のようなマトリクスをつくることができる。

マトリクスの行（縦）は建築を4つの視点から見たときの「層」を表している。左端の層は先に検討した建築の４つの視点である。これに対して列（横）は建築のデザインを展開する際のそれぞれの層の局面を表わしている。それぞれの視点（層）から見た建築の様相は以下のようになるだろう。

1　第1層は建築の物理的な側面である。この層は建築を物理的なモノとしてとらえる視点である。

2　第2層は建築のエネルギー的な側面である。この層は建築をエネルギーの制御装置としてとらえる視点である。エネルギー性は物理性とは独立して扱うことができる。

3　第3層は建築の機能的な側面である。この層は建築を社会的な機能を果たす存在としてとらえる視点である。機能は人の流れ、部屋の広さ、用途といった人間の活動に関係し、物理性やエネルギー性とは独立して扱うことができる。

4　第4層は建築の記号的な側面である。この層は建築を文化的な意味や価値を担う記号としてとらえる視点である。建築の記号性は他の3層とは独立して扱うことができる。

建築の4層構造 （建築学の領域）	建築を見る視点 （建築の様相）	プログラム （デザインの条件）	技術 （問題解決の手段）	時間 （歴史）	サステイナブル デザインの条件
第1層：物理性 （材料学・構法学・構造学）	物理的な モノとして見る	材料・部品 構造・構法	生産・運搬 組立・施工	メンテナンス 耐久性・風化	再利用・リサイクル 長寿命化
第2層：エネルギー性 （環境学・設備学）	エネルギーの 制御装置として見る	環境・気候 エネルギー	気候制御装置 機械電気設備	設備更新 エントロピー	省エネルギー LCA・高性能化
第3層：機能性 （計画学）	社会的な 機能として見る	用途・目的 建物種別	平面・断面計画 組織化	機能変化 ライフサイクル	コンバージョン 生活様式の変化
第4層：記号性 （歴史学・意匠学）	意味を持った 記号として見る	形態・空間 表象・記号	様式・幾何学 コード操作	街並・記憶 ゲニウス・ロキ	リノベーション 保存と再生

表1－1：建築の4層構造のマトリクス
（出典：『建築の四層構造　サステイナブル・デザインをめぐる思考』難波和彦：著　LIXIL出版　1999）

それぞれの層に対応して建築の専門分野が存在している。各々は独立した学問領域を形成している。

１　建築の物理性を扱うのは、材料学、構法学、構造学、生産学である。
２　建築のエネルギー性を扱うのは、環境工学や設備工学である。
３　建築の機能性を扱うのは、建築計画学である。
４　建築の記号性を扱うのは、歴史学や意匠学である。

４つの層は、それぞれデザインによって解決すべき課題すなわち「プログラム」をもっている。したがってデザインの条件は４層のプログラムに分解することができる。

１　第１層は材料、構造、構法などの物理的な条件に関するプログラムである。
２　第２層はエネルギーや温熱環境などの条件に関するプログラムである。
３　第３層は、建物の種別や用途などの機能的な条件に関するプログラムである。
４　第４層は、形や空間などの記号的・美学的な条件に関するプログラムである。

さらに、それぞれのプログラムに対応して、それを解決するための「技術」が存在している。建築の技術には、物理的存在としての建築をつくり上げ、エネルギーを制御するハードな技術だけでなく、平面計画、形態操作、解析技術、シミュレーション技術といったソフトな技術も存在している。現代の建築技術ではハードな技術とソフトな技術が緊密に結びついている。ハードな建設技術はソフトな管理技術に支えられているし、構造設計や環境設計はコンピュータによる計算やシミュレーション技術なしには成立しない。

これを整理すると以下のようになる。

1　物理的存在としての建築を成立させるのは、材料、構造、構法を制御する「生産技術」や「建設技術」である。

2　エネルギー制御装置としての建築を成立させるのは、環境を制御する「設備・環境技術」である。

3　建築の社会的機能を成立させるのは、用途や平面を組織化する「計画技術」である。

4　建築を意味をもった記号として成立させるのは、形や空間を操作する「表現技術」である。

４層の技術は、それぞれ独立した領域を形成している。それぞれの技術は自律的なサブシステムである。しかしながら自律しているといっても互いに無関係なわけではない。建築がひとつの存在として成立している以上、４つの技術は緊密に結びついている。たとえば特定の材料と構法を使って建築をつくれば、それによってエネルギー的性能が決まり、空間のサイズも限定されるから、生活の機能も規定され、サイズやテクスチャーが決まり空間の表現も決まる。しかしその決まり方は一通りではない。同じ材料と構法を使っても、多様な性能、平面計画、表現が可能である。デザインとは４つのプログラム・技術を特定の関係に結びつけることだといってよい。

デザインはどの層からスタートしてもかまわないが、必ずすべての層をチェックしなければならない。４層を調整して、一定の関係に結びつけることが、建築のデザインである。すべての層に、それぞれの歴史があり、すべての層がコストに関係している。

時間＝歴史とサステイナブルデザイン

4つの層にはそれぞれ時間あるいは歴史が埋め込まれている。しかし近代建築には時間の視点が決定的に欠けていた。これに対して現代のサステイナブルデザインにおいては、時間と歴史を条件として取り込むことが重要な課題となる。それぞれの層において、時間と歴史がどのような様相を示すかを整理してみよう。

1　第1層の物理性においては、建築材料のリサイクルや再利用の問題となって出てくる。あるいは建築材料の耐久性やエイジング（熟成）・ウェザリング（風化）の問題もそうである。材料の風化はこれまでマイナスの条件と考えられてきたが、時間を経て風化すると美しく見えるような材料も存在する。材料に時間を刻み込むことが建築の価値になるわけである。材料の風化が美しく見えることは、第1層である物理性が、第4層の文化性に結びつくことであることは、言うまでもないであろう。

2　第2層のエネルギー性においても同じようなことがいえる。エネルギーを時間においてとらえることは、建設に必要なエネルギーだけでなく、完成後に、そこで生活が展開され、最終的に建築が寿命を終えて解体されるまでに費やされるエネルギーについて考えることである。このように建物の寿命とエネルギーの関係について考えることが、サステイナブルデザインの重要な条件である。さらに設備機器や配線配管類の更新も、時間的な条件のひとつといってよいだろう。

3
第3層の機能性においては、時間は決定的な条件となる。たとえば住宅として設計された建築が美術館に転用されるような場合がある。昔の建築で現在も残っているものは、用途が変わることによって生き延びている場合がほとんどである。サステイナブルデザインにおいては、機能に直接対応した建築よりも、時間によって変化する機能を受入れるような建築を考える必要がある。既存の建物のコンバージョン（用途変更）やリノベーション（増改築）も時間と歴史の重要なテーマである。こうした建築の機能の変化は、家族のライフサイクルやコミュニティといった社会的な側面と結びついていることは言うまでもないだろう。

4
第4層の記号性には、人びとの記憶に残る建築や街並の保存というテーマがある。建築や都市が持続する最終的な条件としては、それが文化的な財産として根づくかどうかが決定的な条件である。たとえば物理的な耐久性と機能的な用途転換によって生き延びる建築は多いが、たとえ物理的に脆弱でぜいじゃくあっても、文化的な価値が認められれば建築は持続するし、さらには伊勢神宮の式年造替のように物理的存在ではなく文化的記号（意味）だけが持続するような場合もある。

建物の寿命について論じるときには、物理的な耐久性が問題にされることが多い。しかし実際に建物の寿命を左右するのは、主として耐久性よりも機能性の場合の方が多い。つまり使い物にならなくなった建物は物理的に丈夫であっても壊されるのである。だからコンバージョン（用途変更）やリノベーションによって機能的な寿命を長くすることが重要になってくる。あるいは、技術革新によって新しい設備機器が開発されると建築の設備システムがまったく変化することがあるので、設備システムを更新できるような構法をあらかじめ考慮する必要がある。さらに、文化的な価値が認められれば、その建物はさらに延命するだろう。たとえば茶室は物理的には脆弱でも、文化的価値があるから保存されるわけである。住宅ならば、住人がそこに住み込み、家族の記憶が残っていれば、物理的な耐久性が限界であっても、それを壊そうとは思わないだろう。

このように何がサステイナビリティを左右するかは複雑な問題であり、単純に物理的な長寿命と省エネルギーだけによって解決することはできない。そこには家族やコミュニティの問題、文化や歴史の問題がすべて絡みあっている。これらの問題はマトリクス右端の縦列にリストアップされている。サステイナブルデザインとは、これらの複雑な条件をデザインにどう反映させるかという問題であることが、このマトリクスから理解できるだろう。

図1－2：『建築の4層構造』表紙

参考文献

1.『デザインの鍵　人間・建築・方法』（池辺陽：著　丸善、1979）
2.『建築の四層構造　サステイナブル・デザインをめぐる思考』（難波和彦：著　LIXIL出版、1999）

◉第二章　仮設住宅

1．震災仮設住宅

既存の仮設住宅

　２０１１年３月11日に東日本一帯を襲った東日本大震災は、巨大な津波によって東日本の太平洋沿岸の街や集落を根こそぎ崩壊させた。このような甚大な被害に対して国土交通省は、被災者の一時的な居住のために仮設住宅の建設を、当初は約３万戸と試算し、最終的には約７万戸必要になるまで拡大した。被災した岩手、宮城、福島の東北３県はプレファブ建築協会との間で締結している防災協定にもとづいて、震災後直ちに仮設住宅の建設を発注した。しかしプレファブ建築協会だけでは短期間に国が試算した必要戸数のすべてを供給することが難しいことが明らかとなったため、東北３県では不足すると予測される仮設住宅（各県が約５０００戸）を、地元の建設業者による木造仮設住宅によって補うことを決定したのである。

仮設住宅は公共事業の一環として発注されるが、通常の公共建築工事のように設計と施工とが別々に分けられて発注されるのではなく、日本プレファブ協会に一括して発注されることになっている。つまり災害時の仮設住宅においては、設計者は介在しないわけである。その理由は3つある。第1は仮設住宅においては緊急性が最優先されるため、通常の公共工事のような手続きを取っていたのでは建設が間に合わないからである。第2は第1の理由とも関連するが、仮設住宅は国交省が定めた基準にもとづいて仕様（平面計画や性能）と工事費が標準化されているため、新たに設計する必要がない体制になっているからである。第3は仮設住宅が一品生産的な「建築」ではなく、大量生産的な「物品＝プロダクト」と規定されているからである。

しかしながら仮設住宅とはいっても人が住む場所である。通常、仮設住宅での居住は災害救助法により2年間と定められてはいるが、１９９５年の阪神・淡路大震災の場合のように、長い場合は5年間以上住んだ記録も残っている。東日本大震災の場合は、９年経過した２０２０年でも依然として住み続けている人がいる。さらに仮設住宅は公共的な敷地に集団で建設されるため、そこに住む人びととの人間関係も重要な問題になる。にもかかわらず、これまでは震災時の「緊急性」という条件だけが最優先され、仮設住宅の居住性や性能、あるいはコミュニティの形成を左右する配置計画については、ほとんど検証も見直しもされてこなかった。東日本大震災は被害があまりにも甚大であったため、このような問題点をすべてあぶり出す結果となったのである。

災害コミュニティ

災害に遭遇した人びとは、どのような行動をとるのだろうか。この問題に関しては、災害社会学という専門分野があり、さまざまな災害において実証的な調査と研究が行われている（参考文献1）。それによれば、災害に関する一般的な常識やイメージとはまったく異なる研究結果が報告されている。

災害それ自体は悲惨な出来事であり、被災した人たちにとって不幸な体験であることは間違いない。しかしながら、災害から生き延びた人たちは、パニックに陥ったり、あるいは悲しみに打ちひしがれて無気力になったりはしないという。人びとは災害を冷静に受け止めながら、自らの意思で自分ができることを行いお互いに助け合うようになる。

つまり一時的にではあるが、災害時に特有のコミュニティができ上がるのである。その理由は、災害によって日常的で慣習的な社会秩序が一時的に解体され、すべての人たちが平等な立場になり、それによって人びとは生き生きとし始め、そこから新たに緩やかな社会秩序がうみ出されるからだという。これに対して、災害の現場にいない人たちは、災害の悲惨さだけに注目することから、そのような状況を日常的な視点からとらえて、犯罪やパニックの温床だと取り違えてしまう。そして行政や警察は、被災地にうまれる緩やかな「災害コミュニティ」を制御し、日常的な秩序に戻すための方策を講じようとするのである。

　これまで被災地に建設されてきた仮設住宅は、そのような的外れの方策になってはいる可能性がなきにしもあらずといえる。兵舎のように通路と建物を機械的に平行配列した仮設住宅では、人びとの自然な出会いや滞留はうまれようがない。集会場がつくられても、それは閉じた広い空間に過ぎず、日なたぼっこができる縁側や立話をする軒下のように、自然に人が集まる場所を備えていない。これではコミュニティが育くまれる可能性は少ない。災害からの復興のエネルギーは、仮設住宅のなかからうまれるはずである。

　仮設住宅はそのための基盤とならねばならない。そのためには仮設住宅に住む人びとの交流を促進するような仮設住宅の相互関係、すなわち仮設住宅群の配置計画について真剣に考えなければならないのである。

仮設住宅の配置計画

先にも述べたように、東日本大震災の直後から始まった仮設住宅の建設には、建築家はまったく参加できなかった。しかしながら１９９５年の阪神・淡路大震災の際に多くの人たちが仮設住宅で実際に生活した経験から、仮設住宅が抱えているさまざまな問題点はかなり明らかになっていた。そのひとつが仮設住宅の標準的な平行配置は災害時のコミュニティの発生を阻害するという点である。

これに対していち早く代替案を提出したのが当時（２０１１年）横浜国立大学大学院Ｙ-ＧＳＡ（Yokohama Graduate School of Architecture）で教鞭を取っていた山本理顕と彼のスタジオである。山本は現代都市を居住の視点からとらえる「居住都市」をテーマとして人びとが一定の地域に集合して住む「地域社会圏」の概念を提唱し（参考文献2、3）これにもとづいて数多くの提案を行ってきた。山本はこの「地域社会圏」の考え方を仮設住宅にも適用し彼のスタジオの学生たちと共同で仮設住宅に入居する人たちの選び方と仮設住宅の配置計画のあり方について提案を行った。これは仮設住宅の建設開始とほとんど同時に提案された、もっとも迅速な提案だった。

しかしながらこの提案は、プレファブ建築協会が供給する標準的な仮設住宅にはほとんど反映されなかった。そもそも仮設住宅の建設には、建築家が関わることができるようなルートが存在しなかったからである。山本が県や市の行政担当者にこの案を示したのは、もう少し後になってからである。とはいえ後に述べるように、地域の工務店によって建設された木造の仮設住宅においては、山本の提案はかなりの数で採用されることになった。そうなったのは木造仮設住宅の実現のために、山本の提案を理解し共有する建築家たちが、さまざまな形で関わることになったからである。（図2-1、2-2）

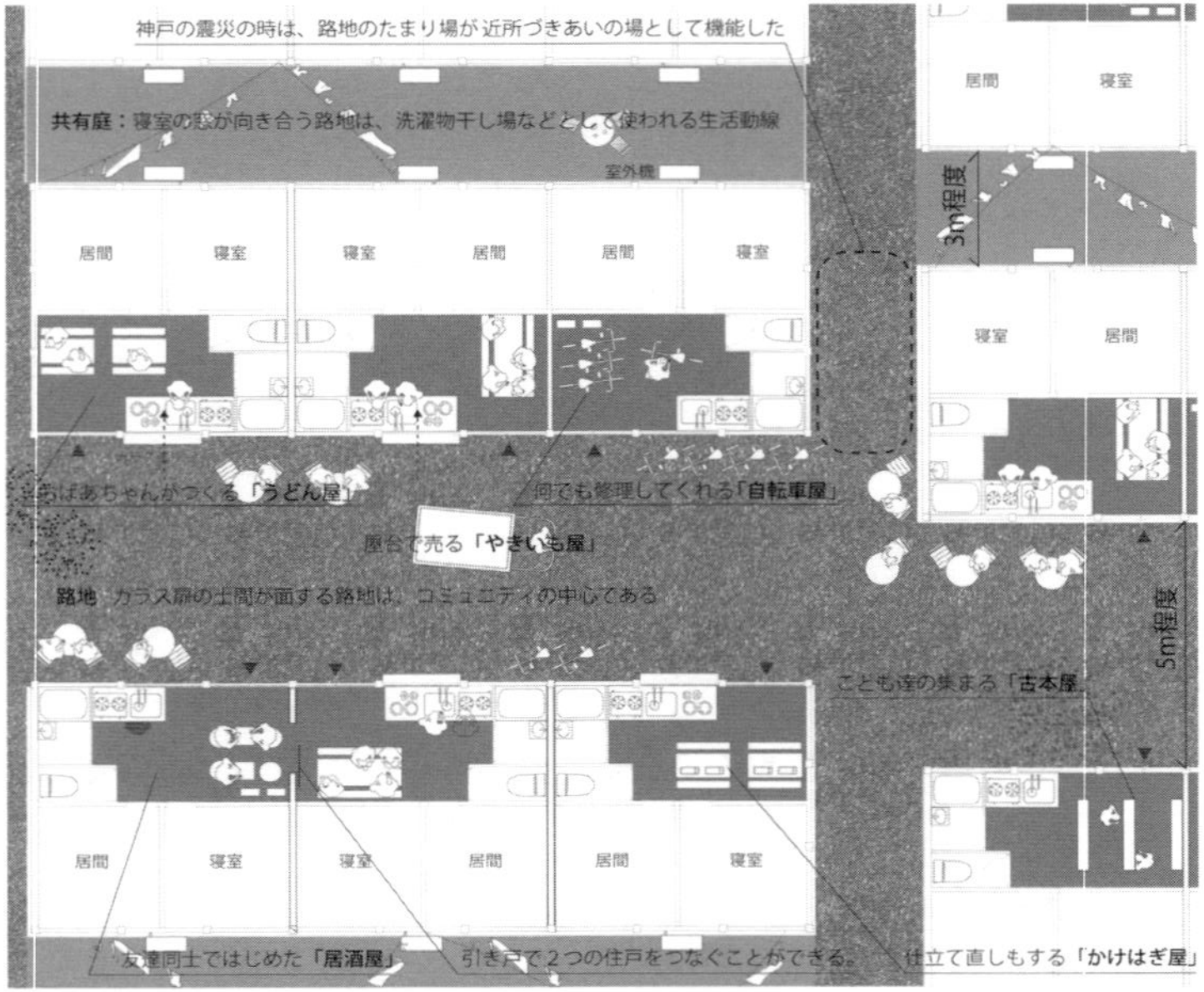

図２－１：仮設住宅平面と配置の提案
（Y-GSA　山本理顕スタジオ提供）

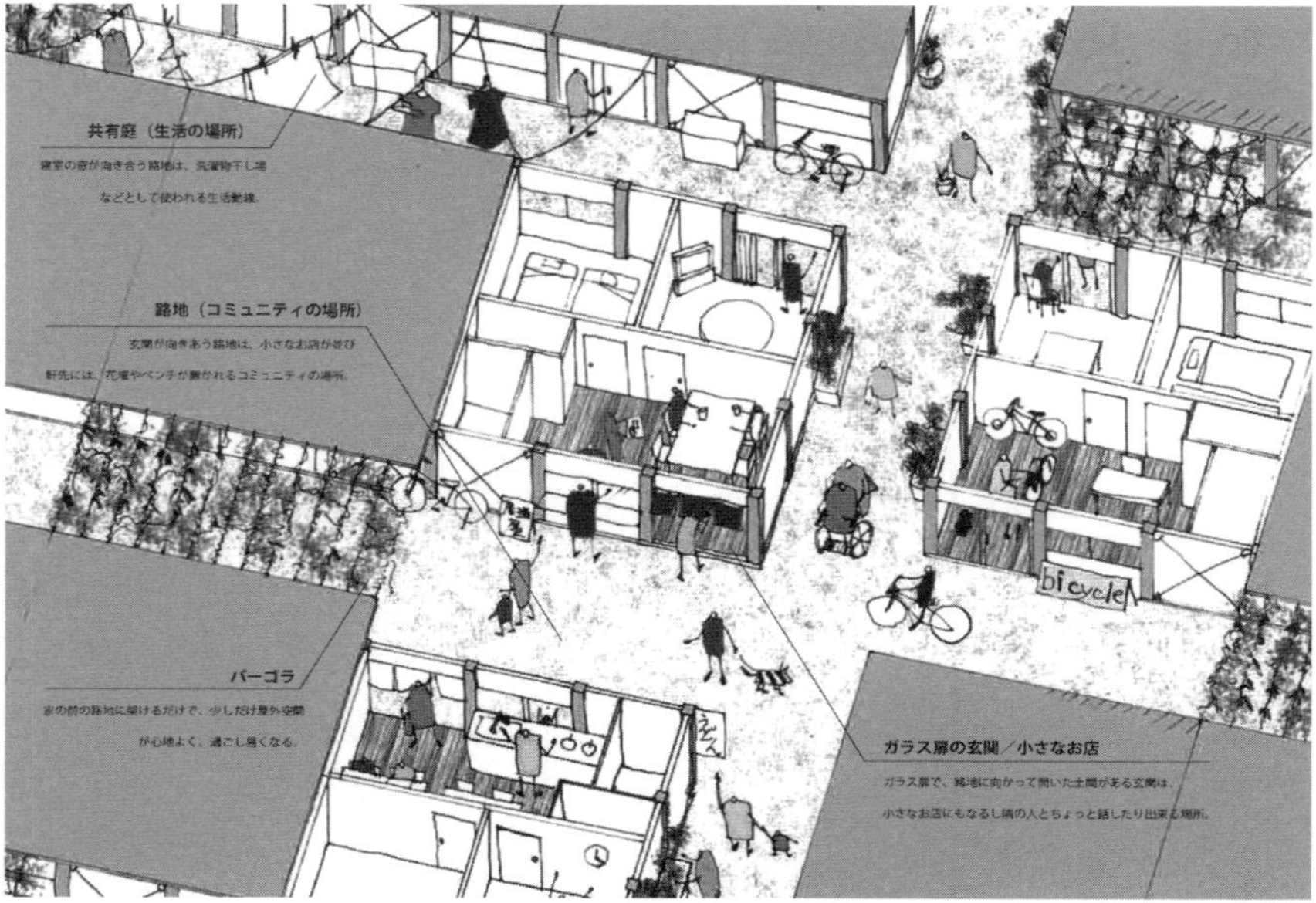

図２－２：仮設住宅のイメージ

（Y-GSA　山本理顕スタジオ提供）

2. 木造仮設住宅

木造仮設住宅の計画

通常の仮設住宅に加えて、木造仮設住宅が計画されることになった経緯はすでに説明した。しかしながら実際にそれが実現されるまでのプロセスは一筋縄では進まなかった。そもそも木造の仮設住宅は前例がなく、行政はもちろん、地域の建設業者にもまったく知識も経験もなかった。したがって木造仮設住宅の開発と設計・建設はゼロから始めなければならなかったからである。

そのために、まず各県の担当部署から地域の建設業者に対して木造仮設住宅の提案が募集された。実施を前提とした一種の競技設計である。平面計画、仕様、建設費は、既存の標準的な仮設住宅を基準としながらも若干の変更が認められた。さらにこれに加えて、県が選定した敷地における仮設住宅の配置計画案の提出も要求された。これだけの課題を短期間でまとめるにはかなりの設計経験と労力が必要となる。その結果、地域の建築家の協力が求められることとなり、間接的にではあるが実質的に建築家が木造仮設住宅の設計に関わることになったのである。

地域の建設業者は、それぞれ得意とする木造構法をもっている。建築家もそれぞれ日常的な設計活動のなかで独自の木造住宅を実現している。さらに大学や研究所において実験的な木造構法を研究している建築研究者もいる。このため多種多様な木造構法による仮設住宅が提案された。同時に、多くの建築家たちは標準化された機械的な並列配置計画の代案である山本の提案などを参考にしながら、玄関を向かい合わせることも含めて、さまざまな新たな配置計画を提案した。

これに対して県の担当部署は、規定の標準仕様にもとづいて応募案を検討し、実現すべき案を選定した。たとえば山本の提案を採用すると、限られた敷地に建設できる住戸数が少なくなるので、当初は受け入れることが難しいと思われていた。しかし県によって対応に多少の違いはあったものの、建築家たちの説得によって、新しい構法や配置の試みに対して行政側も理解を示すようになった。とくにお年寄りのための仮設住宅については、玄関を向い合わせにするだけでなく、その間の通路が生活空間の一部ともなるように、屋根を架けるなどの新しい工夫も実現されている。

木造仮設住宅の建設

とはいえ選定された応募案が、すべて申請通りに建設されたわけではない。県は建設業者に対して、認められた住戸数を建設する権利を与えるだけである。実現に当たっては建設可能な敷地条件、建設期間、設計の仕様などに左右されるため、建設するかどうかは、建設業者の判断に委ねられた。その段階で、建設業者の判断によって建築家の提案が採用されない場合も、多々生じたのである。

このように、多種多様な提案がなされたが建設された木造仮設住宅に共通して明らかな点がひとつある。それは性能、居住性、デザインなどの点において、木造仮設住宅の方が、既存の標準化された軽量鉄骨造の仮設住宅よりも優れていることである。性能の点では東北地方においては冬期の断熱性がとくに重要な条件になるがこれまでの既製の仮設住宅においては1995年の阪神・淡路大震災で問題点を指摘された性能不足がほとんど改良されていなかった。したがって東北の気候に合わせて新たに開発された木造仮設住宅では、性能面での向上が図られた。さらに木質系の仕上げを中心とする木造仮設住宅の方が、居住性やデザインにおいても心理的に受け入れられ易いことも明らかになった。これは既製の仮設住宅があくまで緊急性の最優先をエクスキューズにして、性

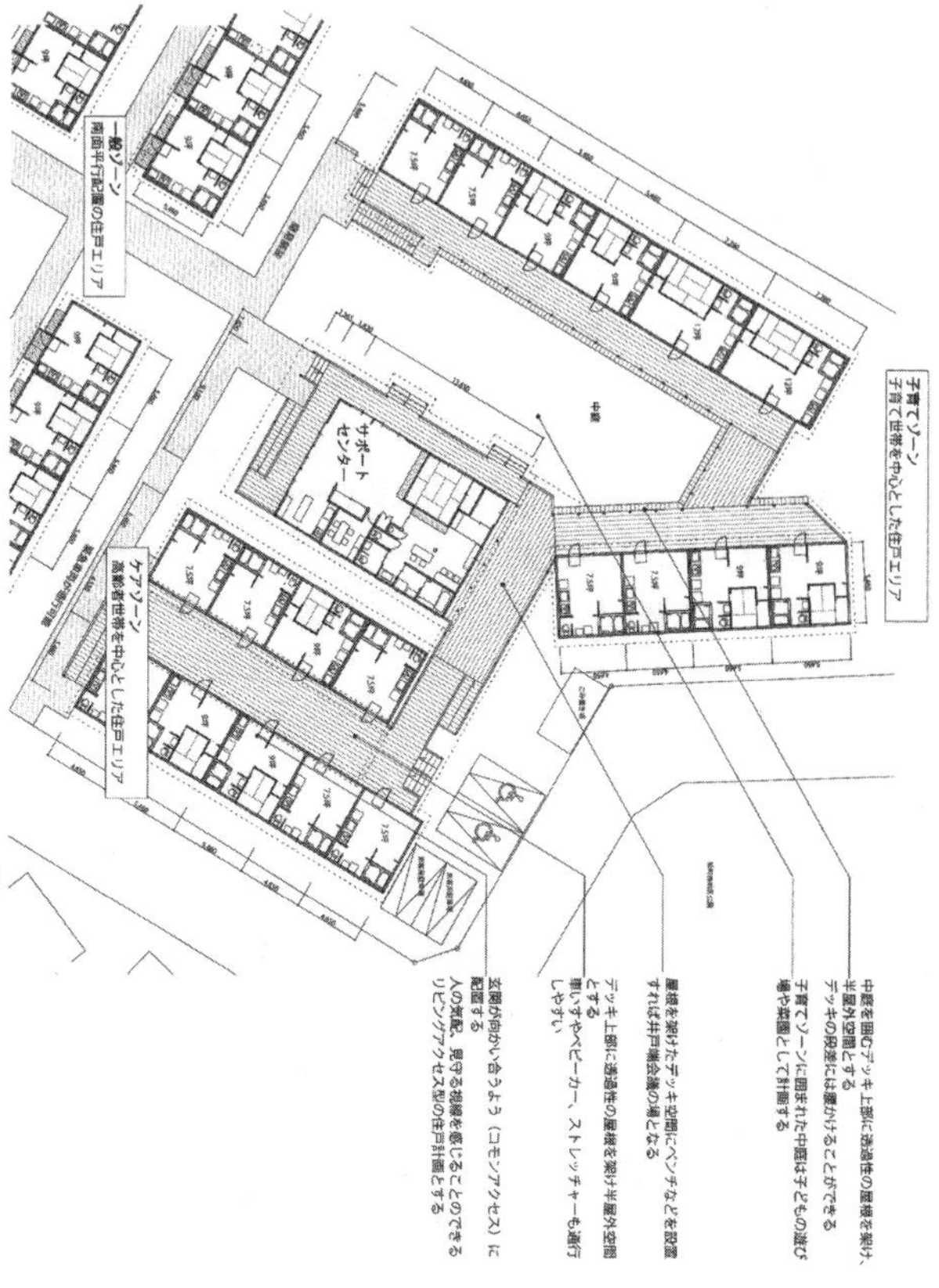

図2－3：遠野の仮設住宅ケアゾーン

図２－４：ケアゾーンの屋根付通路

図２－５：会津松長団地住宅（俯瞰）

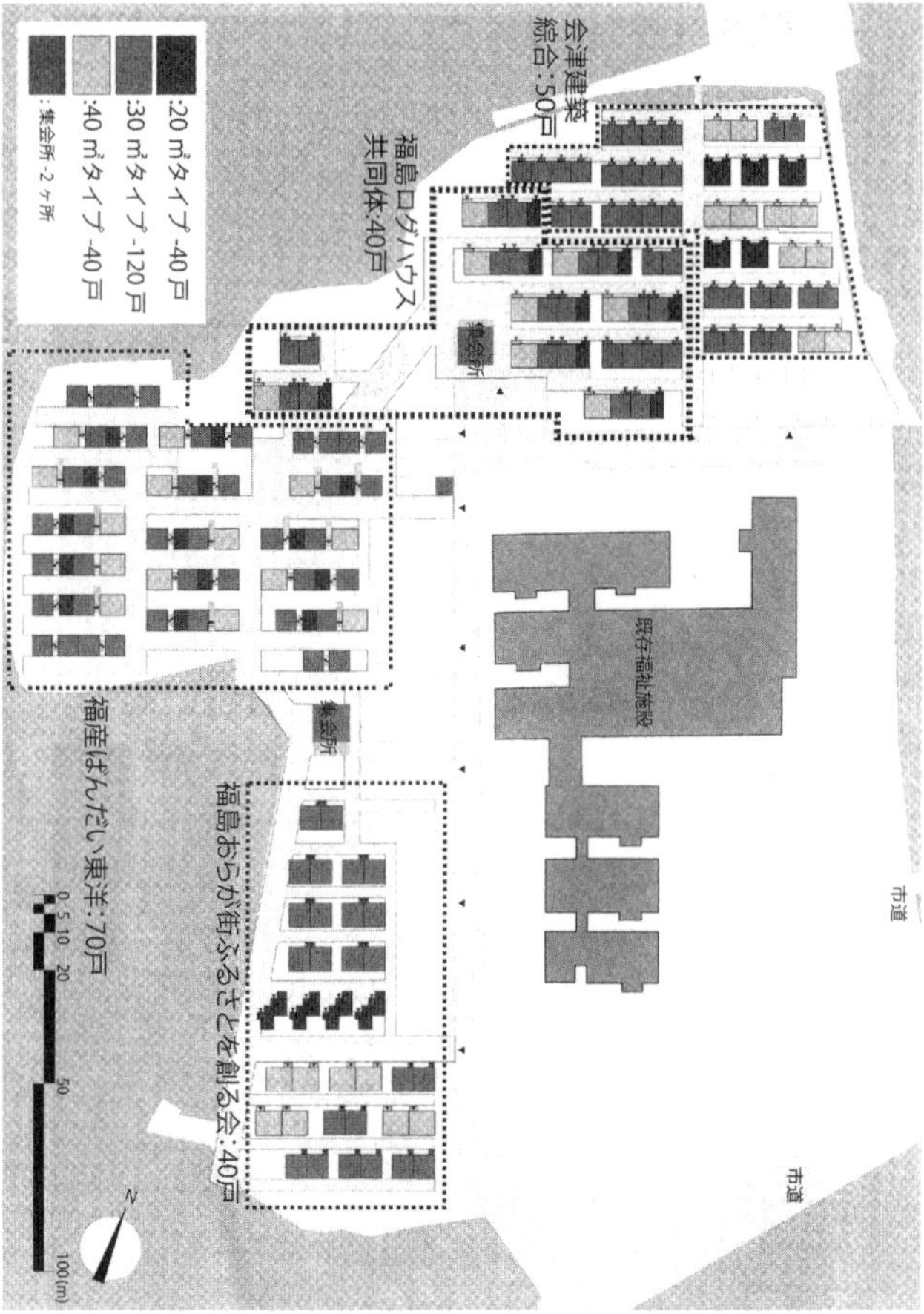

図2－6：仮設住宅配置（会津松長団地）

能や居住性の改良を二の次にしてきた結果である。最初にも指摘したように、仮設住宅といえども居住のための空間であり、単なる「物品＝プロダクト」ではないのである。この点に注意を喚起したことは、木造仮設住宅のひとつの重要な功績だといってよい（図2-3、2-4、2-5、2-6）。

木造仮設住宅から学ぶこと

仮設住宅は一般的には2年間、長くても5年間程度で解体される。これまでの軽量鉄骨造の仮設住宅は災害時に備えて建築部品をプレファブ化することによって、ストックしておくことが基本になっている。しかし今回は被害が甚大で必要な住戸数が予想以上に多かったため既成の仕様で新たに製作された仮設住宅も多い。このために解体後にどのようにストックするかは大きな課題である。これは木造仮設住宅についても同じである。解体してスクラップにしてしまうことは本末転倒だろう。木造の特性を生かしてこれからの復興住宅へ転用することがもっとも有効だと考えられるが、その可能性はまだ十分に検討されていない。これは今後検討すべき重要な課題である。

木造仮設住宅は既製の仮設住宅よりも居住性と性能の点で優れていることが証明された。

既製の鉄骨仮設住宅では冬期になってから窓や外壁の断熱性を上げる工事が追加されるという事態が頻繁に生じた。しかしこれは最初から当然予測できたことである。この点は既製の仮設住宅の標準仕様に確実にフィードバックされねばならないだろう。さらに夏期の日射制御のための軒や庇《ひさし》についても、標準設計に反映されねばならない。総じて、これまでの既製の仮設住宅には、自然エネルギーに対する考慮が欠けていたといわざるを得ない。

一般的な住宅に比べると、仮設住宅の面積はかなり狭く1戸あたりの面積は平均30㎡である。にもかかわらず標準仕様では、プライバシーの確保という条件で狭い面積がさらに細かく仕切られている。これに対して、木造仮設住宅では、間仕切を最小限に抑えた一室空間的な住居も提案された。そして居住者のライフスタイルに合わせて間仕切ることができるように移動可能な家具の間仕切が導入された。このように木造仮設住宅の提案は、狭い空間を有効に使う住まい方の一種の実験になっている。今後は仮設住宅での生活を検証し、そこで得られた結果を復興住宅へとフィードバックすることが求められるだろう（図2-7、2-8、2-9）。

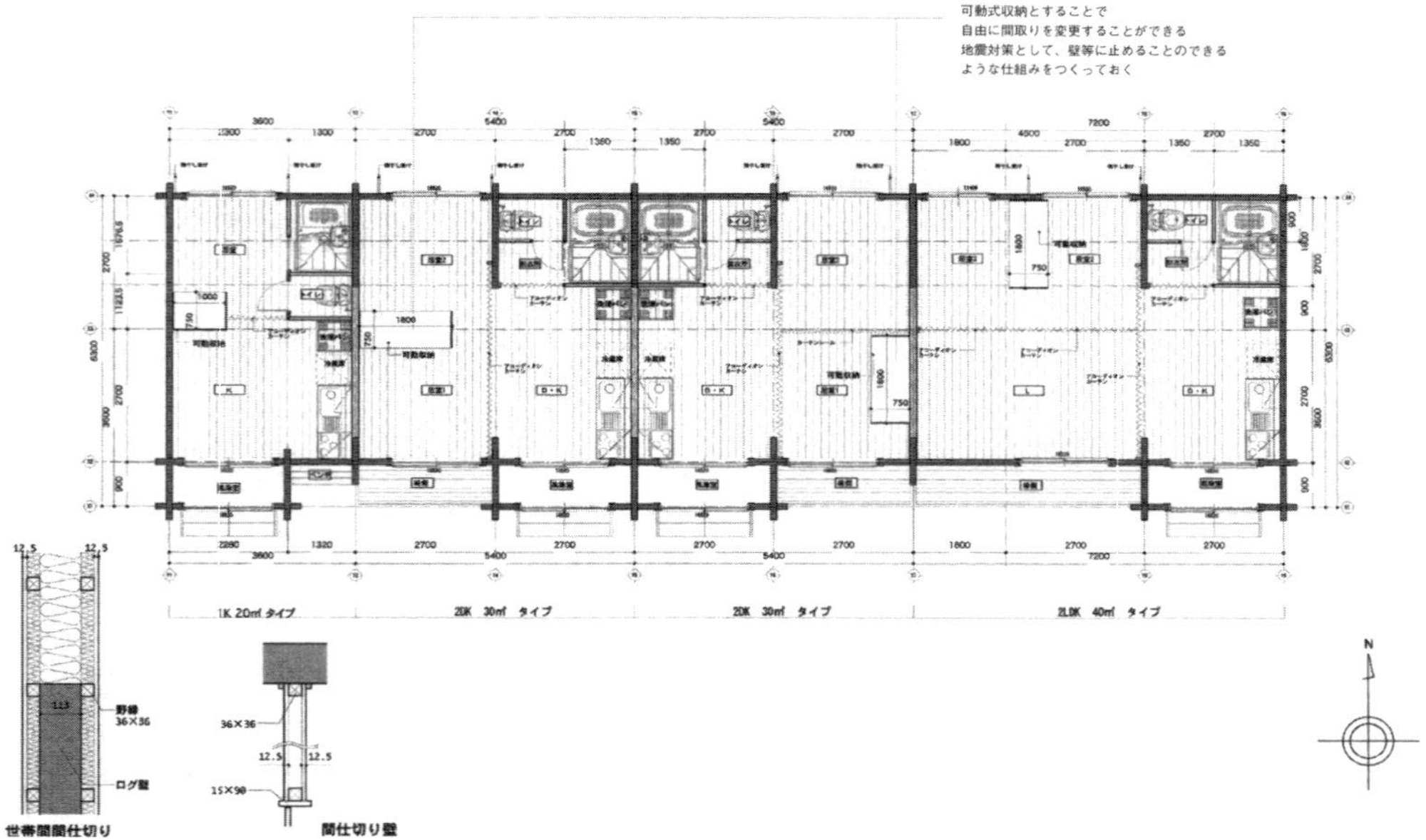

図2－7：ログハウス仮設住宅（平面図）

図2－8：ログハウス仮設住宅（外観）

図2－9：ログハウス仮設住宅（内観）

配置計画と共用施設

仮設住宅の配置計画については、実際に被災者が入居して以降、コミュニティの維持と生成がきわめて難しい課題であることが明らかになった。木造仮設住宅は居住性や性能が優れていたために、入居希望者が多く、最初の建設に続いて2回目の追加建設が行われた。最初の段階では、山本理顕の提案に代表されるようなコミュニティの発生を促すことを目的として、玄関を向かい合わせる配置がある程度は実現された。しかしながら2回目以降の建設では、玄関を向かい合わせる配置に対して、一部住民から玄関が向かい合っていると人付き合いに余計な気を使わねばならないという不満が噴出するという事態が生じた。そうなった理由の要因ははっきりしている。入居者の選定において、山本が最初に提案したような、以前のコミュニティのメンバーを集めることが難しく、ゼロから人付き合いを始める人たちが多かったからである。したがって住民の不満は理解できる面もある。しかしながら1〜2か月という短い期間で、日常的なコミュニティがうまれるだろうか。最初からコミュニティが存在すれば問題は生じないが、たとえゼロからであっても、2年間の間には居住者相互の付き合いがうまれる可能性があるのではないか。

「住む」ことは時間の経験である。配置計画の本質的な働きは、毎日の生活のなかで他人との出会いを反復させることである。したがってコミュニティの問題に関しては、短期間で結論を出すのは早急ではないだろうか。逆にいえば、従来のような並列配置の仮設住宅団地では、いつまで経ってもコミュニティはうまれようがないのである。

　仮設住宅地には住民のための集会場が用意されている。仮設住宅と同じく、集会所にも標準的な設計仕様が決められており、仮設住宅と同じような構法によって建設されるため、面積が大きいだけで外部への開放性と連続性、人数に対応した階層的なスケール、明るい場所と暗い場所といった共用空間として必要な特性をほとんど備えていない。集会場には標準的な設計はなく、仮設住宅が建設される敷地に合わせて個別的に建設されるので、本来ならば建築家にふさわしい仕事である。建築家の伊東豊雄は、この点に注目し世界中の建築家や子供たちに呼びかけて仮設住宅地に建設される「みんなの家」の提案を求めている。そして数は少ないが、建築家によって設計された「みんなの家」が少しずつ実現し始めている（図2-10、2-11、2-12、2-13）。

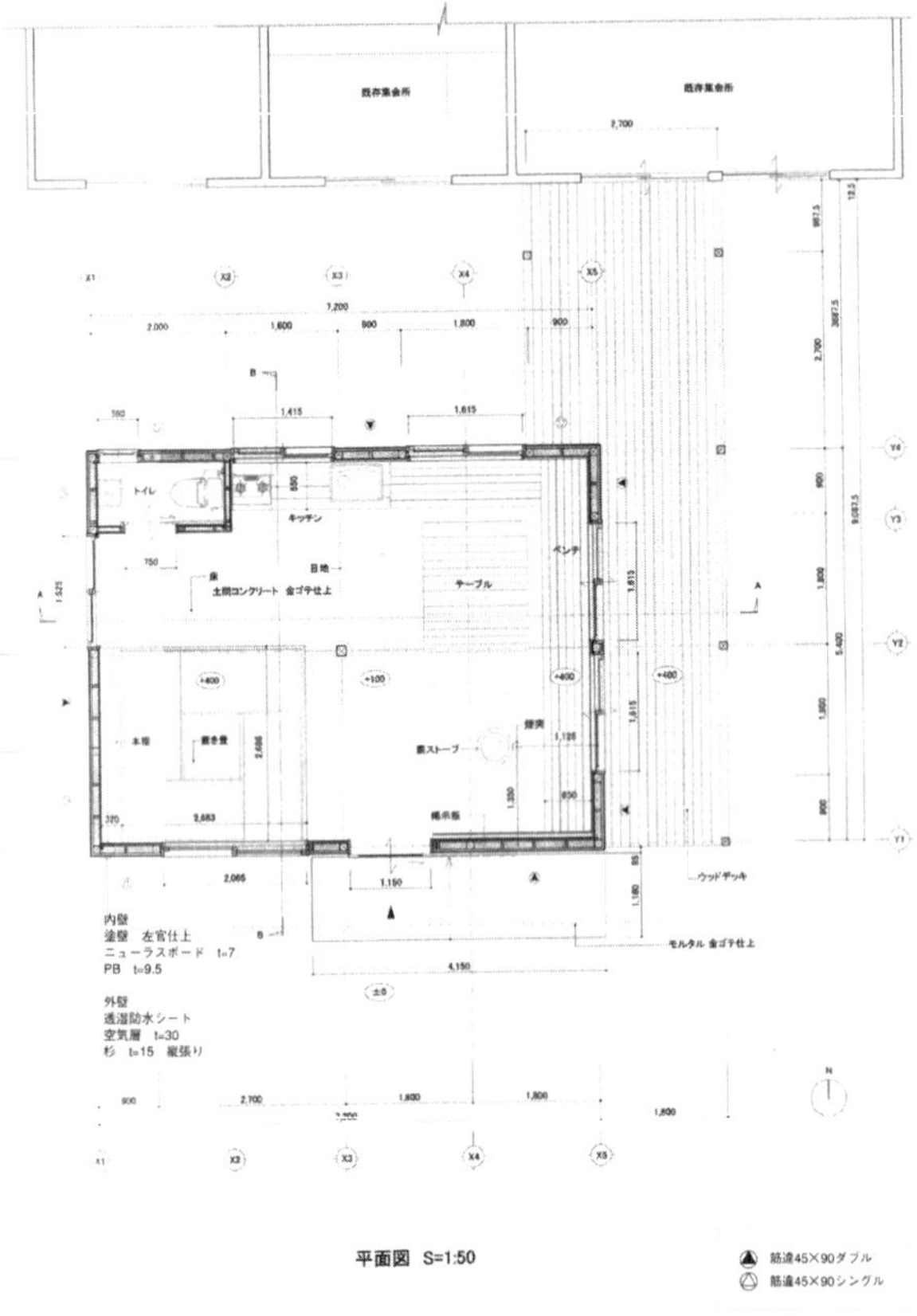

図2−10：「みんなの家」（平面図）

図2－11：「みんなの家」（内観）

図2－12：「KAMAISHIの箱」

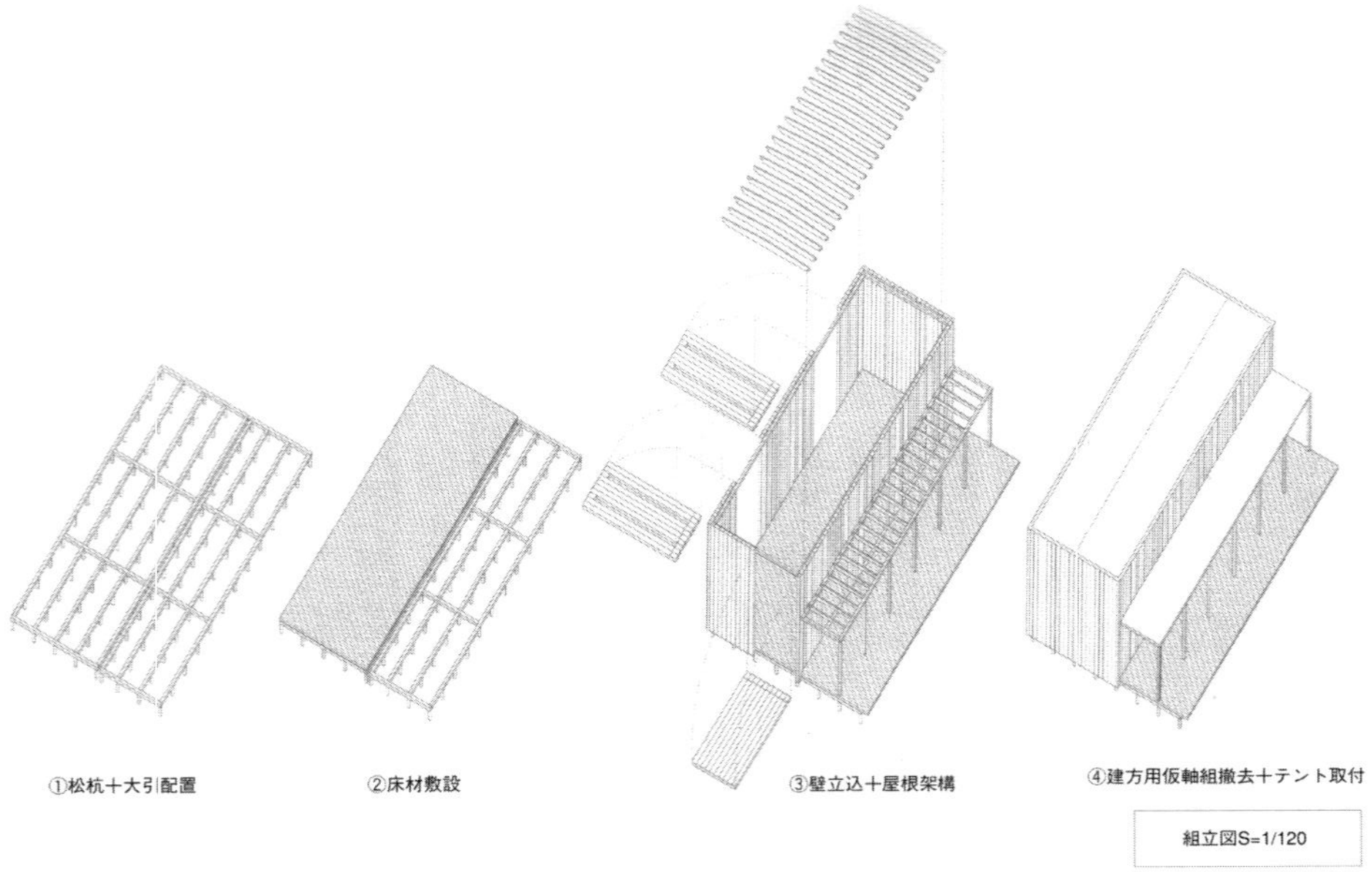

図2－13：「KAMAISHIの箱」（組立図）

3．仮設住宅から復興住宅へ

仮設住宅の再利用

仮設住宅の建設が一通り完了し、入居が終わって生活が軌道に乗った段階で、次に考えなければならないのは、震災の2年後すなわち2013年から始まる復興計画である。しかしながら福島、宮城、岩手の3県は、それぞれ地形や気候が多種多様であるうえに、福島県では原子力発電所の事故処理という問題を抱えている。したがって復興計画の課題は一枚岩ではなく、地域によって条件が大きく異なり、複雑で困難をきわめる。本節では、主に「居住」の観点から復興計画について考えてみよう。

図2－14：女川仮設住宅

まず考えなければならないのは、仮設住宅を解体する際に、それをどのように処理するかという問題である。鉄骨造の既製仮設住宅については、これまでの経験から、ある程度再利用なりストックの方法が考慮されているかも知れない。しかしこれまでに例がないほど大量に建設された仮設住宅の処理は、今後大きな課題となるだろう。

鉄骨仮設住宅の特殊な例として、建築家の坂茂《ばんしげる》が開発した3階建ての仮設住宅がある。これは標準的なコンテナを積層した仮設住宅であり、十分な広さの公共敷地を用意することが難しい宮城県女川町に建設されている。3階建ての集合仮設住宅とすることによって、狭い敷地に通常よりも高密度な仮設住宅を実現できるだけでなく、高性能な居住性を達成できる。さらに標準的なコンテナを使っているため、解体と再利用も容易である。坂はボランティアを募り、この集合仮設住宅のための共用施設の設計と建設を行っている。坂は一時的な避難場所のために、紙管とカーテンを使った仮設的な間仕切を提案している。

図2－15：女川仮設住宅マーケット

木造仮設住宅についてはどうだろうか。木造仮設住宅の開発は、行政、工務店、建築家を含むすべての人にとって今回が初めての経験であり、しかもきわめて短期間で計画されたため、開発の段階では解体後の処理方法については、ほとんど検討されていない。仮設住宅は基本的に県の買い取りであるために、県は再利用の方法について改めて検討しなければならない。しかしながら次回の震災に備えて、これだけ大量の仮設住宅をストックしておくことは不可能に近い。さらに、参加した建設業者の多くは中小企業であるから、彼らがストックすることも不可能だろう。したがって、あり得る唯一の可能性は復興住宅への再利用である。しかし使用された木造構法は多岐にわたっているので、再利用の方法はそれぞれの建設業者で個別的に検討するしかないように思われる。

　とはいえ木造構造はきわめて融通《ゆうづう》無碍《むげ》な構法である。ほとんどの木造仮設住宅は尺貫モデュールにもとづいて建設され、平面計画は標準仕様にしたがって設計されている。しかも短期間に建設するために、ほとんどが乾式構法を用いているから、解体と再組立はスムーズに進むだろう。したがって日本の大工技術をもってすれば、木造仮設住宅の復興住宅への再利用は、それほど難しくはないと考えられる。（図2‐14、2‐15、2‐16）

図2－16：避難所仮設間間仕切り

復興住宅の条件

復興住宅を考える際に重要な条件は何だろうか。木造仮設住宅という極限的でありながら居住性と性能とが保たれた住宅から、われわれは多くのことを学ぶことができる。それらを復興住宅に生かさねばならない。

第1の条件は、さまざまなタイプの家族構成やライフスタイルに対応できる、コンパクトでフレキシブルな住宅である。木造仮設住宅でわかったことは、小さな空間を住みやすくするためには、間仕切を最小限に抑え、必要に応じて家具やカーテンで仕切るという方法である。個人のプライバシーはもちろん重要だが、間仕切だけがプライバシーを保つ方法ではない。家族同士のコミュニケーションなしにはプライバシーを保つことはできない。

第2の条件は、住戸の集合化である。仮設住宅においては、人びとはやむを得ず集団で住むことを要求された。しかしそこからわれわれは、集団で住むことの積極的な意義を再発見すべきではないだろうか。現代社会においては、地縁共同体の復活は時代錯誤だと考えられてきた。しかし仮設住宅での生活から、われわれはかつての共同体とは異なる、機能的ともいえるような人間関係が必要であることを学んだのではないか。復興住宅では、再び戸建住宅に戻ることを人びとは望むかも知れない。その場合でも、戸建住宅の集合を地域的な集住体として計画することが重要であると考えられる。さらに住戸のコンパクト化や集合化は、省エネルギーにもつながることはいうまでもないだろう。

第3の条件は、木造仮設住宅の開発によって掘り起こされた地場建設産業を、一時的な効果に終わらせず、復興住宅へとさらに展開し継続させることである。木造仮設住宅の再利用はもちろんだが、復興住宅では、さらに多数の住宅の建設が必要になるだろう。復興住宅の建設には、ハウスメーカーやディベロッパーなどの大企業が参入してくるだろう。しかしそれだけでは、地域の建設産業のテコ入れにはならない。地場の林業と多数の中小工務店をネットワークし、コンストラクションマネージメント（CM）のような受皿的な組織をつくることによって、ローコストで高性能な復興住宅を開発し、供給することが必要である。そのためには木造仮設住宅の開発によって培われた林業、材料メーカー、建設業、建築家、行政の緊密なネットワークが不可欠だろう。

われわれは仮設住宅の経験を、震災への一時的な対応策に終わらせることなく、これからの住宅や街のあり方へと積極的に生かしていかなければならないのである。

参考文献

1.『災害ユートピア　なぜそのとき特別な共同体が立ち上がるのか』（レベッカ・ソルニット：著　高月園訳　亜紀書房、２０１０）

2.『地域社会圏モデル　国家と個人のあいだを構想せよ』（山本理顕他：著　ＬＩＸＩＬ出版、２０１０）

3.『地域社会圏主義』（山本理顕・他：著　ＬＩＸＩＬ出版、２０１３）

4.『木造仮設住宅群　３・11からはじまったある建築の記録』（はりゅうウッドスタジオ：制作　ポット出版、２０１１）

◉第三章　家族の変容

1．家族と住宅の関係

家族の変容

現代の住宅設計にとってもっとも重要なテーマは、今後ますます多様化する家族形態に対して、どのような住宅を提案すればよいかという問題である。これまでの住宅のほとんどが、夫婦＋子供2人という平均的な核家族像に合わせて設計されてきた。リビング、ダイニング・キッチン、複数の個室を組み合わせたｎＬＤＫという平面プランは、工務店やハウスメーカーによる戸建住宅はもちろん、ディベロッパーが供給する分譲マンションや賃貸マンションにおいても、依然として主流を占めている。しかし高齢化・少子化が進むにつれて、家族のあり方はさまざまな形態をとるようになった。何よりも大きな変化は、夫婦と子供という核家族が主流ではなくなったことである。単身者や高齢者のひとり住まいだけでなく、片親と子供だけの母子家庭や父子家庭も増加している。

これまでは核家族が家族として当たり前の形態だと考えられてきたが、現在では決してそうではなくなりつつある。第二次世界大戦以前は「家」を中心とする大家族制度が主流だった。標準的な核家族という形態は戦後にうまれたもので、せいぜい50年程度の歴史しかない。今や運命共同体としての核家族という像は揺らぎ始めているのである。共働きの夫婦が増え、親と子供の関係も対等になり、親から子へという連続性は薄らいでいる。戦後うまれの団塊の世代が高齢化し、ひとり住まいの家族が急速に増加している。結婚しない若者のひとり住まいも増加している。さらに離婚率が上昇し、片親だけの家族も増加している。このように今や家族は多種多様な形態をとり始めているのである。

住宅の変容

このような家族の多様化に対して、建築家はさまざまな住宅の提案を行っている。家族の変容に対する建築家の提案は、大きくふたつの方向に分けることができるだろう。

ひとつは、共同体としての家族よりも個人の集合としての家族に重点を置いた住宅である。これは居間を中心とする住宅から、個室を中心とする住宅への移行として現れる。もうひとつは、かつての運命共同体としての核家族ではない、緩やかな共同体となった家族を維持し包み込むような住宅である。個室の壁を取り払うことによって、解体に向かっている家族を、もう一度緩やかにつなぎ止めようとする住宅といってもよい。前者は、家族の解体を正面から受けとめようとする住宅であり、後者は家族の解体に抵抗しようとする住宅といえるかもしれない。両者の提案は対照的だが、ｎＬＤＫを脱却し、住宅を外に向かって開こうとしている点では共通している。

　家族構成の時間的な変化に対して、住空間をどのように対応させるかという問題も、これからの住宅を考えるうえで重要なテーマである。建築家が設計する住宅のほとんどが、最小限の間仕切しかもたないのは、この問題に対するひとつの解答だといってよい。建築家は壁で仕切るのではなく、天井の高さや床の高さの変化、台所、浴室、収納の配置を巧妙に操作することによって、さまざまな住まい方に対応できる住空間を提案しているのである。このようにフレキシブルに対応できる住宅であれば、将来は小規模なグループホームにも転用できるだろう。緩やかな共同体としての家族に対して設計された住宅ならば、家族でなくても十分に住めるはずである。現代の建築家は、戸建て住宅を一種の集合住宅として設計することが求められているのではないだろうか。

さらに価値観の多様化にともなってライフスタイルも多様化している。職業、趣味、生活の仕方に合わせて、独自の住宅を求めるクライアントも増加している。要するに、標準的な家族と標準的な住宅という組み合わせが徐々に解体に向かっているのである。

住宅政策

第二次世界大戦後しばらくの間は、政府は公共事業を中心とする戦後復興と景気浮揚政策をとっていた。それにしたがって住宅政策においても、住宅金融公庫（現・住宅金融支援機構）や住宅公団といった公共的な政策が展開されてきた。しかし１９７０年代以降になると、それまでのケインズ主義的な政策から新自由主義的な政策への転換が図られるようになる。住宅の総数が家族世帯数を上回り、統計上は住宅不足が解決されたこともあって、公共的な住宅政策は徐々に縮小され、住宅供給は民間企業に移行する政策がとられるようになった。このような政策転換と近年の景気の沈滞状況のなかでは、かつてのように、若いときには木賃アパートや社員寮に住み、結婚した後は賃貸マンションに移り、最終的には分譲マンションや戸建住宅をもつという標準的な住宅の住み替えのステップを踏むことが難しくなっている。このため経済的な制約から、やむを得ず親との同居を続ける単身者、賃貸住宅に住み続ける家族、あるいは自分の住宅をもちながらひとり住まいの高齢者、といったような人びとが増加している。このような家族の変容と社会状況の変化は無関係ではない。こうした変化のなかで、かつての平均的な核家族像は確実に解体に向かっているのである。

2. 個室の変容

51CからnLDKへ

大家族を前提とした戦前の住宅では、ほとんどが畳敷きの和室であり、中央にちゃぶ台と座布団を置けば家族が集まる茶の間や食堂になり、布団を敷けば寝室になるというように、畳部屋は多目的に使い分けられていた。これに対して、夫婦と子供からなる核家族を前提とした戦後の住宅では、食事の空間と就寝の空間を分ける「食寝分離」の主張が行われるようになる。この考え方にもとづいて、東京大の吉武泰水《よしたけやすみ》研究室によって

１９５１年に公営集合住宅の標準設計として提案されたのが「51C」と呼ばれる住戸プランである（図３-１）。公営集合住宅の大量供給を目的として、１９５５年に設立された日本住宅公団は、この「51C」型の住戸を原型（プロトタイプ）として、さまざまなタイプの住戸のヴァリエーションを建設していく。

食寝分離における就寝の部屋とは、夫婦のプライベートな空間である。就寝のための部屋を独立させていくというプライバシーの考え方は、さらに子供のためにも個室を確保するという方向へと進んでいく。

住宅の規模が大きくなるにつれて、この考え方は、n室の個室と、家族の共用空間すなわち居間（リビング＝L）、食堂（ダイニング＝D）、台所（キッチン＝K）の一体空間であるＬＤＫとを組み合わせた「ｎＬＤＫ」という住宅タイプの呼称をうみ出すことになる。当初は集合住宅の住戸タイプとしてうまれたｎＬＤＫの住宅は、１９５０年代の後半から１９６０年代の高度成長期に出現したハウスメーカーによって、戸建住宅へと一気に浸透していく。終戦（１９４５年）直後の数年間にうまれたもっとも人口の多い団塊世代が自分の家をもつようになる１９７０年代に、ｎＬＤＫの戸建住宅の建設数はピークを迎える。子供を個人として自立させるために、個室を与えるという近代的な発想は、受験戦争に集中するための個室という考え方と相まって、ますます後押しされるようになる。この時代に戸建住宅を供給するハウスメーカーが最盛期を迎えることになる。この傾向を推進したのは、戦後に日本に駐留していたアメリカ軍の核家族の生活像に対する憧れである。

個室群住居

住宅における個室分化の潮流を突きつめて〈個室群住居〉という住宅のあり方を提唱したのが、建築家の黒沢隆である。黒沢は近代的な家族とは、夫婦と子供のそれぞれが自立した個人として集合した家族であると主張した。そして自立した個人としての家族のメンバーがそれぞれ自分の個室をもち、それが集合することによってうまれる住宅を〈個室群住居〉と呼んだのである（図3-2）。ここにもアメリカの近代的な核家族像の影響を見ることができる。しかしながら黒沢の提案は、一部の建

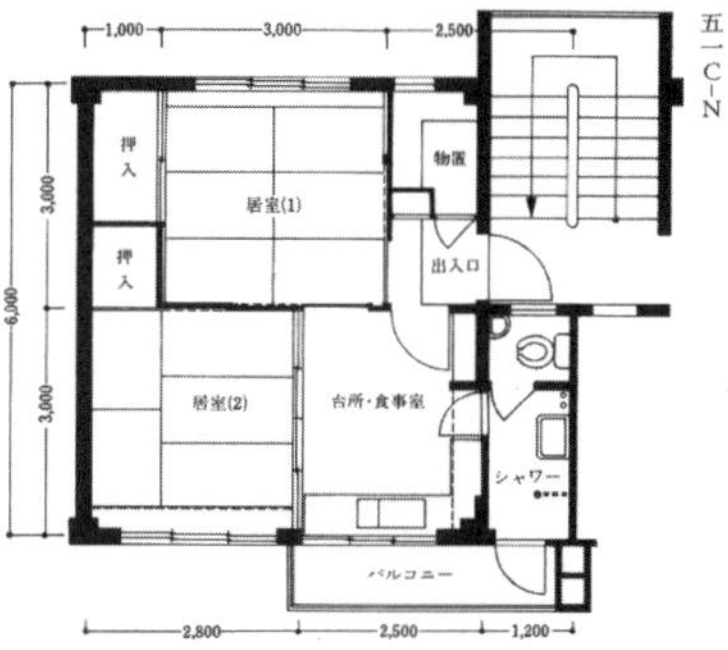

図3－1：51C　平面図
（出典：『五一C白書』鈴木成文：著　住まいの図書館出版局　2006）

築家には衝撃をもって受けとめられたが、新しい住居タイプとしてはあまり社会に浸透しなかった。その理由について考えてみよう。

個室群住居の考え方には、３つの問題点が潜んでいる。第１点は、現実の核家族においては、夫婦と子供はそれぞれ自立した個人といえるかという疑問である。イデオロギーとしてならば「近代的な家族のメンバーは自立した個人であるべきだ」といえるかもしれない。しかし現実には、共働きの夫婦であっても男女の相違があり、親と子供の間には扶養関係がある。つまり黒沢の近代的家族観は、現実に存在しているひとつの傾向に焦点を当てた抽象的なモデル、社会学でいう「理想型（イデアル・タイプ）」なのである。

第２点は、個人の自立と個室の結びつきは必然的であろうかという疑問である。１９７０年代には、「個室は自閉症を誘発し強化するので、子供に個室を与えることは止めるべきではないか」という議論が頻出した。これは黒沢との主張とは対照的に、自立できない子供が個室を求めるという主張である。だとすれば、個室は個人としての自立にも、あるいは自立できない個人にも、どちらにも結びつき得るということになる。この問題に関しては、後に述べるように。自立した個人はむしろ空間から独立しているのではないかというのが、筆者の仮説である。第３点は、建築として提案された個室群住居を突きつめると、現実に存在する一般的なワンルーム・マンションやアパートとほとんど変わらなくなるのではないかという疑問である。つまり個室群住居は、現実を先取りしているのではなく、すでに現実に追い越されてしまった提案なのである。したがって個室群住居にまつわる黒沢の主張は、現実に進行している核家族の解体状況に対する、一種アイロニカルな提案のように思われる。いずれにしても個室群住居は、現実の社会状況をとらえ損ねていると結論づけるしかないのである。

個室の反転

これに対して、現実の家族の変容をそのまま投影したような住宅を提案しているのが、建築家の山本理顕である。山本の考えでは、現代の家族は、かつてのような運命共同体ではなく、緩やかな絆で結びついた個人の集合体である。家族のメンバーは、それぞれが自立する個人として会社、学校、地域社会、クラブといった家族以外のさまざまな社会集団に属している。日常生活においては、家族同士の交流よりも、家族以外の社会集団との交流の方が大きな比重を占める場合が多い。要するに、家族のメンバーは、家族という共同体の一員であるとともに、外の社会の一員でもあるのである。個人は家族と

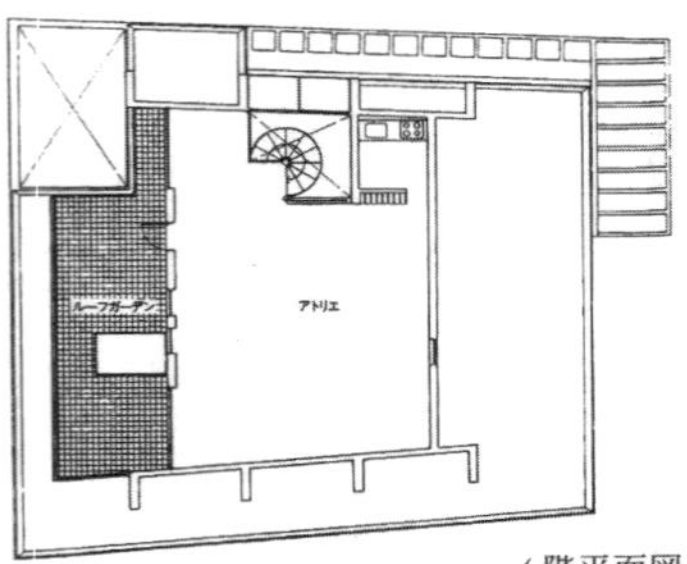

4階平面図

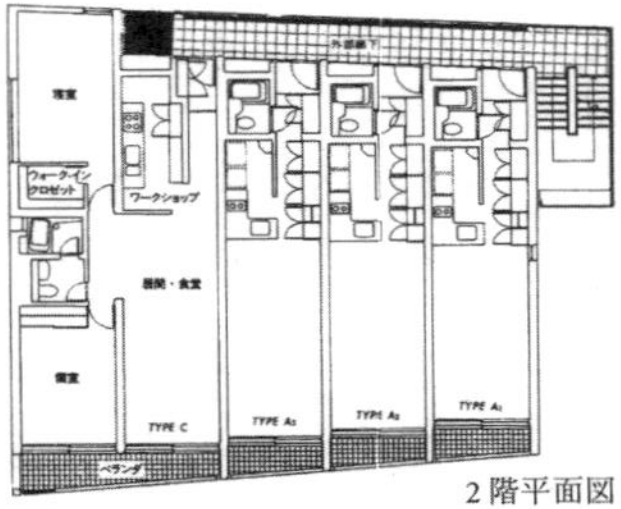

2階平面図

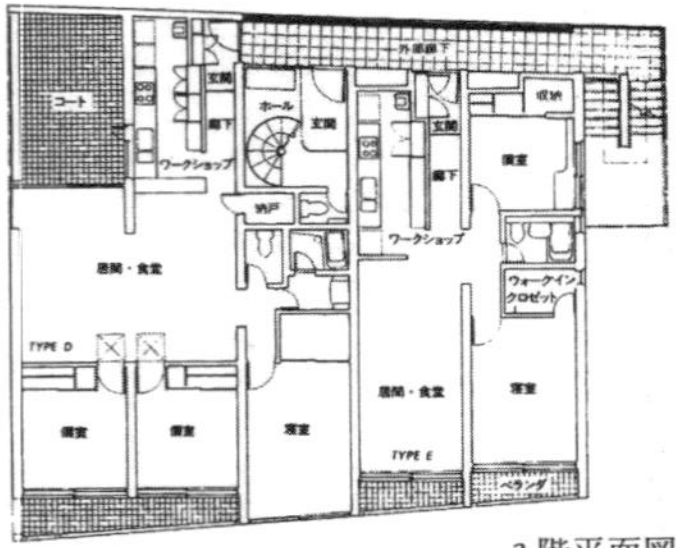

3階平面図

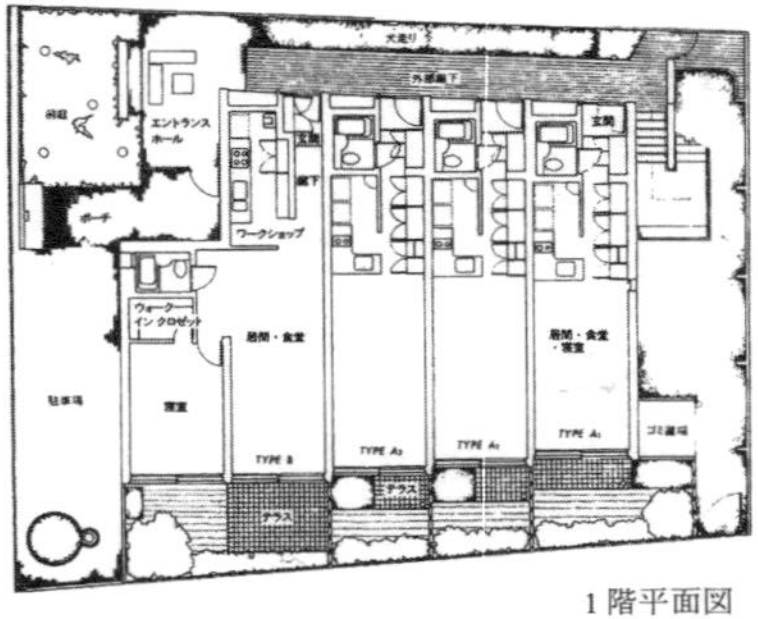

1階平面図

図3－2：個室群住居　平面図

（出典：『個室群住居　崩壊する近代家族と建築的課題』黒沢隆：著　住まいの図書館出版局　1997）

社会をつなぐ蝶番《ちょうつがい》的な存在だといってもよい。山本はこのような現実の家族像を住宅に投影するために、図3-3のような図式を描いている。

しかしながら、このような図式に当てはまるような住宅は、現実には存在しない。現実につくられている住宅は、このような図式ではつくられていない。この違いについて山本はこういっている。

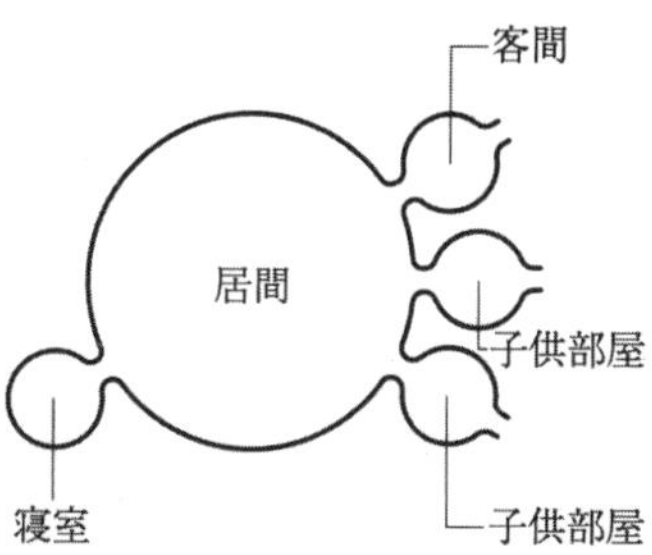

図3－3：現実の家族像の図式
（出典：『新編 住居論』山本理顕：著　平凡社　2004）

確かに、この私がつくったモデルは現実の家族そのものである。でも、それがそのまま住居としてできない理由は、実は単純なことだったのである。今つくられている住居は、現実の家族を反映したものではないからなのである。今、大量に生産され、私たちが住んでいる住居は、現実の家族の生活をそのまま反映しているわけではない。そうではなくて、むしろ、私たちがこうありたいと思う家族像のようなものを反映している。つまり、家族の理想像を反映している。住居というのは規範そのものである。さらに言えば、その規範がどんなに形骸化していたとしても、それを最大限に理想化して、その理想像に忠実につくられる。そういうものらしいのである。だから私がつくったモデルに忠実な住居は存在しない。それは現実そのものだからである。住居は現実を反映するのではなくて規範に則ってできている。それがどんなに現実とは乖離していてもである。規範と現実とは一致していない。（中略）そこでたぶん重要なのが一夫一婦に子供というい まの家族の単位である。いまのこの核家族という集団が社会を構成する最小の単位であるということを、私たちは疑いはじめているのではないか。いまの夫婦と子供という核家族的な構成こそが、唯一の揺るぎない単位構成であるとはたぶんもう多くの人が思っていないのではないか。私たちの家族に対する違和感は、この集団がひとつの社会的単位、ひとつのユニットとしての役割をもはや果たしていないという実感と、それにもかかわらず住宅のほうは相変わらず、その家族が揺るぎないひとつのユニットであるということを前提につくられているという違和感である。むしろ住宅の側が家族をひとつのユニットとして仕立て上げてきた、補強してきたと言ってもいい。少なくとも、

> いままで十分に住宅がその役割を果たしてきたと思う。自分たちに相応しいと思う住宅に住むことによって、自分たちの家族がひとつの社会的なユニットであることを実感できたと思うのである。
>
> 『新編 住居論』（山本理顕：著　平凡社、2004）

現代の家族と住宅の関係をこのようにとらえることによって、山本が実際に設計した住宅が「葛飾の家」（1992）である（図3-4、3-5）。通常の住宅では、室内に入るときには、まず玄関を通り、次に廊下、居間、食堂といった家族の共有空間を抜け、その奥に個室があるという順序になっている。公的な空間は社会に近い位置に置き、私的な空間はその奥に置く、というのが住宅の平面計画の一般的な原則である。つまりプライバシーを守るために個室を住宅の一番奥に置くのは、暗黙の常識だといってよい。これに対してこの住宅では、個室と共有空間の順序が逆転している。平面図を見れば一目瞭然だが、前面道路と玄関に一番近い位置に個室が置かれ、その奥に家族のための共有空間が置かれている。主寝室はその奥の2階に置かれている。個室は半透明のスクリーンによって仕切られているとはいえ、道路に対して柔らかく開放されている。この住宅のなかでもっとも公的な空間は、家族が集まる共有空間ではなく、明らかに個室である。私的な空間である個室を外部空間に一番近い位置に置くという平面計画に、上に述べたような山本の主張が表れている。山本の設計する住宅の平面計画には、現代の家族像がストレートに投影されているといってよい。個室が家族室と外部との境界に置かれているのはそのためである。

山本が提案するこのような住宅は、現代住宅のあり方に対して重要な問題を投げかけている。現代の家族像をそのまま平面計画に投影することによって、家族の解体はさらに加速されるのではないかという疑問があるかもしれない。これに対してはふたつの解答があるだろう。ひとつは、現在つくられている住宅のほとんどは、家族は運命共同体であるという家族幻想の産物であり、現実の家族のあり方からかけ離れているという点である。山本が提案する住宅は、幻想に支えられた旧来の住宅に対する批評的な提案である。とはいえ住宅は何らかの幻想によってつくられることも確かである。

建築家に設計を依頼するクライアントは、現状維持ではなく新しい生活像を求めて住宅をつくろうとする。こうした期待に対して、山本はきわめて図式的な平面計画によって応えている。明解な平面計画を通して、山本はクライアントの家族に緩やかな共同体としての家族のあり方を提案しているのである。山本に住宅を依頼するクライアントは、家族のあり方に関して自覚的であることは間違いない。山本の提案を理解し受け入れることがそれを証明している。山本の住宅によく見られるのは、建物全体を覆う巨大な屋根である。屋根に覆われた空間は明確な目的をもたない家族のための「場」である。屋根と場に山本のクライアントの家族に対するメッセージを読み取ることができる。これがふたつ目の解答である。

個室の融解

家族の変容に対して、住宅のなかの個室の意味を再検討する解答とは対照的な、もうひとつの解答がある。それは個室の壁を取り外し、内と外に開いた一室空間的な住宅である。その典型的な例が、筆者の提案する「箱の家」である。「箱の家」が提案しているのは間仕切のない一室空間住居である。「箱の家」には閉じた個室はない。したがってプライバシーもない。なぜそのような住空間を提案するのだろうか。そこにはいくつかの社会的・機能的な理由がある。

ひとつは「箱の家」は依然として核家族の重要性を認めている点にある。大きな潮流

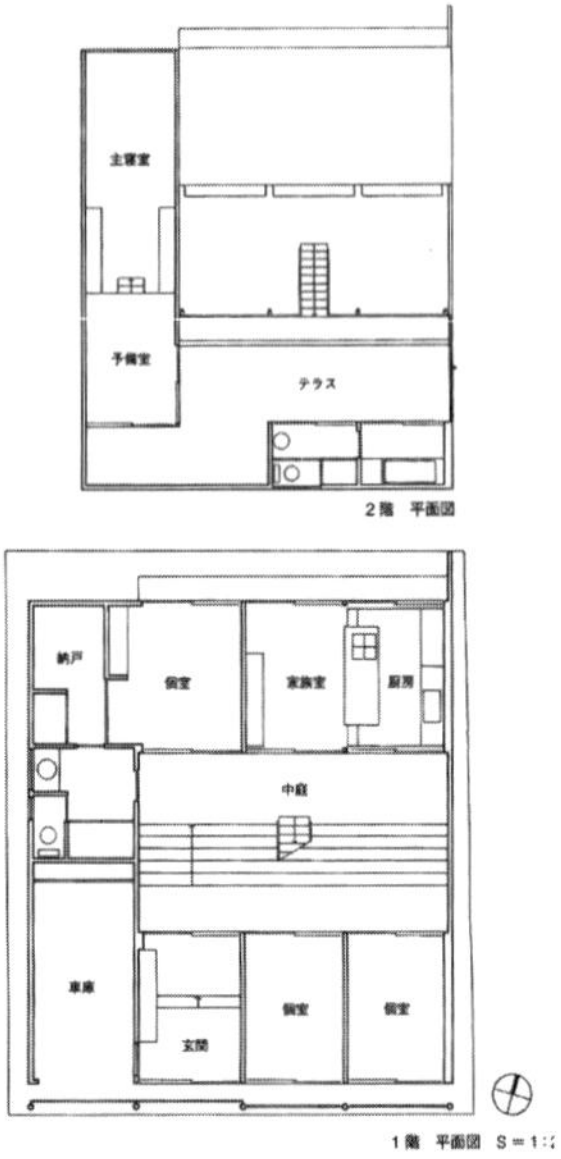

図3－4：葛飾の家　平面図
（出典：『建築家は住宅で何を考えているのか』難波和彦＋千葉学＋山代悟：著　PHP研究所　2008）

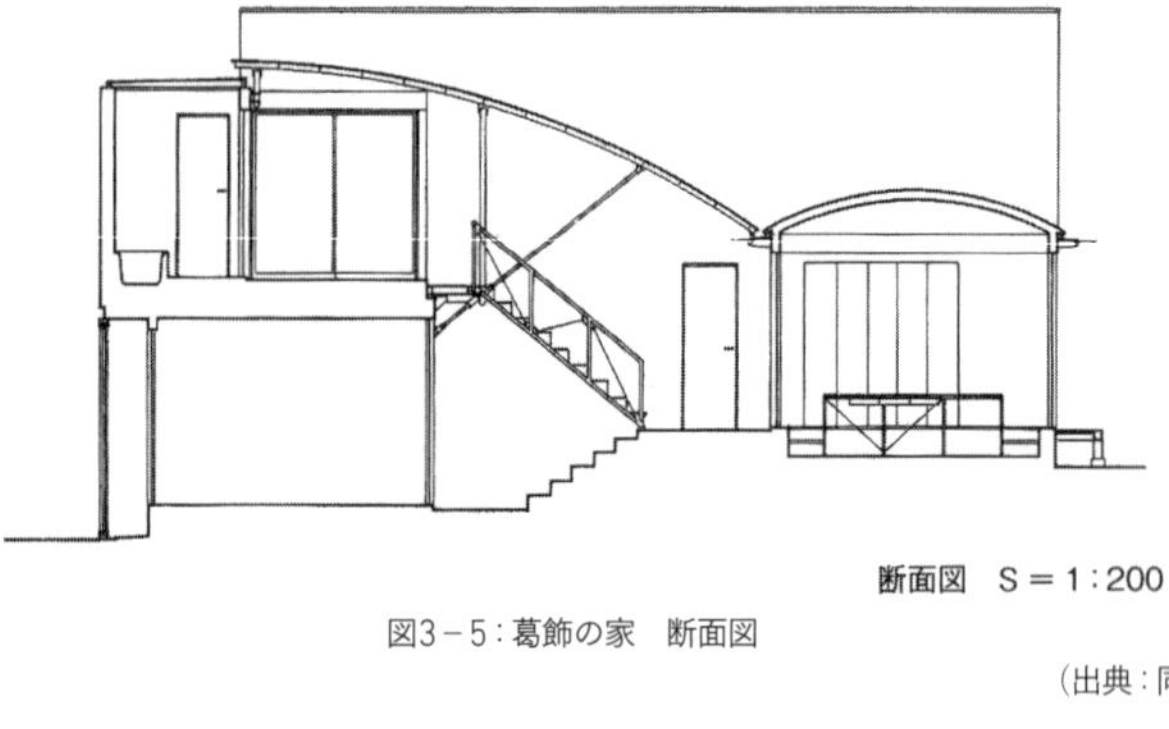

図3－5：葛飾の家　断面図

（出典：同上）

として見るなら、核家族という社会の単位が緩やかに解体しつつあることは確かだろう。そして核家族の解体にともなってふたつの社会的問題が生じている。ひとつは、単身となった高齢者の生活を、誰が支えるかという問題であり、もうひとつは、子供の成長の面倒を誰がみるかという問題である。高齢者に対しては、核家族には依存しない社会的なケア・システムは徐々に整備されつつある。しかしながら、核家族に代わるような子供の養育システムはいまだに形成されていない。現在の幼稚園や保育園は補完的なシステムでしかない。現代では、かつてのような大家族制度が崩壊している以上、核家族という夫婦を単位とする子供の養育共同体は、依然として社会を持続させるために不可欠な制度なのである。したがって、解体に向かう緩やかな共同体であったとしても、子供の成長にとって核家族という共同体は重要な存在であるといわざるを得ない。「箱の家」のクライアントは、その点を無意識的に感受している人たちである。だからこそプライバシーを犠牲にしても、家族としての一体感を感じさせるような一室空間的な住宅を求めるのである。

　もうひとつの理由は、子供の自立にとって果たして個室は必要なのかという疑問である。一般的に、個人の自立は個室の確保と結びつけて論じられる。個室がなければ個人としての自立もあり得ないというのが近代的な住居観である。しかしながら先にも述べたように、その論理は疑わしい。個室という空間的な条件と、個人の自立という社会的な条件を結びつけるのは、広い意味での機能主義である。しかし今や、機能主義の論理が通用しないことは歴史的に明らかになっている。個室の確保と個人の自立とは、まったく別の次元の問題なのである。

　例を挙げよう。「箱の家」の原型である「箱の家００１」の家族は夫婦と子供３人の５人家族である。「箱の家００１」には子供室がない（図３-６、３-７）。子供たちそれぞれに３畳の広さの専用のコーナーがあるだけである。その代わり、子供たちのための８畳の広さの勉強部屋があり、長さ３・６メートルの共用の机が備えられている。この部屋は吹抜に面した開放的な空間である。子供コーナーは建築家からの提案だが、子供たちの共用の勉強部屋はクライアントの提案によってつくられた。完成後に見学に訪れた人たちは口を揃えて、独立した個室も勉強部屋もない住空間では、子供たちは勉強に集中できないのではないかという疑問を発した。それに対してクライアントはこう応えた。「本番の受験場は開放的で落ち着かない空間です。そのような空間で集中できなければ、受験戦争を勝ち抜くことはできません。この家はそのための練習場なのです」。

実を言えば、「箱の家００１」のクライアントは、有名予備校の教員の経験があり、静かな空間でならば優秀な成績をおさめる子供が、本番で失敗する例をたくさん見てきたのである。この例は機能主義の誤りを見事に証明している。個室が個人の自立を保証するのではない。むしろ開放的な空間においても集中できることが、個人の自立なのである。もちろん一室空間のなかで、各自が勝手な行動をしたのでは生活は混乱するだけである。一室空間的な住宅では、家族全員が住まい方のルールを共有することが必要不可欠である。「箱の家００１」の子供たちは家族全員で話し合い、定められた一定の時間は共用の机で勉強することをルールに決めた。話し合いによって住まい方のルールを決めることも、個人の自立の重要な条件だといってよい。一室空間的な住宅のなかで育つ子供は、日常生活での体験や家族との話し合いを通じて、生活を成立させる暗黙のルールを身につけていくだろう。共有されたルールとは、空間を分節する「見えない壁」だといってよい。そして自分の力で「見えない壁」をつくり上げる術を学ぶことが、個人としての自立ではないだろうか。必要以上に物理的な空間に依存することは、むしろ自立を阻害するのではないかというのが筆者の仮説である。

この仮説は、都市に生きる人間にとって何が重要であるかを考えてみれば直ちに了解

図3－6：箱の家001　平面図
（出典：図：3－4と同じ）

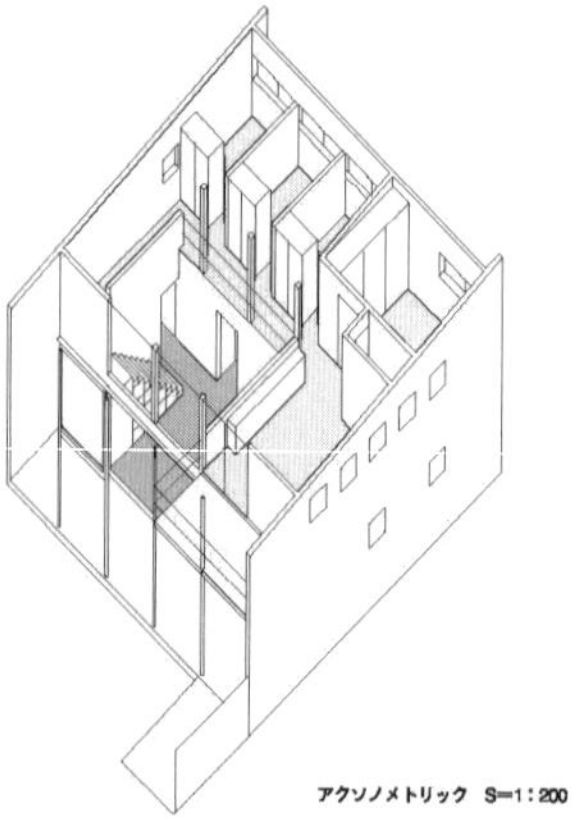

図3－7：箱の家001アクソメ図
（出典：同上）

できるだろう。都市では、さまざまな人びとが高密度な空間のなかで生活している。したがって親密な関係やそうでない関係を、すべて物理的な距離によって制御することはきわめて難しい。都市に生きる人びとは、物理的な距離と親密さの関係を切り離してとらえることを求められる。そのためには、都市空間のなかに「見えない壁」としての暗黙のルールを埋め込む必要がある。たとえば満員電車のなかでは、いくら物理的な距離が近接していても、赤の他人が共存することができなければならない。

満員電車のなかでは、そのように振舞う暗黙のルールが共有されているのである。人間にはそのような能力が備わっている。時には暗黙のルールだけではなく、携帯電話やスマートフォンのような技術に頼ることも必要かもしれない。いずれにしても、都市に生きる人間には、さまざまな方法によって「見えない壁」をつくることが必要なのである。

3．住宅政策の変容

以上のように、建築家は社会状況の変化を見据えながら、個別的な住宅の設計を通して典型的な解答となるような、さまざまな住宅のタイプを提案している。しかし建築家の住宅は、あくまで特定のクライアントの注文に対する解答である。ほとんどの住宅は、工務店による建売住宅、ハウスメーカーの注文住宅、ディベロッパーによるマンションという形で供給されている。さらにそのような持家だけでなく、賃貸住宅も存在することを忘れてはならないだろう。

　戦後の日本には、住宅の住み替えについて「住宅スゴロク」というステップアップのプロセスがあった。これは、若い独身者はまず小規模な木造賃貸住宅やアパートに住むことから始め、結婚するとＲＣ造の賃貸マンションに住み替え、子供がうまれると分譲マンションを購入し、最終的には郊外に戸建住宅を購入するというプロセスのことである。高度成長期には、この「住宅スゴロク」は標準的なライフコースと考えられるようになった。これに対して、政府も低金利の住宅金融公庫を初めとする公共的な住宅政策によって、持家へのインセンティブを推し進めた。一方で、政府は住宅公団による公共的な賃貸住宅である「団地」を建設したが、全住戸のなかで占める比率は低く、中心となるのはあくまで持家指向の推進であり、最終的に持家に至るステップアップの住宅だった。

　しかしながら１９９０年代になると、経済成長に翳りが見えはじめ、人口の増加も鈍化する。これにともなって、政府は必要な住戸数の供給は完了し、住宅不足はほぼ解消されという判断から、住宅政策を大きく転換する。住宅金融公庫は２００７年に廃止され、住宅ローンの融資は民間の金融機関へと移譲される。そして住宅公団は、住宅・都市整備公団（1981）から都市基盤整備公団（1999）を経て、最終的にＵＲ都市再生機構（2004）へと再編され、公営住宅の供給を停止した。こうして住宅の供給方式は、完全に民間へと移行し、住宅の市場化と商品化が確立するのである。現代の住宅のあり方に対して、建築家はさまざまな提案を行っているが、その背景には、このような住宅政策の変容があることを忘れてはならないだろう。このような傾向に対し、住宅政策の専門家である平山洋介は、以下のような提案を行っている。

> 必要とされるのは、賃貸住市場の構造を見直す作業である。住宅供給・消費の多くは、市場経済にもとづいている。しかし、市場のあり方には幅がある。野放しの自由主義に住宅をゆだねるのではなく、社会目的の達成に向けて市場をコントロールし、住まいの「社会的市場」をつくる方策が検討されてよい。市場とは、自生する仕組みであると同時に、社会的に設計されるメカニズムであ

る。住宅システムを主導する力として政府と市場を対置する議論がある。しかし、二者択一論争は、ほとんどの場合、無意味である。政府と市場の役割を対置するのではなく、両者の関係のつくり方を検討し、どのような市場を形成し、政府はそこにどのように関与するのか、という問いを建てる必要がある。

『都市の条件　住まい、人生、社会持続』（平山洋介：著　ＮＴＴ出版、２０１１）

この指摘は、東日本大震災以降は、今までにも増して重要な課題となるだろう。そしてこの課題は、戸建住宅についてはもちろんだが、それ以上に集合住宅において重要な条件となるだろう。このテーマについては、次章の「集住体」において考えてみたい。

参考文献

1.『核家族時代』（松原治郎：著　日本放送出版協会、１９６９）

2.『個室群住居　崩壊する近代家族と建築的課題』（黒沢隆：著　住まいの図書館出版局、１９９７）

3.『家族を容れるハコ　家族を超えるハコ』（上野千鶴子：著　平凡社、２００２）

4.『変わる家族と変わる住まい〝自在家族〟のための住まい論』（篠原聡子＋小泉雅生＋大橋寿美子＋ライフスタイル研究会：著　彰国社、２００２）

5.『21世紀家族へ　家族の戦後体制の見かた・超えかた』（落合恵美子：著　有斐閣選書、２００４）

6.『住まいと家族をめぐる物語　男の家、女の家、性別のない部屋』（西川祐子：著　集英社新書、２００４）

7.『新編 住居論』（山本理顕：著　平凡社、２００４）

8.『「51C」家族を容れるハコの戦後と現在』（鈴木成文＋上野千鶴子＋山本理顕他：著　平凡社、２００４）

9.『五一C白書　私の建築計画学戦後史』（鈴木成文：著　住まいの図書館出版局、２００６）

10.『地域社会圏モデル　国家と個人のあいだを構想せよ』（山本理顕他：著　ＬＩＸＩＬ出版、２０１０）

11.『地域社会圏主義』（山本理顕他：著　ＬＩＸＩＬ出版、２０１３）

12.『日本型近代家族　どこから来てどこへ行くのか』（千田有紀：著　勁草書房、２０１１）

13.『都市の条件　住まい、人生、社会持続』（平山洋介：著　ＮＴＴ出版、２０１１）

◉第四章　集住体

1. 集住体の特性

集住体の定義

人間が集まって住むとき、社会的・機能的側面である生活やコミュニティのあり方と、物理的・技術的側面である建築的・空間的な構成とが一体になったシステムを「集住体」と呼ぶ。つまり集住体とは、人間が集まって住むことのソフトウェアとハードウェアが一体になったシステムだといってよい。広い意味では、家族が住んでいる住宅もひとつの集住体であり、多数の人びとが集まって生活を展開している都市も巨大な集住体といってよいが、本章では、その中間にある多数の人びとや家族が1か所に集合して住んでいる生活の複合体と、住戸の集合を集住体と呼ぶことにする。

集住体は通常は「集合住宅」と同じものだと考えられている。しかし集合住宅は、住戸（ハードウェア）が集合している状態を示しているだけで、そこに住む家族や人間集団の住まい方（ソフトウェア）を含んでいない。集合住宅にはそこに住む人びとが互いにまったく関係のないアパートやフラット、居間や台所を共同で使うコレクティブ・ハウス、分譲マンションと賃貸アパートなど、住まい方や所有形態にさまざまなタイプがある。集住体という概念は、そのようなソフト（生活）面の多様性にも焦点を当てようとする呼称だといってよい。

そこで、集住体を総合的に理解するために、第1章で紹介した「建築の4層構造」によって多面的にとらえてみよう。

集住体の4層構造——1：物理性

まず、第1層の物理的側面から始めよう。集住体は複数の住戸の集合体であり、建物としては戸建住宅よりも規模は大きい。多数の住戸が集合しているために、そこには共用部分と私有部分があり、したがって空間構成は立体的で複雑である。住戸が集積することによって、住戸一戸当たりの敷地面積が小さくなるので、住戸密度を上げ、土地利用の高度化を実現することができる。住戸が重ね合わされる場合は、複数の階段やエレベーターを備え、上下水道や電気などライフラインのシステムも複雑になっている。構造強度を確保するために、構造材には主に鉄筋コンクリートや鉄骨が用いられるが、最近では木造でつくられるようにもなってきた。さらに住戸間のプライバシーを守るために、界壁や床の遮音性や耐振動性が重要な条件となる。最近では、家族構成やライフスタイルやに合った平面計画のフレキシビリティを確保し、機能的な長寿命化を達成するために、主構造（スケルトン）と間仕切や設備などの機能要素（インフィル）を分離するＳＩ（スケルトン・インフィル）構法が用いられるようになっている。集住体では、戸建住宅以上に建設資材の数量が必要になるので、個別の建設であっても、建築部品や設備部品を工場で生産することによって高性能化し、工期を短縮することが可能になる。集住体は多数の人びとが集合して住むために公共性が高く、法的な制約条件が厳しく課せられている。したがって戸建住宅に比べると、デザインの自由度は相対的には低いが、物理的な集積性において、建築生産面での経済的な影響力は大きい。

集住体の4層構造——2：エネルギー性

次に第2層のエネルギーの側面を見よう。各住戸の設備類は戸建住宅とほとんど同じ条件だが、住戸が集積しているために、共有部分の配管や配線類の幹線が必要となる。さらに上下の移動のためにエレベーターなど垂直動線の設備も導入される。その他、公共的な防災設備や避難設備が要求される。

住戸が高密度に集積しているため、建物全体のサイズが大きくなっても、住戸当たりの外壁面積は相対的に小さくなり、エネルギー負荷の面からは有利な条件になる。それにともなって住戸が外気に触れる面積が小さくなるため、採光や通風の制御は難しくなる。同時に建物のサイズが大きくなるので、日影やビル風など周辺環境へ与える影響も大きくなる。共用施設として屋上緑化も可能である、まとまった敷地面積が確保できる場合には、建物と関係づけて敷地全体を修景し、周辺の微気候をデザインすることも可能になる。

以上のようなエネルギー的条件によって建物全体のシステムは複雑になるが、高性能でコンパクトな空間を達成できるため、コンパクト・シティやサステイナブルデザインにとっては有利な条件である。

集住体の4層構造——3：機能性

第3層の機能性では、人間が集合して住むことから、さまざまな複雑な社会的・機能的な条件が生じてくる。日本には、かつての長屋や町家のように、平面的に集合して住むという伝統はあったが、最近の集住体のように、立体的に集合して住むようになったのは、明治維新以降とくに大正時代の関東大震災以後である。したがって日本には立体的に集合して住む伝統がなく、法的な整備も遅れている。現在においても、集合住宅の住戸の法的な所有権には、戸建住宅の私有権の制度がそのまま適用され、集住体における公共性との関係は不明瞭なままである。集合して住むことの社会的な条件について、本格的な検討が行われるようになったのは、少子高齢化が進行して家族形態が多様化し、さまざまな集団の住まい方が問題になってきたからである。しかし現在でも、通常の集合住宅においては、依然として住人や家族が互いに無関係に住んでいるというのが標準的な住まい方である。

集合住宅の建設が本格化するのは、第二次世界大戦後の住宅難に対処するために1955年に設立された日本住宅公団が、公営の賃貸住宅いわゆる「団地」の建設を開始してからである。公営住宅は現在までに合計270万戸建設され、現在も残っているのは120万戸と記録されているが、この数は日本の全住宅数の2％に過ぎない。日本の住宅の主流は、依然として戸建住宅なのである。狭い国土でありながら、人口が集中する都市においても、平面的に大きな面積を要する戸建住宅がつくり続けられてきたのはなぜだろうか。伝統的に木造住宅が主であったことにも一因があるが、最大の要因は第二次世界大戦後の住宅難対策として、1950年に住宅金融公庫が設立されて以来、1980年代に至るまで、政府が一貫して戸建住宅を中心とする持家政策をとり続けてきたからである。このため1970年頃までは集合住宅といえば公営の団地を意味していた。そこに住んでいたのは、ほぼ同世代の平均的な核家族であり、最小限の公共施設を共有する以外には、家族相互の交流や、地域的なコミュニティのようなものは求められなかった。1970年代になると、都心に民間の分譲マンションや賃貸マンションが出現し始める。さらに1980年代になると、統計的に住戸数が世帯数を上まわったため、政府は住宅不足はほぼ解消したと判断し、住宅の供給を民間企業に移行させる政策へと転換する。これにともなって住宅公団は段階的に解体され、現在では民間の住宅建設を誘導し、既存の集合住宅ストックの再生を担う「都市再生機構」へと再編成されている。1990年代以降、住宅の供給は完全に民営化・市場化され、集団で住むことの意味は、利便性と経済性へと集約され、人間関係、家族関係への関心は薄れていく。当初、集合住宅が求められたのは、地価の高い都市において土地を高度利用するためだった。集合して住むことの積極的な意味については、ほとんど検討されることはなかったのである。

一方で、現代社会は少子高齢化や不景気の進行によって、結婚しない単身者、片親家族、高齢の単身者といった、互いを支え合って住むことが必要な多様な家族形態が多数を占めるような社会へと転換している。したがってそのような転換に対応した多様な集住体が求められているはずである。さらにこれまでの近代の都市計画では、住む機能が他の都市機能と切り離されてきたが、これからは集住体と都市機能を結びつけた、複合的な集住体が求められるようになるだろう。

集住体の4層構造――4：記号性

最後に、第4層の記号性においては、都市景観における集住体の影響が問題になるだろう。かつて住宅公団が都市郊外に建設した巨大な団地に対しては、豆腐を並べたような画一的な景観が非人間的だと非難された。しかし時が経つにつれて、樹木や草花が成長し、建物も住み込まれることによって、現在では熟成した景観がうみ出されている。これは集合住宅にかぎらず、建築一般にとって、時間という条件がきわめて重要な条件であることを意味している。このテーマについては、次章の「街の風景」や第12章の「生きられる家」において詳細に検討してみたい。

最近では、土地の高度利用を図るために、不動産ディベロッパーが法的な容積と、高さ制限一杯に分譲マンションを計画することに対して、周辺住民から建設反対運動が生じるようなことも多くなった。これは都市景観が、都市生活にとって重要な条件になっていることを意味している。さらにかつては工業地帯や物流倉庫地域だった大都市の湾岸一帯や、郊外のターミナル駅周辺に超高層マンションが林立するようになっている。日影やビル風などの環境上の問題もあるが、都市景観に対する影響については賛否両論がある。超高層のマンションについては、景観の問題以上に、むしろその住民が地域から切り離されたゲーティッド・コミュニティ（閉ざされた集住体）的な集団を形成している点が大きな問題ではないだろうか。これは第3層の問題である。

以上をまとめると、「集住体の4層構造」のテーマリストが得られる。

建築の4層構造	建築を見る視点	集住体の4層構造
第1層：物理性 （材料学・構法学・構造学）	物理的な モノとして見る	1）住戸の集合 2）共有空間 3）立体的な空間 4）高度利用 5）動線の共同化 6）RC造か鉄骨造 7）SI構法
第2層：エネルギー性 （環境学・設備学）	エネルギーの 制御装置として見る	1）設備インフラの共同化 2）エネルギー負荷の低減 3）周辺気候への影響 4）高度利用による緑化 5）環境共生住宅
第3層：機能性 （計画学）	社会的な 機能として見る	1）コミュニティ 2）分譲と賃貸 3）住戸と住民の多様性 4）コモン空間 5）職住近接 6）ゲーティッド コミュニティ
第4層：記号性 （歴史学・意匠学）	意味を持った 記号として見る	1）都市景観 2）機能の複合化 3）時間と熟成 4）地域社会圏 5）コンパクトシティ

表4－1：集住体の4層構造

2. 集住体の可能性

以上の集住体の4層構造の分析から、これからの集住体のあり方の多様な可能性を読みとることができる。以下では、それらの可能性をリストアップし、個々に検討してみることにしよう。

スケルトン・インフィル（SI）

集住体の第1層、すなわち物理性・技術性の面で最近注目されているテーマは、建物の主構造であるスケルトンと、それに付属する外装や間仕切、配線配管、設備機器などの副次的な建築要素、すなわちインフィルとを分離したスケルトン・インフィル（SI）という構法システムである。これは長期間維持される主体構造と、生活の変化や技術の進展によって比較的短期間に取り替えられる可能性が高い建築・設備要素を分離することによって、建物全体の物理的な寿命（耐久性）だけでなくエネルギー的、あるいは機能的な寿命を長寿命化することを目的としている。

日本の場合、これまで住宅の寿命を決定づけてきたのは、耐震性や耐久性だけでなく、

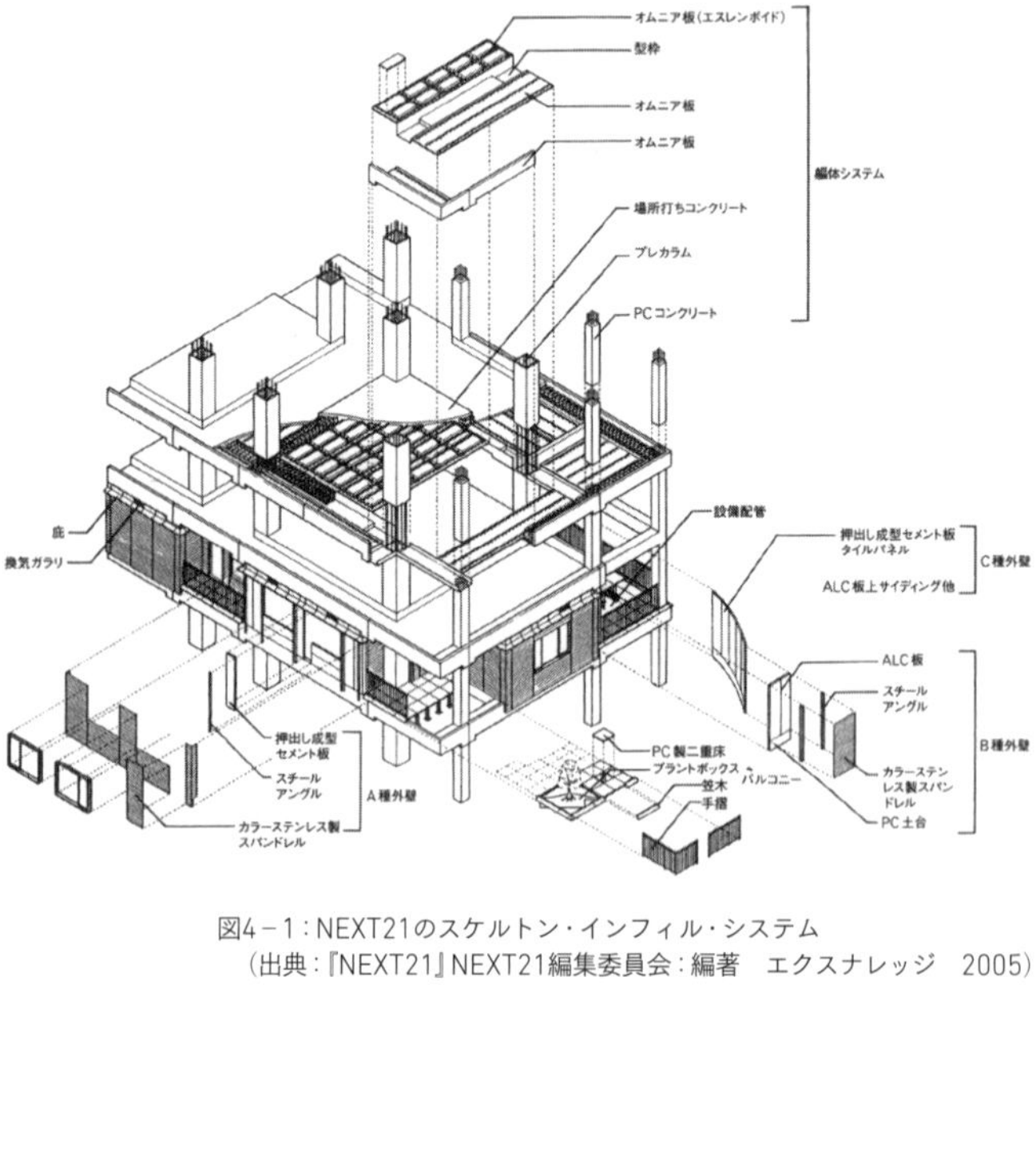

図4－1：NEXT21のスケルトン・インフィル・システム
（出典：『NEXT21』NEXT21編集委員会：編著　エクスナレッジ　2005）

設備機器や配線配管類の更新可能性や、生活の変化にともなう機能的なフレキシビリティの欠除が大きな要因だった。スケルトン・インフィル・システムは、そのような多様な条件に対応するために考案された構法システムである。構造体を含めて、大部分の建築部品を工場生産化し、現場で組立てることによって、高性能で可変的な集合住宅を建設することがＳＩの最終的な目標である。ＳＩの考え方は、主構造を共有しながら、それぞれの住戸においては自由な平面計画が求められるコーポラティブ・ハウスやコレクティブ・ハウスのような集住体に適した構法といえるだろう（図４-１）。

住戸平面の多様化と複合化

１９５１年に公団住宅の標準平面として提案された「51C型」の平面は、標準的な核家族に対応した平面型として、いくつかのヴァリエーションへと展開されていった。当初は住戸数を確保することが第一優先とされたために、狭小で画一的な平面型の集合住宅が大量に建設された。しかしながら、家族形態やライフスタイルが多様化するにつれて、住戸面積が広がり、平面は多様化し、共用空間の充実が図られるようになった。さらに都市的な共用施設を付設することによって、機能的な複合化も図られるようになった。１９９０年代以降になると、集合住宅の市場化・商品化が進み、それにともなって住戸は投資の対象となり、住戸平面は当たり障りのないｎＬＤＫタイプに固定化するようになる。しかし一方では、住戸平面の多様化はますます進行し、住戸という単位がほとんど判別できないような集住体も出現し（図４-２）、他方では、ワンルーム・マンションのような極限的な住戸形態もうみ出されるようになった。この間、一時的な居住を目的とする賃貸集合住宅は、特定のライフスタイルに焦点を絞ることが可能であるために、集合住宅タイプの多様なヴァリエーションを提供する役割を果たした。しかしながら、２００８年のリーマンショックがもたらした信用不安によって、投資の回収と再投資のサイクルを維持することが困難となり、賃貸集合住宅のディベロッパーは一時的に活動を休止する。しかしながら２０１０年代になると、大都市への人口集中の受け皿として徐々に活動を再開している。

分譲と賃貸

先にも述べたように、これまで建設されてきた公営の集合住宅は、一部を除いて賃貸住宅であり、住宅政策としては、最終的に戸建住宅をもつことに向けてのワンステップ

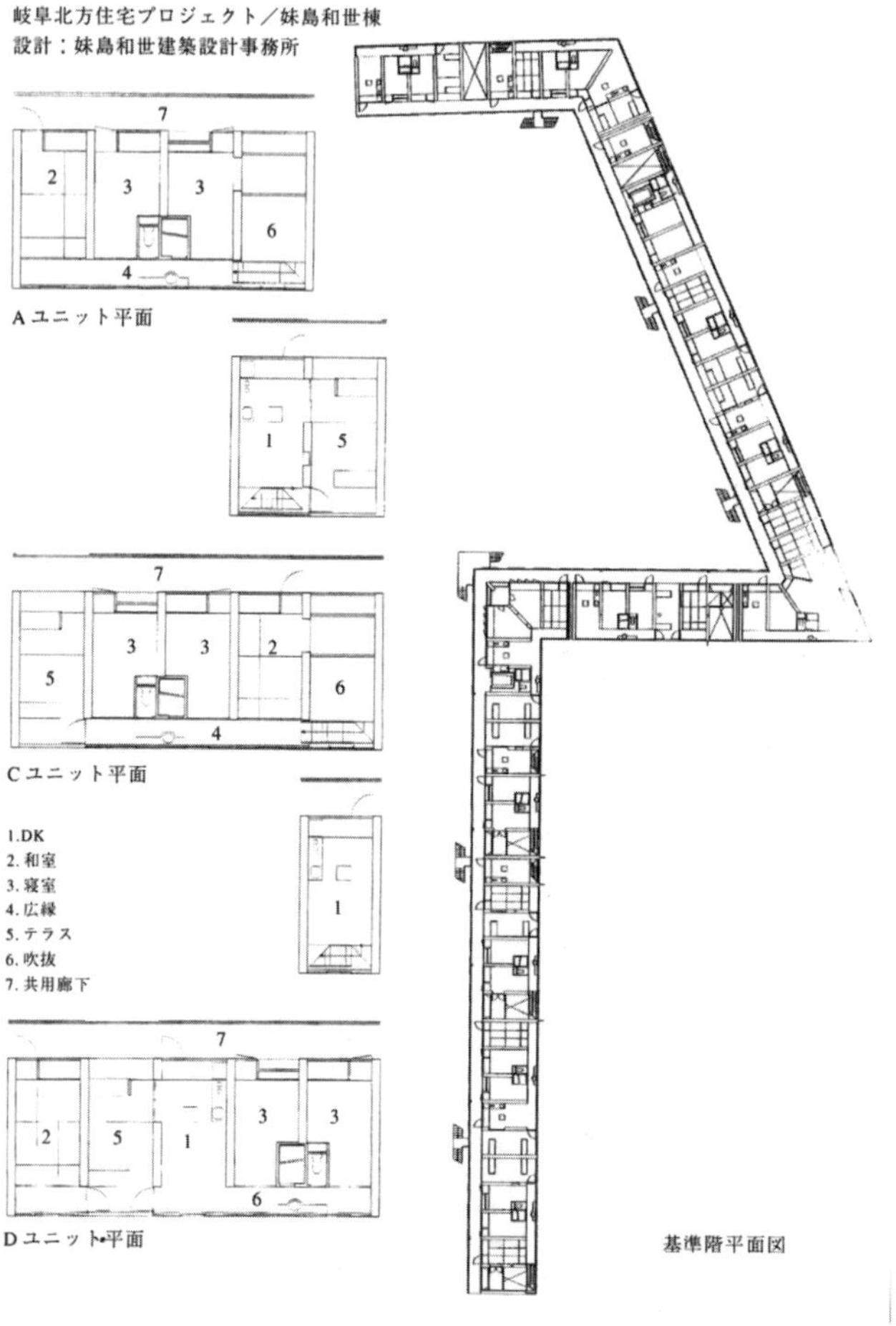

図4－2：岐阜県営住宅ハイタウン北方 妹島和世棟 1998
（出典：『弧の集住体』渡辺真理＋木下庸子：著　住まいの図書館出版局　1998）

として位置づけられていた。しかしその数はわずかに過ぎず、世の中に存在する賃貸住宅の大部分は、小規模な木賃アパートであり、そのような賃貸住宅に対しては、住宅金融公庫のような公的な融資制度は存在しなかった。１９７０年代になると民間の賃貸マンションが現れ、さらに後にはワンルーム・マンションが出現して、戸建住宅中心の持家政策を補完するようになる。住宅政策が持家政策から民間供給へと転換する１９９０年代になると、ディベロッパーが提供する多様な賃貸マンションが出現するが、それもリーマンショック（２００８）によって一時的に消失する。とはいえ、都心居住の需要の高まりや投資目的から２０１０年以降には賃貸住宅は徐々に回復しつつある。一方で、住宅供給の市場化の面でも、その影響を受けて分譲マンションの販売は縮小している。このために現在では戸建住宅の獲得を「上がり」とする「住宅スゴロク」は、完全に破綻した状態にあるといってよい。そのような停滞状況を打破するために、山本理顕が提案しているのが、ある程度の規模をもち公的な補助を受けた民間の賃貸による集住体「地域社会圏」である。これについては後に紹介する。

コーポラティブ・ハウス

都市に住むことを目的として、集合住宅でありながら、住人の個別的な要求にも応えることができる方式としてうみ出されたのがコーポラティブ・ハウスである。敷地を高度利用することによって、住戸当たりの敷地面積を抑え、結果的に住戸の価格を下げることができる点は、集合住宅の大きなメリットである。さらに定期借地権制度を利用すれば、土地費用の負担分をさらに抑えることができる。スケルトン、共有空間、共有設備の建設費は共同で負担し、住戸の内部は住人の希望にしたがって設計し、その建設費用は各住人が負担する。分譲マンションとは異なり、コーポラティブ・ハウスでは、計画と設計の初期段階からひとつの建物のなかに複数の所有者が存在する。したがって建物全体のあり方から、共有部分や住戸相互の境界部分についての住人の意見調整だけではなく、計画の前提となるルールづくりや計画全体の運営が必要となる。したがって建築家だけでなく、計画全体のコーディネーターが重要な役割を果たすことになる。住民同士が戸建住宅的な集合住宅というメリットを共有するだけではなく、さらに別の価値観、たとえば以下に紹介する「環境共生住宅」のように、既存環境の保存や建物全体の環境性能の向上といった具体的な目標を共有するようになれば、コーポラティブ・ハウスはこれまで以上に大きな可能性をもった集住体になることが予想される。

環境共生住宅

集住体の第1層と第2層の分析から導き出される可能性のひとつとして、高密度で省エネルギーのローコスト集合住宅を挙げることができる。集住体のハード面における有利性は、土地の高度利用、住戸密度の高度化、建物の長寿命化、エネルギー消費の逓減《ていげん》といった点にあり、結果として住戸当たりの建設コストや生活にともなう運営コストを抑えることにつながる。そこから先に紹介したコーポラティブ・ハウスがうまれたのだが、最近ではそのような利点を生かしながら、さらに外断熱や屋上・壁面緑化などといったサステイナブルな技術を積極的に導入することによって、建物全体のエネルギー消費をこれまで以上に抑えながら、周辺環境への影響にも細やかに配慮した「環境共生集合住宅」のような試みが見られるようになっている。これは単体の戸建住宅では実現の難しい条件であり、集合住宅によって初めて達成できる大きな可能性といえるだろう（図4-3）。

コレクティブ・ハウス

コーポラティブ・ハウスの考え方をさらに一歩進めて、高齢者や共働きの夫婦などが家事への労力や資金を出し合い、コミュニティをつくって暮らすことを目的とした集合

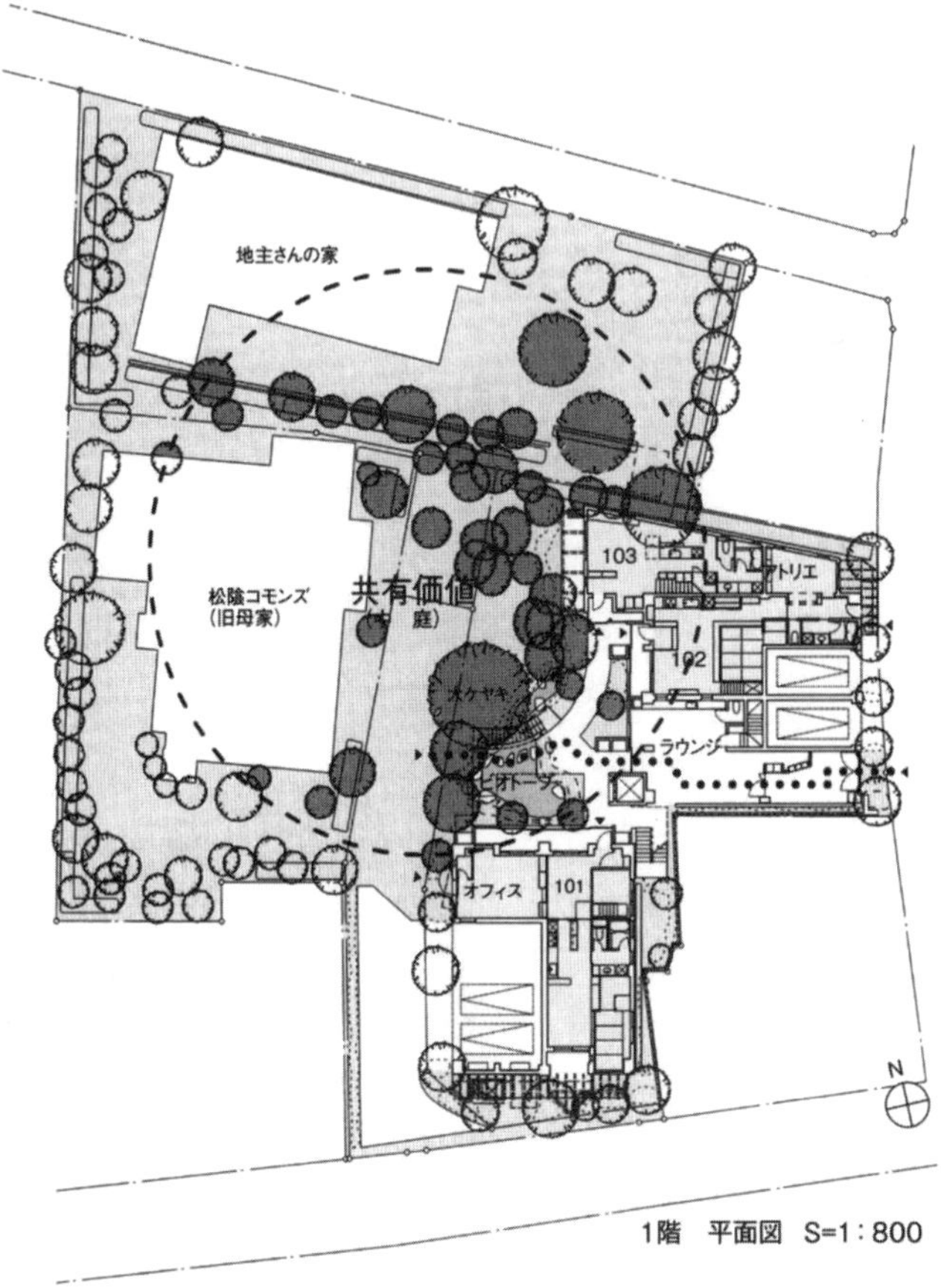

図4－3：欅ハウス2003
（出典：『建築家は住宅で何を考えているのか』
難波和彦＋千葉学＋山代悟：著　PHP研究所　2008）

住宅がコレクティブ・ハウスである。コーポラティブ・ハウスは、あくまで独立した家族を単位とする集合住宅である。したがって集まって住んでいても、コミュニティとしての活動は必要最小限に止められている。これに対してコレクティブ・ハウスでは、集まって住むことの可能性をコミュニティの形成にまで拡大し、住民同士の交流や子育て、高齢者などの生活支援を積極的に推進することを目的としている。つまりコレクティブ・ハウスは、自立した家族ではなく、互いに協力し助け合うことを必要とする家族の集住体なのである。したがって住民は、それぞれ自分の居住空間を所有してはいるが、プライベートな空間は必要最小限に止められ、共同で使用できる居間や台所などのスペースが大きな割合を占めることになる。つまりコレクティブ・ハウスは、一種の大家族のような複合的な集住体といえるかも知れない。この種の集住体は近代初期の18世紀に西欧で出現し、20世紀の初頭に数多くつくられた。それは一種の社会主義思想にもとづく共同体の試みだった。現代のコレクティブ・ハウスにもそのような思想的背景があるが、それよりも現代社会の家族の多様化を受け容れる、社会的・機能的な要請による集住体である面が大きいように思われる。

シェアハウス

いわゆるワンルーム・マンションは閉じた個室を集めた集合住宅であり、分譲住宅もあるが、通常は賃貸住宅が基本になっている。ワンルーム・マンションの住人は互いの交流がほとんどなく、共通のルールも最小限に止められているために、誰が住んでいるかも分からない一種の無法地帯のような性格をもっている。したがってワンルーム・マンションには、ネガティブなイメージがまとわりつき、近隣住民の建設反対運動を誘発したり、行政による計画の制限が行われるような状況も生じている。これに対して、シェアハウスは賃貸を基本とし、ワンルーム・マンション的なプライバシーを確保しながらも、運営者が共有の生活ルールを設定し、共同の居間や台所などを備えることによって、住人相互の交流を積極的に推し進めようとする集住体である。もともとは木賃アパートや既存の戸建住宅を、若者が共同で住めるように改造した安価な賃貸集合住宅として、自然発生的にうまれた居住システムだが、そのような集住体を求める若者たちの潜在的な需要が浮かび上がってきたために、それに応えるように、ディベロッパーがワンルーム・マンションに代わる賃貸集合住宅として、新たに企画建設するようになったのである。住人の種類はさまざまだが単身の若者が大部分を占め、長期間の居住よりも、就職や結婚などの次の居住ステップへ向けての短期的な居住が中心になっている。人口が集中する大都市ならではの特殊な集住体といえるだろう。

職住近接

近代の都市計画は、都市の機能を分類し、それぞれの都市機能に対して、それに相応しい都市空間を与えるという考え方にもとづいている。第二次世界大戦後の近代的な都市計画思想を確立したのは、ＣＩＡＭ（近代建築国際会議）の第４回会議でまとめられた「アテネ憲章」である。そこでは、機能がはっきりと分離された都市を「機能的な都市」と定義し、未来の都市計画の鍵は４つの都市機能、すなわち「住居」「労働」「余暇」「交通」の明確な分離にあると主張されている。第二次世界大戦後の世界中の都市計画は、基本的にこの考え方にもとづいて実施され、日本の都市計画法も、この考え方にもとづいて制定された。そこでは機能毎に地域を分割し、そこに建設される建物の用途が規制されている。それが都市計画における「用途地域制」である。用途地域の規制は、働く場所と生活する場所の分離を推進した。その結果、働く場所は都心に集中し、住居は郊外へと広がり、人びとは毎日通勤のために長い時間を費やすことになった。しかしながら人口が徐々に減少する低成長の時代には、働く場所と生活する場所が近接し、都市の諸機能が効率よく組織されたコンパクトでサステイナブルな都市こそがふさわしい。都市とは本来さまざまな機能が混在することによって成り立つ場所である。都心居住こそが近未来都市の居住形態だといってよい。そのためには、働く場所と住む場所が近接した居住形態がもっとも相応しいように思われる。住宅と仕事の近接を実現するには、まずは専用住居に仕事の場所をもち込むことを禁じている、現行の用途地域制を見直す必要があるだろう（図4-4）。

地域社会圏

ここまで現代の集住体のさまざまな課題について検討してきたが、それらの課題に対して、総合的に応えることをめざした集住体として、山本理顕が提唱する「地域社会圏」を紹介しよう。

山本の提案は、ひとつの家族に対して、ひとつの住宅をあてがうという、われわれにとっては当たり前とも思える前提「一住宅＝一家族」という標準家族のあり方を疑うことから出発する。まず第1の条件として、現在では結婚しない単身者、片親家族、高齢な夫婦、高齢な単身者といった家族形態の多様化が進行し、夫婦と子供という標準的な家族は内部から解体している。それにともなって家族が家をもつという前提条件が成立しにくくなったという社会状況がある。第２の条件として、１９８０年代以降、政府は新自由主義政策への転換によって、住宅ローンを含めた持家政策を民間に移譲し、住宅の供給を完全に市場化したが、「一住宅＝一家族」というイデオロギーにもとづいて、持家を人生の最終的な目標とするようなインセンティブが成立しにくくなっているという経済状況がある。

　このような社会状況と経済状況に対する判断にもとづいて、「一住宅＝一家族」に代わる新しい集住体として、かつ新しい住宅供給のシステムとして提案されたのが「地域社会圏」である。

　山本によれば、地域社会圏は以下のような条件によって成立している。

　１　標準的な家族を前提としない、多様な家族を受け入れる集住体である。

　２　プライバシーとセキュリティを優先するのではなく、開かれたコミュニティをめざす。

3地域社会圏内部だけでなく、外にも開き、周辺環境との交流も積極的に推進する。

4地域社会圏内部での小さな経済圏の成立をめざす。

5地域社会圏の内部である程度エネルギーを生産し、効率的なエネルギー消費を行う。

6交通インフラは、公共交通や自家用車ではなく、その中間的な手段をもつ。

7既存の介護保険、健康保険、年金制度といった社会保障制度を補完する相互補助を考える。

8公的な補助を受け、民間によって経営される賃貸を原則とした集住体である。

9住戸の専有面積と共用面積の比率を下げ、共有面積を増やす。

10自閉した住戸ではなく、開かれた住戸とする。


このような考え方にもとづいて、山本は「地域社会圏」のモデルを具体的なイメージとして提案している。現状の日本の法制度の元では、実現の困難な条件もあるが、現在の停滞した社会状況、経済状況、都市状況に対する批評的な集住体として、積極的に評

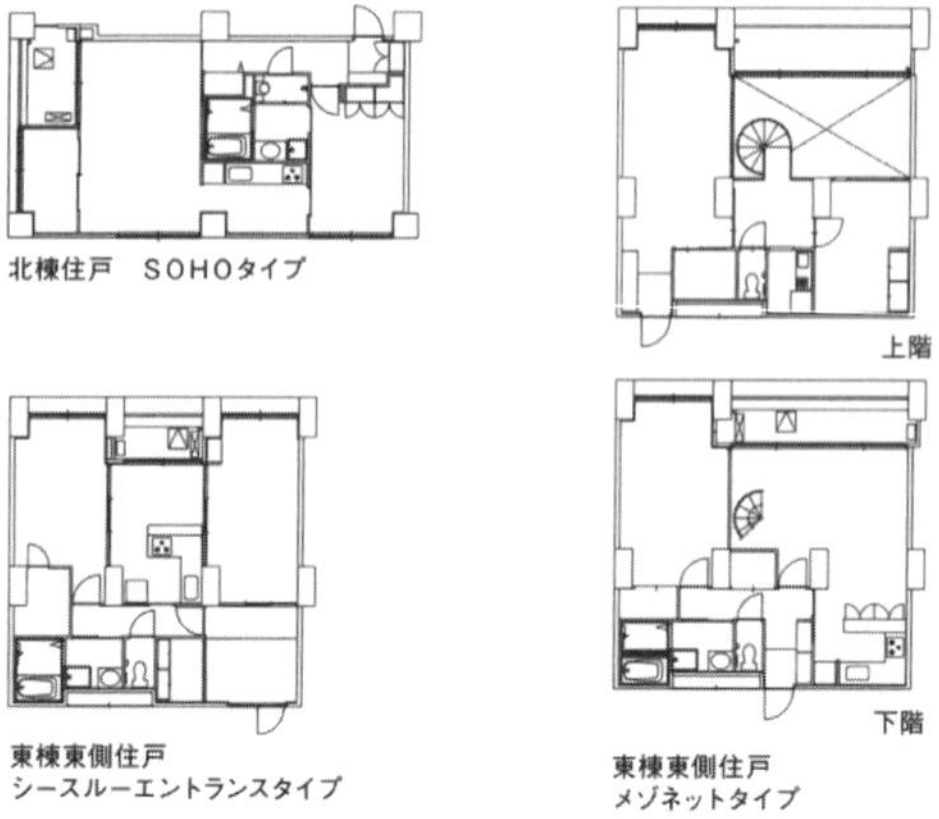

図4－4：東雲キャナルコートCODAN2003
（出典：『建築家は住宅で何を考えているのか』
難波和彦＋千葉学＋山代悟：著 PHP研究所　2008）

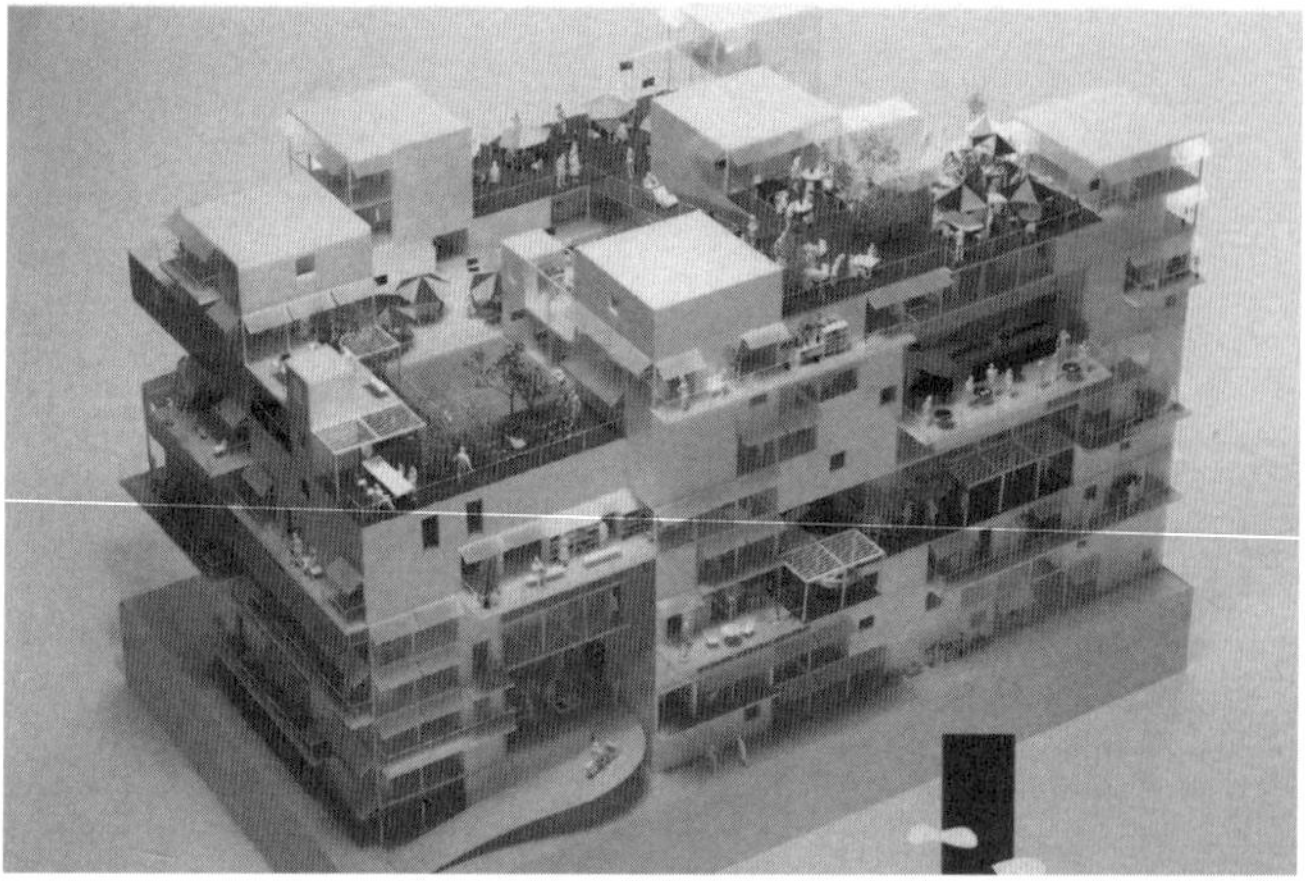

図4－5：地域社会圏モデル
（出典：『地域社会圏主義』山本理顕他：著　LIXIL出版　2013）

価すべきだろう（図4-5）。

コンパクト・シティ

最後に、さまざまなタイプの集住体が集合した新しい都市のイメージについて考えてみよう。厚生省の試算によれば（2012年1月）日本の人口は現在の1億2千万人から、36年後には1億人を割り込み、50年後の2060年には8674万人まで減るという。それまでに現在のような大都市への人口集中の傾向は変わるだろうか。あるいは、これまでの政策を転換して、海外からの移民を受け入れるようになるだろうか。不確定な要因が多いので確定的なことはいえないが、はっきりしていることがひとつある。それは現在の東京のように低層の住宅が面的に広がった低密度の都市は、社会的にも経済的にもあるいはエネルギー消費的にも成り立ちにくくなるということである。たとえ現状の持家政策が継続されたとしても、それは戸建住宅よりも分譲マンションのような高層高密度な集住体に移行するだろうし、地域社会圏のような賃貸の集住体が支配的になれば、なおさら高密度でコンパクトな都市すなわちコンパクト・シティへと移行していくだろう。厚生省の予測通りに人口減少が加速すれば、コンパクト・シティへの以降は必須だが、逆に大都市への一極集中の動向が変わらず移民を受けることによって人口が増加したとしても、コンパクト・シティ的な都市が求められることは間違いないように思われる。

参考文献

1.『集合住宅をユニットから考える　Japanese Housing Since １９５０』（渡辺真理＋木下庸子：著　新建築、２００６）
2.『孤の集住体　非核家族の住まい』（渡辺真理＋木下庸子：著　住まいの図書館出版局、１９９８）
3.『事例で読む現代集合住宅のデザイン』（日本建築学会住宅小委員会：編　彰国社、２００４）
4.『ＮＥＸＴ21　その設計スピリッツと居住実験10年の全貌』（「ＮＥＸＴ21」編集委員会：編著　エクスナレッジ、２００５）
5.『地域社会圏主義』（山本理顕：著　ＬＩＸＩＬ出版、２０１３）
6.『建築家は住宅で何を考えているのか』（難波和彦＋千葉学＋山代悟：著　ＰＨＰ新書）

◉第五章　街の風景

1．文化としての風景

かたちの記号性

本章では住宅が集合してつくられる「風景」について考えてみたい。住宅に限らずすべての建築には「かたち」がある。第1章で紹介した「建築の4層構造」でいえば、かたちとは第4層の「記号性」である。そして建築が集合してうまれるかたちが「街の風景」である。

建築のかたちはそれがつくられている材料・構法・構造（物理性）、その建築の室内環境（エネルギー性）、その建築の用途や実用性（機能性）と無関係ではない。しかし同時にかたちはそれらとは独立した働きをもっている。かたちを記号としてとらえるのは、かたちの働きが何らかのメッセージを伝えることにあるからである。そのメッセージは美しさであったり比例であったり装飾であったり何らかの具体的な意味であったり多種多様である。かたちは目に見えるがかたちが発するメッセージや意味は目に見えない。つまり記号としてのかたちの働きは目に見えるものによって、目に見えないメッセージや意味を伝達することにあるといってよいだろう。

かたちの自律性

現代建築の源流は１９２０年代に西ヨーロッパで勃興したモダニズム建築運動にまで遡る。モダニズム建築運動においては、かたちが自律的な働きをもつことすなわち建築の記号性は否定されていた。かたちは材料・構法・構造などの技術的な条件や用途や実用性などの機能的な条件の結果としてうみ出されるものだと考えられていた。逆にいえばかたちが発するメッセージは目に見えない意味ではなく物理性や機能性であると考えられていた。前者は技術主義、後者は機能主義と呼ばれた。しかしながらいくら否定しようとしても、現実にかたちは物理性や機能性以外の何らかのメッセージを発している。したがって正確にいえばモダニズム建築運動においてはかたちをそれだけとりあげて論じることが「禁じられていた」というべきだろう。

モダニズム建築運動は、建築がかたちを持ちメッセージを発するというごく自然な条件に対して、なぜそのように否定的な態度をとったのだろうか。その理由は19世紀までの建築が貴族や資本家などの富裕階級のための建築であり様式と装飾に溢ふれていたのに対して、モダニズム建築運動は労働者や一般大衆のための合理的で機能的な建築を対置しようとしたからである。モダニズム建築運動の立場からいえばかたちを論じることは様式や装飾について論じることにほかならなかった。そしてかたちを技術（物理性）や用途（機能性）と切り離して単独でデザインすることは「フォルマリスム」すなわち「形式主義」と呼ばれ批判された。したがってモダニズム建築運動においては街の風景が論じられることもなかったのである。

かたちの記号性が積極的に認められるようになるのは１９６０年代後半に始まるポストモダニズム建築運動においてである。ポストモダニズムはモダニズム建築運動のなかで抑圧されていたかたちの自律性とかたちがメッセージと意味を伝えるという独自の働きに注目した。それによってかたちをデザインする建築家の役割そして風景をつくる建築家の役割が認められるようになったのである。

たとえばイギリスの建築史家コーリン・ロウは近代建築の巨匠ル・コルビュジエが設計した住宅とルネサンス後期の建築家アンドレア・パラーディオが設計したヴィラがル・コルビュジエ自身はまったく意識していないにもかかわらずきわめて類似したかたちの比例をもっていることを明らかにした（図5-1）。これはヨーロッパの建築家たちが、無意識のうちに古典的な比例の法則を共有してきたことを意味している。なかでも黄金比はギリシア時代から今日に至るまで西欧建築のプロポーションを決めるための伝統的な法則と考えられている。あるいはイタリアの建築家アルド・ロッシはイタリアの多くの都市において、都市の機能は大きく変化しているにもかかわらず、古代の建築のかたちや配置の痕跡が、現代まで延々と

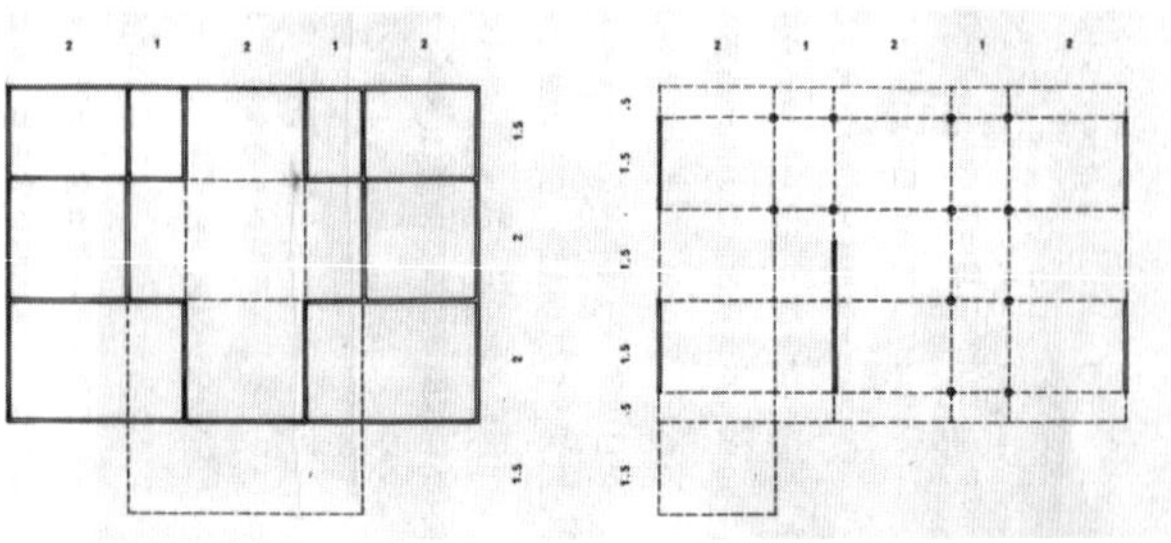

図5－1：ヴィラ・マルコンテンタ（パラディオ）と
ガルシュの家（ル・コルビュジエ）の平面ダイアグラム
（出典：『マニエリスムと近代建築』コーリン・ロウ：著
伊東豊雄＋松永安光：訳　彰国社　1981）

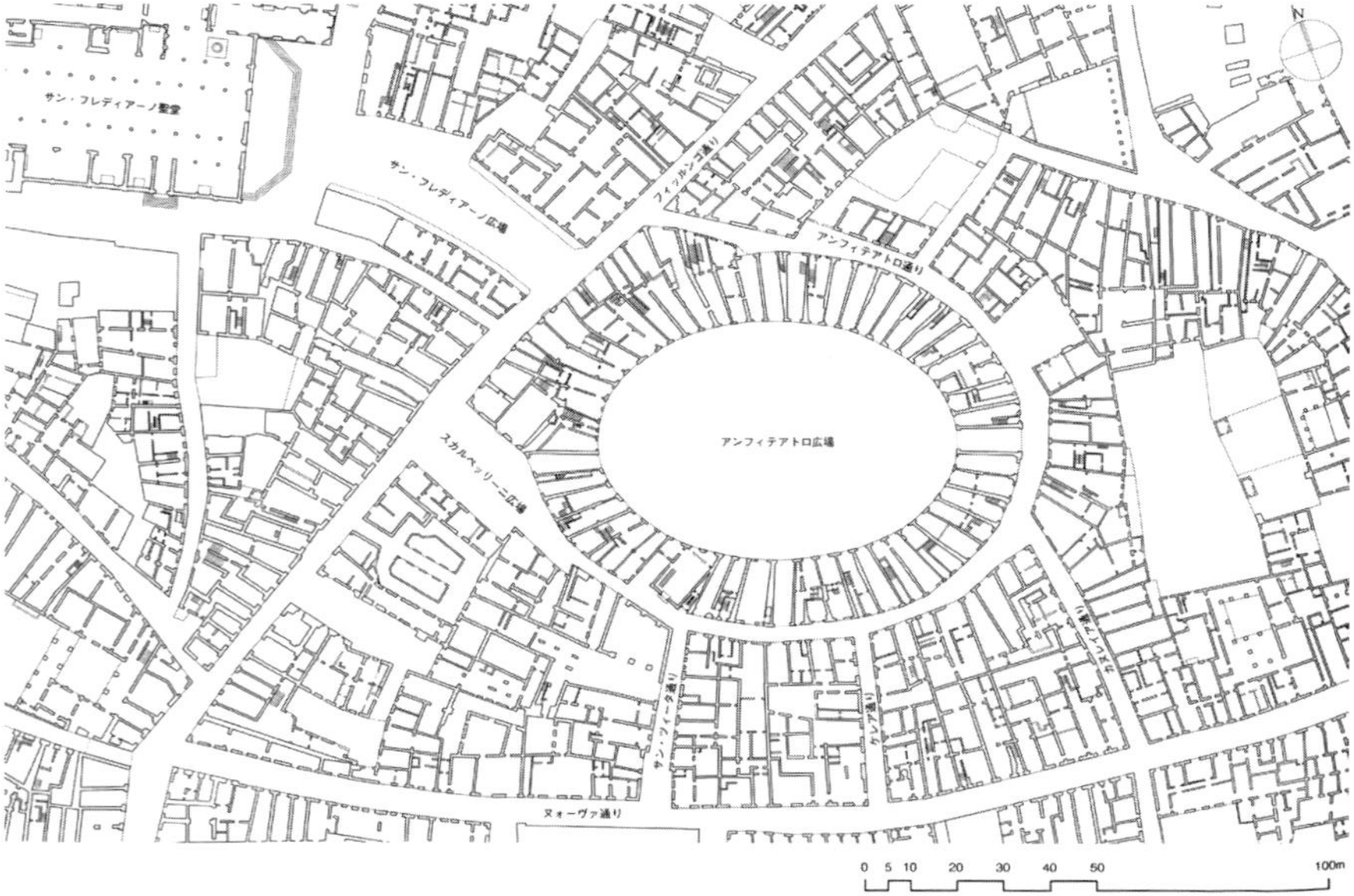

図5－2：ルッカ（イタリア）に残る古代ローマ期の円形競技場
（出典：『ルッカ1838年　古代ローマ円形闘技場遺構の再生』
黒田泰介：著　編集出版組織体アセテート　2006）

生き残っていることを多くの事例をあげることによって証明している（図5・2）。つまりかたちは時代を越えて生き延びていく一種の生命体のような存在なのである。イタリアのように明確ではないが、古代の条里制の敷地割が現代まで残っているような事例は日本の奈良や大阪などにおいても見ることができる。

コンテクチュアリズム

かたちの自律性を積極的に求めようとするポストモダニズムの思想から、建築のかたちを都市の風景の一部としてとらえようとする考え方がうまれた。それがコンテクチュアリズム（文脈主義）である。これは新しい建築を単独にデザインするのではなく、既存の風景に対してそれをどのように関係づけるか

図5－3：古代条理制の地割の痕跡が残る敷地割
（出典：『セヴェラルネス＋事物連鎖と都市・建築・人間』中谷礼仁：著　鹿島出版会　2011）

という課題に注目するデザイン思想である。

一般に、コンテクチュアリズムとは、既存の風景を受け入れ、新しいデザインをそれに連続させようとする保守的なデザイン思想と考えられている。しかしながらコンテクチュアリズムには別の側面もあることを忘れてはならない。既存の風景に対して、それとは不連続なデザインを対置するという批評的なスタンスも、コンテクチュアリズムのひとつの態度だからである。その理由は、既存の都市コンテクストに対して肯定的であるか否定的であるかの違いはあるにせよ、どちらも風景に関して意識的であり、建築のかたちを風景の一部と考える点においては共通しているからである。

これに対して日本では、建築とりわけ住宅の外観を公共的な風景の一部としてとらえようとする建築家は少ない。日本の戸建住宅の多くは私的な所有物ではあるが、その外観つまりかたちは、一般の人たちの目に触れ、既存の風景に何らかの影響を与える点においては社会的で公共的な存在のはずである。しかしながらこれまで日本では、住宅のデザインにおいてかたちの社会性や公共性はあまり考慮されることがなかった。かたちの自律性が認められるようになっても、それは自由な造形ができるという意味でしか受け取られず、既存の風景に対してかたちがどのように寄与しているかというとらえ方はほとんどなされていないのである。

そのようになったことには歴史的な理由がある。1960年代の日本では、高度経済成長を受けて都市のあり方に関する議論が沸騰した。丹下健三によって「東京計画1960」が提案され、メタボリズムの建築家たちは一連の都市計画的提案を展開した。メタボリズムとは都市を新陳代謝する生物をモデルとしてとらえようとする思想である。そしてその総決算として1970年に大阪において未来の都市モデルの提案を掲げた万国博覧会が開催され、多くの建築家が近未来の都市建築のモデルをデザインした。しかしながら完成した博覧会場はテーマパーク的な建築で溢れ、それを見た若い建築家たちは都市をデザインすることの難しさを痛感したのである。

その結果、日本においても1970年代にポストモダニズムのデザイン思想が受け入れられたが、個別的な建築におけるかたちの自律性は理解されても、都市の風景を形成する建築のかたちという視点はまったく理解されず、むしろ忌避されるようになったのである。

都市の記憶

しかしながら1970年代の高度経済成長がもたらした風景の変化、とりわけ住宅開発にともなう急速な都市郊外の変化は大きな社会問題となった。さらに1990年代以降には東京への人口の一極集中が急速に進んだため、大規模都市再開発や超高層マンションの建設ラッシュが都心の風景を一変させた。こうした社会状況の変化が建築家の目を再び都市に向かわせ、都市の風景の重要性を再認識させる契機になった。ひとつひとつの建物や住宅のデザイン以上に、それらが集合した街の風景はそこに住む人びとにとって街のアイデンティティとなる重要な条件であることが理解されるようになったのである。

街の風景は、その街の印象を決定づける。風景はその街の生活の表れだからである。絶えず変化し続ける街の風景は、街の若いダイナミズムを感じさせると同時に不安定な風景をうみ出す。変化しない風景は、成熟した街を表現する一方で、街の生気を失わせる。整然とした街の風景は、その街に住む人びとの結びつきの強さを感じさせ、雑然とした街の風景は、落ち着きのない生活を感じさせる。風景が変化するサイクルは、ひとつひとつの建築が建てられ解体されていくサイクルよりも長い。つまり街の風景は歴史的な存在なのである。そこで生活する人びとの記憶に残り精神的なよりどころとなるような街の風景を、ある建築家は「原風景」と呼んでいる。原風景とは一種の生き物としての都市の無意識であり、都市の歴史的な記憶なのである。

2．住宅地の風景

街並の風景モデル

日本には、原風景となるような伝統的な街並の風景のモデルがふたつある。京都の町屋の風景と江戸の屋敷町の風景である。

京都の町屋は、街路に面する店舗とその奥にある住宅とが一体となった職住近接の住宅の集合によってつくられる街並の風景である。町屋の風景モデルは江戸時代以前からあるが、そのモデルに近いものとして、大阪に戦後うまれた長屋の街並がある。町屋は基本的に持家であるのに対して、長屋は賃貸住宅である点が異なるが、集合することを前提とし、街路につながる開放された住宅の集合である点では共通している。町屋や長屋の風景は軒の高さ、瓦屋根、窓格子、外壁の仕上材などを揃えることによってうみ出されたものであり、それは住人の集合的な意識の表れといってよいだろう。

一方で関東の屋敷町の風景モデルは、江戸の武家屋敷の集合をモデルにしてうみ出されたといわれている。屋敷町の風景は、塀によって囲まれた独立性の高い住宅の集合であり、街路との接点は門だけである。もちろん江戸には庶民のための長屋や商家などの集合的な街並があったことも忘れてはならない。

単純にいえば、日本の伝統的な街並の風景には、集合を前提とした町屋の風景と、独立性の高い屋敷町の風景というふたつのモデルがあったと考えることができるだろう。

隠れた秩序

西欧の街並は石やレンガによってつくられ高密度に集合しているため、街並の風景は輪郭がはっきりしている。近代の西欧都市の街並は、計画的な意思によって統合されている。これに対して伝統的な日本の建築は、高温多湿なアジアモンスーン地帯という気候条件と木造の軸組構造による開放的な建築の集合であるため、隙間が多く多孔質で輪郭が曖昧である。さらに街並を構成する建物の集合は地形や気候など、その場所の条件に合わせて臨機応変につくられている。つまり日本の街並は全体を統合するような計画的な意思によってではなく、部分が集積した自然発生的な街並なのである。その結果、西欧の街並には目に見える明確な秩序を読み取ることができるが、日本の街並は一見すると無秩序のように見える。

日本の建築家や都市計画家は、このような日本特有の街並の風景に西欧とは異なる秩序を見出そうとした。それは人間の意思によって都市計画的につくられた人工的な秩序ではなく、部分の細やかな秩序の集積によってうみ出された自然発生的な秩序のように見える。あるいは目に見える幾何学的で明確な秩序ではなく、ある建築家が言ったように「隠れた秩序」や「見えがくれする秩序」だといってもよい。そこには「表と裏」があり「多層的な奥の空間」があるという風に考えられた。しかしそのような空間を短期間で計画的につくることはできない。路地のような空間を一気にデザインしようとしてもテーマパークのような空間ができるだけである。なぜなら路地は、そこに住む人びとがそれぞれの目的で手を加えた細かなデザインが時間をかけて集積したものだからである。細やかな風景はトップダウン的に計画されたものではなく、小さなスケールの部分的な計画が集まったものである。しかしそれはまったく無計画にうまれたものではない。そこには目に見えないルールが隠されている。

高度経済成長期の急速な都市再開発や郊外の乱開発は、緩やかにうみ出されてきた自然発生的な秩序さえも破壊し、一見すると混沌でしかないような風景をつくり出してきた。都市の盛り場に濫立する雑居ビルと賃貸マンションが混在する風景や、戸建住宅が延々と広がる郊外の風景には、果たして何らかの秩序があるのだろうか。現代の建築家に向けられているのは、そのような雑然とした風景をどうとらえるかという問いかけにほかならない。

郊外の風景

大都市郊外において広大な住宅開発が行われたのは1970年代である。それは戦後うまれの団塊世代が結婚し住宅をもつ年齢になった時期に符合している。政府は住宅金融公庫による融資制度を活用することによって徹底した持家政策を推し進めた。民間のハウスメーカーやディベロッパーが最盛期を迎えるのもその時代である。同じ頃に住宅公団による郊外のニュータウン開発も行われたが、都市郊外の住宅地開発の中心を担なったのは、民間の鉄道会社と不動産ディベロッパーによる戸建住宅地の開発である。イギリスの田園都市をモデルにした田園調布、成城、常盤台といった住宅地開発が行われたが、それらは職住一体を謳った田園都市とは異なり、都心に通うための足となる鉄道を軸にした郊外宅地の開発だった（図5-4）。

先に、日本の伝統的な街並の風景モデルには町屋と屋敷街のふたつがあると述べた。潜在的にはこのふたつの風景が展開される可能性があった。しかしながら戦後の住宅政策の下では、住宅が集合してつくる町屋モデルが適用される余地はまったくなかった。政府の持家政策とハウスメーカーによる大量供給システムは、郊外の住宅地を戸建住宅によって埋め尽くすことになった。そこでは細かく区画された敷地に、屋敷町の独立住居モデルが縮小されたかたちで適用されることになった。どんなに狭い敷地であっても、住宅を敷地内の北側に寄せて建て、敷地境界に塀を巡らし狭くても建物と塀の間に隙間を残すというスタイルは、屋敷モデルの極小版以外の何物でもない。塀が外の公共的な空間と私的な空間を仕切り、塀の内側は完全に私的な領域であるから、そこにはどのようなかたちの住宅でも自由に建てることができる。このような戸建住宅の集合がつくる風景は、町屋の風景に見られるような公共的な統合性は皆無の、核家族の私的な空間がランダムに集積した風景である。

湾岸の風景

１９９０年代の政府の新自由主義政策への転換によって、住宅供給は完全に民間化・市場化された。しかしそれによって持家政策が終わったわけではない。住宅金融公庫による融資制度も民営化され、持家制度が丸ごと民営化されたからである。とはいえかつてのような住宅の大量供給の時代は終わったといってよいだろう。それにともなって郊外の住宅開発も下火になっている。

一方で、郊外の宅地開発にかわって進行しているのが都心の再開発、とりわけ東京湾岸やターミナル駅周辺の超高層マンションの建設である。全国的には人口減少が進行しているとはいえ、大都市への人口の一極集中は、依然として進行していることが都心の再開発を推進している最大の要因であることは明らかである。これに加えて、２００８年のリーマンショック以降都心の土地価格が下降したこと。あるいは産業構造の転換と世界的なコンテナ輸送の進展によって、これまで湾岸一帯に集中していた大量の倉庫や工場が閉鎖され、都心に近い場所として都心居住の再開発の対象となったこと。さらには湾岸地域や都心のターミナル駅周辺には、ほとんど居住者がいないため、超高層ビルの建設に対して周辺からの反対運動が起こりにくいこと。これらの条件が重なることによって、超高層マンションの建設を促進している（図５-５）。

超高層マンションは、高密度な人口集中を達成し大都市に相応しいスケールの風景をつくり出す点においては近未来のコンパクト・シティの引金になる可能性を持っている。とはいえ最大の問題点は、周辺地域と完全に切り離されたゲーティッド・コミュニティ（閉ざされた集住体）的な居住形態にある。入口は強固なセキュリティシステムによって外部から切り離され、社会的にも空間的にも地域社会との関係が完全に断たれ自閉している。現状では、周辺地域には都市的な機能が整備されていないという立地条件もあるのかも知れない。しかしこれでは都心居住のあり方として不完全というしかない。高密度な都市に住むことの最大の意味は、高密度なコミュニケーションを達成することにあるからである。

図5－4：多摩ニュータウンの航空写真
（出典：『アーキテクト2.0　2011年以後の建築家像　藤村龍至／TEAMROUNDABOUTインタビュー集』
藤村 龍至 、TEAM ROUNDABOUT：著　彰国社　2011）

図5－5：東京湾岸の風景

3. 風景の修復

開かれた街並

塀によって囲まれた戸建住宅の集合がつくる風景は、持家政策がもたらした私有の風景だと述べた。それはそこに住む住民が外部から隔離された私的な領域に自閉しようとする風景だといってよい。都市のなかで高密度に住み人びとの間の距離が縮まれば縮まるほど、都市住宅は私的な領域を防御しプライバシーとセキュリティを守るために自閉的な傾向を強めていく。こうして都心に向うほど住宅は閉鎖的になっていくのである。

しかしここで都市に住むとはどういうことか、あらためてよく考えてみよう。人びとは都市の活発なアクティビティに触れ、高密度なコミュニケーションを求めて都市に住むのではないだろうか。そのような都市の条件と自閉的な住宅とは矛盾していないだろうか。都市とは、そもそも自由なコミュニケーションを求めて地縁的な共同体の軛《くびき》から抜け出した人びとが集まる場所である。その意味で、都市の住民がその居住地において地縁的なコミュニケーションを避けようとすることは、ある程度は理解できる。しかし地縁的なコミュニケーションを完全に断つことはできない。自閉した住宅の私的な空間と、その外部の公共的な都市空間を完全に遮断することは、現実的には不可能である。もし完全に自閉した住宅が並ぶと、住宅が接する街路はどうなるだろうか。そこは誰だれも見守る者がいない完全な無法地帯になるだろう。同時に、自閉した住宅は一旦内部に入ってしまうと外から遮断された無法地帯になるだろう。セキュリティとプライバシーを求めて住宅を閉じることは、結果的に内外に危険な空間をつくり出すことになるのである。

したがって都市の住宅は街路に対して適度に開くべきではないだろうか。住宅を街に開くことによって、街路は地域の住民によって見守られた安全な空間に変わるだろう。同時にこの私的な空間にわずかながら公共性を持ち込むことによって、最低限のコミュニケーションがうみ出されるだろう。それが都市に住むための最低限の責務ではないだろうか。

ヴォイド・メタボリズム

日本の建築家たちは、モダニズムの都市と建築の思想を西欧から学ぼうとした。彼らは西欧の街の風景を、明治維新以降の民主的な社会の空間的な表現として日本に持ち込もうとした。たとえば丸の内のオフィス街や銀座のレンガ街がそうだった。

西欧の街は、どのような小さな街でも街の中心に広場をもっている。広場は民主的な政治活動のためのコミュニケーションの場所であり、そこで開かれる市場は、自由な経済活動のための場所でもある。しかし日本にはそのような広場は存在しない。そこで西欧を範と考える日本の建築家たちは、何とか日本に民主的な広場をつくり出そうと試みた。しかし結局のところ、西欧的な広場は日本に根づくことはなかった。

これに対して、伝統的な日本の都市には、西欧の広場に近い機能を持った都市空間として「界隈」がある。界隈は都市の一部であり、輪郭が曖昧な流動的な公共空間である。界隈は広場のように人びとが滞留する都市空間ではない。人びとは界隈にある街路を緩やかに漂いながら、コミュンケーションやショッピングを行うのである。

日本の大都市では、幹線道路に沿って中高層ビルが林立しているが、その裏には低層の住宅が密集して建てられている。都心の幹線道路に囲まれた都市区画は、密集した低層住宅の「アンコ」を中高層建築が建ち並ぶ「皮」が包むかたちになっている。この「アンコと皮」の関係は、都市計画法の用途地域と建築基準法上の高さ制限から、半ば自動的にもたらされた都市風景なのである（図5-6）。

都心の再開発は、密集する低層住宅のなかに、広大な空地と巨大な超高層ビルを持ち込む。その結果、木造建築が集合した細やかなスケールと、超高層ビルの巨大なスケールが踵を接して共存するシュールリアリスティックともいえるような風景がうみ出される。

西欧のコンパクトにまとまった都市景観に比べると、日本の郊外は、低層の戸建住宅が平面的にどこまでも広がる締まりのない風景が見られる。西欧の都市計画的な視点から見るならば、それは勝手気ままに建てられた戸建住宅の集積によってもたらされた、雑駁で計画性不在の風景でしかないだろう。

図5－6：東京都心の「アンコと皮」の風景
（出典：『TOKYO METABOLIZING』
北山恒＋塚本由晴＋西沢立衛：著　TOTO出版　2010）

以上に紹介したような日本の風景を、私たちはどう受けとめればいいだろうか。相変わらず西欧の都市を範とする立場から否定的に受けとめ、西欧の都市空間へと近づけるように努力すべきだろうか。あるいは視点を変えて、日本固有の風景を再評価することはできないのだろうか。

そのようなスタンスから提唱されたのが「ヴォイド・メタボリズム」という概念である。先にも触れたように、「メタボリズム」とは1960年代初期に日本の建築家によって提唱された都市理論である。それは都市の成長を生物の新陳代謝をモデルにしてとらえようとする試みだった。それは西欧の近代的な都市計画理論を、日本的に翻訳した思想だったといってよい。これに対してヴォイド・メタボリズムは、日本の都市空間を特徴づけている多孔質で輪郭の曖昧な特性に注目し、建築そのものよりも建築がつくる隙間の新陳代謝としてとらえようとする都市理論である。そこには西欧的な基準によって日本の都市を評価するのではなく、日本の都市の特性を冷静に見つめそれを積極的に評価し、そこから新しい都市の風景の可能性を引き出そうとする視点がある。

街の風景は時間の集積、すなわち歴史がうみ出すものである。街の風景をゼロからつくり出すことはできない。それは現状を冷静に見つめ、その潜在的な可能性を探り出し、それを前提条件としてつくり出すしかないのである。

参考文献

1. 『街並みの美学』（芦原義信：著　岩波書店、２００１）
2. 『見えがくれする都市　江戸から東京へ』（槇文彦他：著　鹿島出版会、１９８０）
3. 『都市のイメージ』（ケヴィン・リンチ：著　丹下健三＋富田玲子：訳　岩波書店、１９６８）
4. 『日本の都市空間』（都市デザイン研究体：著　彰国社、１９６８）
5. 『アメリカ大都市の死と生』（ジェイン・ジェイコブス：著　山形浩生：訳　鹿島出版会、２０１０）
6. 『ヒルサイドテラス白書』（槇文彦＋アトリエ・ヒルサイド：編著　住まいの図書館出版局、１９９５）
7. 『ＴＯＫＹＯ　ＭＥＴＡＢＯＬＩＺＩＮＧ』（北山恒＋塚本由晴＋西沢立衛：著　ＴＯＴＯ出版、２０１０）

当たり前のことだが、建築は敷地の上に建てられる。このため建築は、基本的に現場での作業によって建設される。現場での作業は敷地の条件や気候に左右される。したがって建築の品質は、現場の施工条件に大きく依存している。近代以前の建築は、敷地周辺で手に入る材料を利用し、その地域の職人たちによって建設された。しかし近代になって工業技術が発展し、輸送ネットワーク化が進むと、建築材料を工場で生産し、現場に運搬することが可能になる。これが建設産業の近代化の始まりである。建設産業の近代化は、建築の品質を高めるために建築材料・建築部品を、可能なかぎり工業生産化し、現場での作業を最小限に抑える方向に進んだ。住宅建設についてもまったく同じである。

日本において戸建住宅の供給を目的とする住宅産業いわゆるハウスメーカーは

１９５０年代にうまれた。ハウスメーカーの規模は、高度経済成長期である60年代から70年代にかけて徐々に拡大していき、80年代に主要産業として確立した。今や住宅産業が供給する戸数は全戸数の20％以上を占めている。この間に住宅を構成する材料や部品の工業生産化も急速に進んだ。現在では設備機器を含めて、ほとんどの住宅部品が工業生産化され、現場での作業は基礎工事と部品の組立作業だけになっているといっても過言ではない。要するに、住宅は今や完全に工業製品の集積となったのである。

1. 近代建築と住宅の工業化

初期の工業化住宅

住宅の工業生産化の起源は17世紀の産業革命期にまで遡る。産業革命の発祥地はイギリスだが、当時のイギリスは世界中に進出して植民地を開拓し大英帝国を築いていた。そして植民地に移住する人びとのために、工業生産化され部品化された住宅がイギリス本国で生産され、現地に運ばれて組立てられた。

19世紀になるとヨーロッパ諸国では工業化の進展によって急速な経済成長が生じ、工場で働く労働者が都市に集中するようになる。これにともなって都市における住宅難が大きな社会問題となり、住宅の大量供給が必要となったのである。

第一次世界大戦後の１９１９年に設立されモダニズム・デザイン運動の発祥地となる国立バウハウス校（１９１９-１９３３）の初代校長ワルター・グロピウス（１８８３-１９６９）は、第一次世界大戦前の１９１０年に初期のハウジング・プログラムを策定している。そこでは住宅の工業生産化によって大量の住宅を建設するための会社設立の基本理念と、その実現のための条件が詳細に検討されている。

基本理念の冒頭には以下のように書かれている。

> 設立されるべき会社組織は住宅建設のために工業生産品の論争の余地を残さぬ利点、すなわち最良の材料、出来栄え、安い価格といったものを供給すべく、ハウジングの工業化をその目的と見なすものである。

そして、この理念を実現するための条件が、以下のように列挙されている。

1．あらゆる住宅への同一部品および材料の使用：部品のリストアップと規格寸法の制定。

2．デザインの多様な応用：建主の要求に対応する多様なディテールの準備。戸建住宅の推進。

3．地所に対する建築上の統一性：戸建住宅の集合を実現するための敷地開発。

「美学的に一貫した原理にもとづくハウジング供給会社設立のためのプログラム」

『合理主義の建築家たち　モダニズムの理論とデザイン』

（ワルター・グロピウス他：著　デニス・シャープ：編　彦坂裕＋菊池誠＋丸山洋志：訳　彰国社、１９８５）

これに続いて、以下ではさらに住宅を販売するための会社組織のあり方についても詳細な提案がなされている。ここには第二次世界大戦後にうまれる日本のハウスメーカーの理念と方法が、すでに先取りされているといってよい。このプログラムを書いたグロピウスの念頭には、アメリカで大成功を収めたフォード自動車の大量生産システムがあったことは明らかである。フォード自動車の生産システムは、その後の工業化のモデルとなった。

モダニズム・デザイン運動

モダニズム・デザイン運動は19世紀半ばのイギリスに端を発する。1851年にロンドンにおいて世界最初の万国博覧会が開催され、その会場として建設された「クリスタルパレス（水晶宮）」は初期モダニズムの代表的な建築である。限られた予算と工事期間での建設を求められたため「クリスタルパレス」は当時の温室技術を応用して、すべての部品が当時の唯一の運搬技術である「馬車」が運ぶことのできる重量に分割され、工場で製作され、現場まで運搬されて組立てられた（図6-1）。

第一次世界大戦（1914-1919）終了後のヨーロッパにおいては、戦争で荒廃した都市の再建とともに、帰還した兵士のための住宅難を解決することが急務となった。同時に、戦中の混乱期にロシアで勃発したロシア革命の影響を受けて、ヨーロッパ全土に社会主義運動の波が広がった。1920年代に、ドイツを中心として勃興するモダニズム・デザイン運動は、19世紀以降の急速な工業化による経済成長を受けて、建築や工業デザインを刷新しようとする一種の文化革命だった、そしてその背景には、大衆的な労働者が主役の社会をめざすロシア革命と、それを支える社会主義思想があった。「建築の4層構造」にもとづいていえば、モダニズム・デザイン運動とは、近代的な工業技術

（第1、2層）、社会主義的な運動（第3層）、建築やデザインの新しい表現（第4層）という三者を結びつけようとする総合的なデザイン変革の運動だったといえる。

　モダニズム・デザイン運動がもっとも隆盛したのはドイツである。その中心となったのは、第一次世界大戦後に創立された建築とデザインの学校、国立バウハウスである。初代校長はワルター・グロピウス、2代校長はハンネス・マイヤーで、3代校長のミース・ファン・デル・ローエの時にナチによって閉鎖された。バウハウスでは、建築だけでなくプロダクト、絵画、演劇など総合的なデザイン改革がめざされた。先に述べたグロピウスのハウジング・プログラムにしたがって、工業化部品と乾式構法による多数の戸建住宅が建設された（図6-2）。

図6－1：水晶宮
（出典：『スーパーシェッズ』　クリス・ウィルキンソン：著
難波和彦＋佐々木睦朗：監訳　鹿島出版会　1995）

これと並行して、ドイツの諸都市においては、社会主義思想の影響の下に、数多くの公営集合住宅（ジードルンクと呼ばれる）が建設された。そのなかではマルティン・ワグナーやブルーノ・タウトらによるベルリンの集合住宅群や、エルンスト・マイやマルト・シュタムらによるフランクフルトの集合住宅群が有名である。フランクフルトの集合住宅では、最小限住居、標準化、プレファブリケーションというモダニズムのデザイン・コンセプトが掲げられ、それにしたがって女性デザイナーのシュッテ・リホッキーは「フランクフルト・キッチン」と呼ばれる、合理的でコンパクトな台所設備をデザインしている（図６-３）。

フランスでは、ル・コルビュジエが工業化住宅の原型である「ドミノ・システム」を提案し、このコンセプトにもとづいてシトロアン住宅計画（１９２２）、展示用のエスプリ・ヌーヴォー館（１９２５）をデザインし、ボルドー近郊のペサック団地（１９２５-２６）、ドイツのシュトゥットガルト郊外のワイゼンホーフ・ジードルンク（１９２７）など、一連の工業化住宅を実現してている。ル・コルビュジエが１９２３年の著書、『建築をめざして』（ル・コルビュジエ：著　吉阪隆正：訳　鹿島出版会、１９６９）において表明したマニフェスト「住宅は住むための機械である」は、工業生産によって大量供給され（第１層）、機

図6－2：デッサウのグロピウスの住宅
（出典：『バウハウス』ギリアン・ネイラー：著
利光功：訳　PARCO出版　1977）

図6－3：フランクフルト・キッチン
設計：マルガレーテ・シュッテ・リホツキー
（出典：Wikipedia　http://ja.wikipedia.org/wiki/ファイル:Frankfurterkueche.jpg#file）

能的な平面計画をもち（第2層）、単純明快なデザイン（第4層）を備えた住宅を意味している。ル・コルビュジエは第二次世界大戦後には、エンジニアのジャン・プルーヴェの協力を得て、マルセイユにおいて工業化された集合住宅のプロトタイプ「ユニテ・ダビタシオン」（1952）を実現している（図6－4）。その後、このプロトタイプをもとにして、ナント、フィルミニ、ベルリンにも同じような集合住宅が建設されている。

アメリカの工業化住宅

モダニズム・デザイン運動は、アメリカには大きな影響を与えなかった。数少ない例としては、バックミンスター・フラーの一連の仕事をあげることができる。フラーは急進的なテクノロジストで、航空技術を住宅に適用した「ダイマクシオン・ハウス」（1946）を提案している。ル・コルビュジエにならって、彼はそれを「住むた

図6－4：マルセイユのユニテ・ダビタシオン（著者撮影）

めの機械Dwelling Machine」と呼んだ。同じようなコンセプトで、フラーは第二次世界大戦後に、航空機産業を住宅産業に転換することをめざした工業化住宅「ウィチタ・ハウス」（1946）を開発している（図6-5）。

アメリカ西海岸では、雑誌『アート・アンド・アーキテクチャー』が、モダニズム・デザインの普及を目的として企画した実験住宅「ケース・スタディ・ハウス・シリーズ」の開発を行っている。なかでもチャールズ＆レイ・イームズ夫妻がデザインした自邸「ケース・スタディ・ハウス＃8」（1949）は、ロサンゼルスのポップな文化と温暖な気候にふさわしい軽快でカジュアルな住宅である（図6-6）。この企画に影響されて、後に日本でも雑誌『モダンリビング』の企画によるケース・スタディ・ハウスが試みられている。

図6－5：ウィチタ・ハウス
（出典『YOUR PRIVATE SKY :BRUCKMINSTER FULLER:art design science』神奈川県立美術館：編　2001）

図6－6：イームズ自邸：ケーススタディ・ハウス＃8（著者撮影）

以上のように、ヨーロッパやアメリカでは、第二次世界大戦後の住宅難を解決するため、さまざまな先駆的な試みが展開されたが、最終的に本格的な工業化住宅は根づかなかった。ヨーロッパでは、戦後しばらくの間は、プレキャスト・コンクリートによる集合住宅が建設されたが、一部を除いて住宅産業のような組織として専門化することはなかった。アメリカでは、広い国土を利用して大量の戸建住宅の建設が行われたが、フォード・システムのように工場で部品をつくり現場で組立てるというような工業化住宅は普及しなかった。

図6－7：レヴィットタウン
（出典：Wikipedia http://en.wikipedia.org/wiki/File:LevittownPA.jpg）

1930年代から大戦後にかけて大量の戸建住宅を供給したのは、ウィリアム・J・レヴィットの会社が開発した「レヴィットタウン」である。そこでは広大な敷地において流れ作業のように同一タイプの大量の木造戸建住宅が建設された。敷地から離れた工場ではなく、敷地を一種の工場のように見なしたアメリカならではの建設方法である。レヴィット・タウンは当初は画一的で無個性な住宅地と見なされたが、ゆとりのある配置と平面が幸いして、その後は時間をかけて住み手によって手を加えられた結果、現在では高級で良好な住宅地へと熟成している（図6-7）。

2．日本の工業化住宅

住宅産業の戦後史

第二次世界大戦後には全世界で大量の住宅不足が生じた。その主な要因は、破壊された居住地の再建、戦地から帰還した兵士の結婚、戦前の大家族が核家族に分解したことなどによる家族数の増加などである。このため各国で工業化による住宅の大量生産が試みられた。戦後しばらくの間は、さまざまな試みが展開されたが、最終的に戸建住宅を大量に供給するハウスメーカーのような住宅産業が社会に根づいたのは日本だけである。それはなぜだろうか。

終戦後の住宅難の解決のために、日本政府は1955年に日本住宅公団を設立し、公営の賃貸住宅、いわゆる「団地」の建設を積極的に推し進めた。日本には関東大震災（1923）後の大正時代から同潤会などの鉄筋コンクリートによる耐震集合住宅が建設されていた。しかし公営団地のような大規模な集合住宅は存在しなかった。第4章でも述べたように、団地においては食寝を分離する51C型の平面計画やダイニングキッチンやステンレスシンクなど時代を先取りするライフスタイルを備えた住戸が提案された。さらに賃料も民間の賃貸住宅よりも高かったため、入居者は一部のエリート・サラリーマンに限定されることになった。こうして団地は新しいライフスタイルを先導する存在として、社会の注目を浴びることになった。

その後、都市近郊にニュータウンが計画され、多くの公営団地が建設され、プレキャスト・コンクリートによる工業化も推進されるようになる。さらに日本住宅公団以外にも、地方公共団体や公営住宅公社による賃貸の集合住宅が多数建設された。

しかしながら住宅供給の全体量から見ると、集合住宅が主流になることはなかった。日本の住宅供給の中心的な存在は、大工、工務店、ハウスメーカーなどが供給する戸建住宅である。最近では、都心における民営の集合住宅いわゆる分譲マンションや賃貸マンションが増加してきたが、依然として戸建住宅の供給が大多数を占めていることに変わりはない。そのようになったのはそれほど古いことではない。戸建の持家が主流になったのは第二次世界大戦後である。この点は銘記しておくべきだろう。戦前は多くの住宅が借家や長屋だった。では戦後に戸建住宅が主流となったのはなぜだろうか。その決定的な要因は、住宅難を解決するために政府が戸建住宅の持家政策を積極的に推進したことにある。

戦前から日本には木造住宅の伝統が根づいていたことや、戦勝国アメリカから核家族制度と戸建住宅の文化が輸入されたことが、その潮流を後押ししたことも一因だろう。政府は持家政策を具体化する政策として１９５０年に住宅金融公庫を設立し、戸建住宅のための低金利のローンを提供した。都心と郊外を結ぶ電鉄会社は、都市近郊に新興住宅地を開発し、戸建住宅の建設を積極的に誘致した。さらに１９７０年代に、住宅金融公庫の融資対象が、それまでの建物だけから土地の購入にまで拡大された。これらの要因が相まって１９７０年代には住宅の建設ラッシュが到来し、ハウスメーカーが急速に興隆することになるのである。

戦後モダニズムの住宅

建築家たちは戦時中から、軍の要請で住宅の工業化のための実験的な試みを展開していた。移動する軍隊のために、短期で組立てることができる軽量の兵舎のシステムである。終戦後になると、建築家たちは住宅不足を解消するために、戦時の技術を応用した木造プレファブ住宅のシステムを数多く提案している。たとえば、戦前にル・コルビュジエのアトリエで働き、帰国後は戦後日本の近代建築をリードした建築家、前川國男は「プレモス」と名付けられた木造パネル住宅を開発した（図6‐8）。同じくル・コルビュジエの元で働いたことのある坂倉準三も、ル・コルビュジエのアトリエで知り合ったエンジニアであるジャン・プルーヴェが開発した、鉄骨プレファブ住宅バティマン・ド・ラ・ゲール（戦時の建築）に触発されて、木造のプレファブ住宅を開発している（図6‐9）。前川や坂倉のようにモダニズム建築の洗礼を受けた建築家に続いて、若い建築家たちも1950年代初期までには数多くの実験的なプレファブ住宅のモデルを提案している。さらに1950年代後半になると、彼らは戦後の民主的な社会を支える「核家族」と新しい生活様式のためにさま

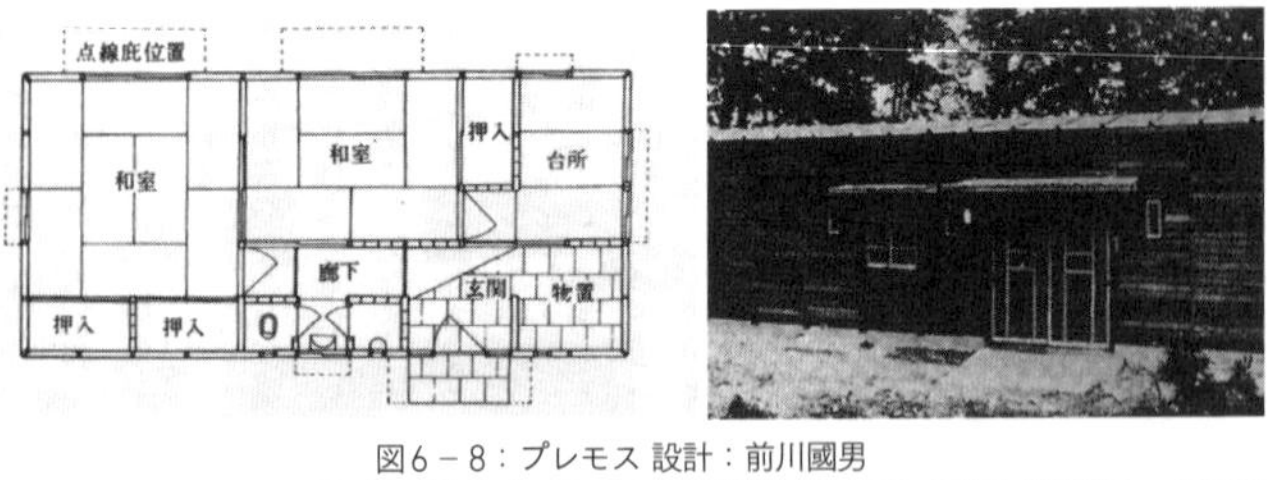

図6－8：プレモス 設計：前川國男
（出典：『住宅という考え方』松村秀一：著　東京大学出版会　1999）

ざまな小住宅のモデルを提案するようになる。こうした運動は「戦後モダニズム」と総称された。このような建築家の提案のなかから住宅産業のモデルとなる住宅がうまれてくるのである。

住宅産業と商品化

　１９５０代後半になると、そうしたプレファブ住宅の建設を企業化し、近未来に訪れる大量の住宅需要に応えようとする住宅産業、いわゆるハウスメーカーが誕生する。大和ハウスが庭に増築する勉強部屋として発売したパネル組立式のミゼットハウス（１９５９）が成功を収めて以降、各社がさまざまなタイプの住宅を販売し始める（図６-10）。１９６０年代初期にセキスイハウスＡ型（図６-11）などいくつか実験的な試みがくり返された後、１９６０年代後半になると新たなハウ

図6－9：組立住宅　設計：坂倉順三
（出典：雑誌『PROCESS Architecture110 特集：SAKAKURA ASSOCIATES』1993）

スメーカーが続々と設立され、戸建住宅を中心的に供給する住宅産業が成立する。

１９５０年代後半に始まり60年代に最盛期を迎える高度経済成長によって、人びとの生活は豊かになり、住宅の規模も徐々に大きくなっていく。それにともなって、まず夫婦のための主寝室が確保され、続いて受験戦争に備えて子供のために個室を確保する傾向が表面化する。

１９７０年代になると、戦後うまれのもっとも人口の多い団塊世代が一斉に結婚の時期を迎え、大量の住宅需要が発生する。ハウスメーカーは、そのような大量の住宅需要に応えるべく、各社独自の住宅を開発し売り込むためにしのぎを削る時代へと突入する。

折しも１９７０年代は、戦後にアメリカ経由で世界中に拡大し形骸化したモダニズム建築に対する反省か

図6－10：ミゼットハウス
（出典：『住宅という考え方　20世紀的住宅の系譜』松村秀一：著　東京大学出版会　1999）

図6－11：セキスイハウスA型
（出典：図6-10と同じ）

ら、ポストモダニズム運動が全世界に広がる時代だった。ポストモダニズムとは、モダニズム以前の歴史的な建築を再評価し、建築デザインに装飾や様式を再導入しようとするデザイン運動である。「建築の4層構造」でいえば、新しい技術によって機能に合わせた建築をデザインしようとするモダニズムに対して、ポストモダニズムは建築のかたちやイメージを優先しようとしたのである。

1970年代のハウスメーカーは、各社独自の住宅をデザインするために、ポストモダニズムのデザイン思想を積極的に導入した。つまり技術革新による性能の高度化や、新しい生活の仕方や平面計画の提案からデザインを引き出そうとするだけではなく、それに加えて住宅の外観や仕上げに多様なイメージをまとわせることによって、他社との差異化を図ろうとしたのである。その潮流は、かつてアメリカの自動車が性能の向上よりもスタイリングのモデルチェンジによって新製品を市場に出し続けたのと同じ方法である。

こうして1970年代に日本の住宅産業は大量生産と大量消費社会の時代に突入する。住宅は工業化を通じて工業製品として売買されるようになる。その結果、郊外住宅地の風景はさまざまな意匠をまとったハウスメーカーの商品化住宅によって埋め尽くされることになるのである。

3．工業化住宅の現在

構法の多様化と機械化

１９７０年代は、日本が自動車を中心とする輸出産業の急速な進展によって、アメリカとの貿易摩擦がうまれた時代である。１９７１年のニクソンショックによって、為替取引がそれまでの固定相場から変動相場制に自由化されることによって急速な円高がもたらされる。これによって貿易摩擦を解消するという名目のもとに、アメリカやカナダから安価な木材が輸入されるようになった。しかしながらアメリカと日本との間には、木材の標準寸法に関する協定がなかったため、木材はアメリカの標準寸法に製材され輸入されることになった。いわゆるツーバイフォー（2インチ×4インチ）材である。そしてこのサイズの木材と一緒に輸入されたのがツーバイフォー（バルーンフレーム）構法である。これは木造の構造壁と床スラブを組み合わせて箱をつくるきわめて単純な構法である。２×４構法は、接合部を仕口に加工することによって木造の軸組を組立てる日本の在来構法とはまったく異なる。円高による安価な木材と、在来構法のような繊細な技術を要しない単純で安価な構法であるため、多くのハウスメーカーが採用するところとなり、２×４構法はまたたく間に商品化住宅へと浸透していく。

一方、この動きに対抗するように、木造在来構法においても加工の難しい仕口（接合部）を、コンピュータの数値制御による加工機械によって工場加工する方法が徐々に普及するようになる。いわゆるプレカット構法である。その後、構法をさらに単純化するために、接合部に金物を使用したり、現場作業を主とするツーバイフォー構法を工場でパネル化し強度を上げた構法に改良するなど、さまざまな木造構法が開発されていく。

これに加えて、軽量鉄骨や重量鉄骨を使うことによって、耐震性や防火性を高めた構法やプレキャスト・コンクリートを用いた構法などが加わり、現在のハウスメーカーでは多種多様な構法が共存する状況になっている。

住宅産業の民営化

１９９０年代初頭に、西欧の社会主義国が崩壊し、中国においても市場開放が始まることによって、経済のグローバル化が急速に進行する。これにともなって、住宅政策においても全世界的に新自由主義的な方向へと政策転換が生じる。
日本では１９８０年代までに（住宅の質的な内容はさておき）住戸数においては住宅不足はほぼ解消されたと政府は判断した。それ以降、政府は公共的な住宅政策を民営化する方向へと大きく転換する。日本住宅公団は段階的に民営化され、最終的にＵＲ都市再生機構へと再編される。これによって公営住宅の供給は実質的に中止される。さらに戸建住宅のために公的なローンを提供していた住宅金融公庫制度は中止され、住宅ローンはすべて民間銀行へと委託される。かくして住宅供給は完全に民営化され、商品として市場化されることになったのである。

しかしながら、戸建住宅の供給システムに関しては住宅ローンが民営化されたとはいえ、それほど大きな変化は生じなかった。住宅不足がほぼ解消されたこともあって、ハウスメーカーの生産システムは、それまでのように大量に供給するシステムではなく、多様化するユーザーの要求に応える細やかなシステムへと変化していく。そして販売戦略は、それまでのようなスタイリングやイメージを追求するのではなく、省エネルギーや長寿命といった質的な性能を高める方向へと転換していく。

民営化による転換は、集合住宅の供給にも大きな変化をもたらした。２０００年来の経済の停滞によって、都心の地価が下がったことや、それにともなって都心居住への需要が高まったことなどから、都心における高層分譲マンションの建設が急速に進むようになった。加えて、住宅ローンを証券化し流動性を高めることによって、投資の対象にするような経済システムが考案され、分譲マンションの建設を加速化させている。２００８年のリーマンショックは、アメリカにおける住宅ローン証券化による融資システム（サブプライム・ローン）の破綻に端を発するが、アメリカの住宅ローンが住宅と土地（不動産）を担保対象とするシステムであるのに対し、日本の住宅ローンは土地と借手の返済能力を基準とするシステムである点が大きく異なっている。さらに日本における都心の分譲マンションの購買層は、比較的富裕な人びとであるため、今後もこの傾向は続くと予想される。それがもたらす地域コミュニティの社会的問題については、すでに論じた通りである。

　住宅供給の民営化は、建築部品の開発にも影響を及ぼしている。これまで建築の構造材として法的に認められていたのは、木材、鉄、コンクリートに限られていた。しかしながら、構造強度の客観的な根拠を示すことを前提にして、他の材料も構造材として認可されるようになった。これによってガラスやアルミニウムなども構造材として使用できるようになっている。同じように建築部品を個別的に認可するのではなく、性能によって認可し部品の選択性を高めようとしているのも、民営化の大きな方向性だと考えられる。この問題については後の第9章「住宅のハードウェア」において詳しく検討したい。

3・11以降の工業化住宅

２０１１年3月11日に勃発した東日本大震災は、巨大な津波によって東北地方の太平洋沿岸に甚大な被害をもたらした。これによって生じた住宅不足は20万戸を超えるといわれている。この被害は今後の復興住宅の大量の需要をうみ出すことが予測される。その供給システムは、当初はなかなか進行しなかったが、２０２０年時点ではそれぞれの地域で徐々に整備されつつある。注目すべき活動は福島県で木造仮設住宅を復興住宅として再利用する活動が進んでいることである。そこでは今まで通りのような個別の住宅供給ではなく、未来を見すえた集団的な供給システムが必要になるだろう。私見では、3・11の震災はとりわけ復興住宅において住宅のコンパクト化と高性能化をもたらすのではないかと考えている。

住宅不足が解消し、量ではなく質が求められるようになった段階において、最近注目を集めているのは、いわゆる「スマートハウス」とよばれる住宅情報システムである。これは住宅に情報技術を組み込むことによって、住宅の性能をハードウェアよりもソフトウェアによって高めようとする試みだといってよい。現在では、住宅を構成する材料、部品、設備機器のほとんどが工業製品となり、ハードウェアとしての性能はほぼ充足されている。その性能を情報システムによってモニターし、居住者にフィードバックすることによって、居住リテラシー（住宅性能の制御に対する意識）を高め、最終的にライフスタイルとエネルギー消費への意識を高めようとするわけである。

　これまで建築部品は、種別毎に別々のメーカーによって生産されてきた。しかし個々の部品を大量に供給するような生産システムは成立しなくなっている。今後は住み手の多様な要求に応えるために、多品種の部品を少量生産する体制が求められるようになるだろう。さらに住宅不足が解消されたということは、住宅を新築するのではなく、それを維持し増改築（ときには減築）によって持続させるリノベーションの時代が到来するということである。リノベーションにおいては、多品種の部品が少量だけ必要となる。現在ではそのような需要に対して、統合的に対応するような部品生産、供給システムが整えられつつある。この問題については、次章「リノベーション」において検討することにしよう。

参考文献

1.『空間　時間　建築1』（ジークフリード・ギーディオン：著　太田實：訳　丸善、１９６９）
2.『近代建築の歴史 上』（レオナルド・ベネヴォロ：著　武藤章：訳　鹿島出版会、１９７８）
3.『合理主義の建築家たち　モダニズムの理論とデザイン』（デニス・シャープ：編　彦坂裕+菊池誠+丸山洋志：訳　彰国社、１９８５）
4.『現代建築愚作論』（八田利也：著　彰国社、１９６１）
5.『「住宅ができる世界」のしくみ』（松村秀一：著　彰国社、１９９８）
6.『住宅という考え方　20世紀的住宅の系譜』（松村秀一：著　東京大学出版会、１９９９）

◉第七章　リノベーション

1. リノベーションの背景

日本人は新しい住宅が好きである。欧米では先祖から引き継ぎ手を加えながら住み続けている住宅が多いのに比べると大きな違いがある。欧米ではかつては労働者用仮設住宅であっても、十分に手入れされ維持されてきた住宅は高価格で売買されるという。日本ではそういうことは聞いたことがない。建物の不動産としての評価は、完成直後がもっとも高く、時が経つに連れて確実に下がっていく。さらに日本では、建物ではなく土地の価値が最優先される。欧米では土地と建物の価値は一体だと見なされるが、日本では両者は別のものと考えられている。その結果、土地の価格は変動しなくても、建物の価値はいつかは消失（償却）する仕組みになっている。新しモノ好きの日本人の根には土地神話があるのかもしれない。

とはいえ最近では、古い建物を解体し新しい建物を建てるというスクラップ・アンド・ビルドも見直され、既存の建物を活かしたリノベーションが注目されるようになった。イノベーション（新築）からリノベーション（改築）への転換である。

産業廃棄物のなかで大きな割合を占める建築廃材の量を抑えることがリノベーションを推進するひとつの理由だが、それ以上に重要な理由は、住宅の総戸数が家族世帯の数を超えた点にある。つまり住戸数についていえば住宅難は解消され、もはや新しい住宅を建設する必然性がなくなったのである（図7-1）。

リノベーションとは、既存のストックを利用し、その可能性を活かしながら新しいプログラムに応えることである。高度成長期の解体と新築をくり返すスク

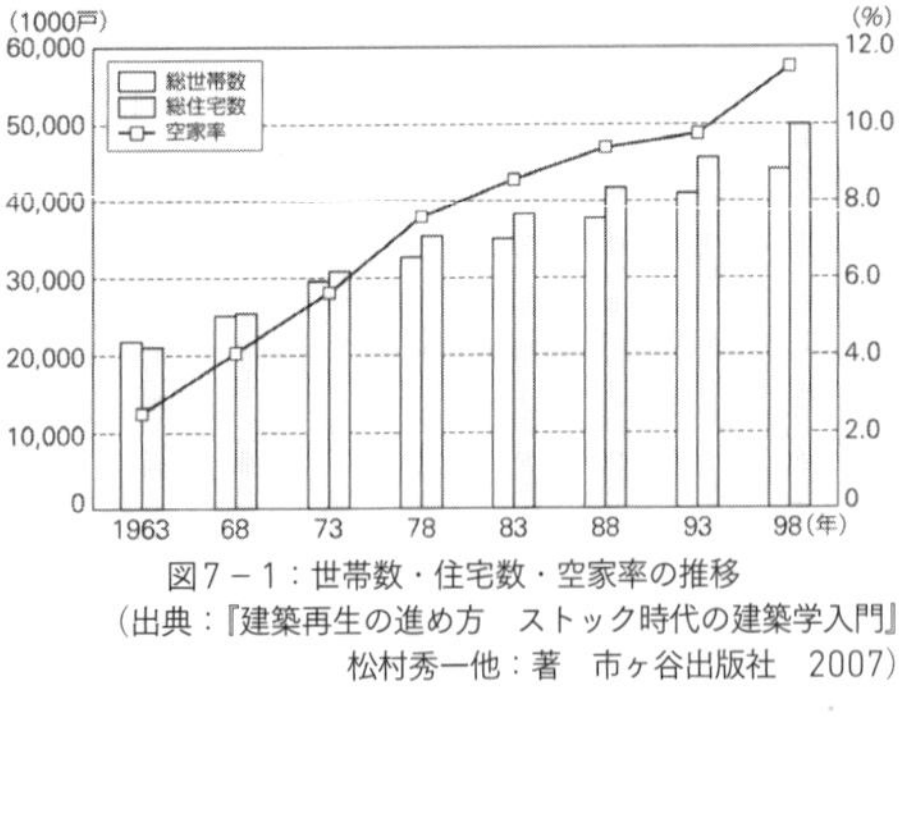

図7－1：世帯数・住宅数・空家率の推移
（出典：『建築再生の進め方　ストック時代の建築学入門』
松村秀一他：著　市ヶ谷出版社　2007）

ラップ・アンド・ビルドは、大量の建築廃材をうみ出し、大量のエネルギーを消費してきた。さらに都市景観を破壊し記憶喪失的な風景をうみ出してきた。サステイナブルな都市の条件は、物理的な持続性や省エネルギーだけではなく、都市風景の持続性も重要な条件である。リノベーションはサステイナブルな都市をうみ出すためには必要不可欠な手段だといってよい。

戦後の高度成長期から今日に至るまでに大量の建物が建設され、既存のストックが蓄積されてきた。上でも述べたように、住宅もオフィスもすでに必要な面積を超えているといわれている。それでもリノベーションが普及しないのはなぜだろうか。その最大の理由は、建物が商品として消費の対象になったからである。新しい建物には高い価値が与えられるが、消費された古い建物には低い価値しか与えられない。これではスクラップ・アンド・ビルドを止めることはできない。かといって建物の商品化を拒否することもできない。

リノベーションには、できるだけ建設コストを抑えながら必要なプログラムを充足するという課題がある。小さな投資によって大きな効果をうみ出すことは、古さから価値を引き出すひとつの方法である。

必要なことは商品化を受け容れながら新しい建物とは異なる古い建物の価値を発見し商品化することである。リノベーションにおける最大の課題は、古さに価値を与えることである。

2. リノベーションの多面性

リノベーションの理論

リノベーションの可能性を探るために、その前提となる条件を調べてみよう。通常の設計とリノベーションとの決定的な相違は、設計を始める時点での前提条件の相違にある。通常の設計では更地の上に新しい建築をゼロから設計することができる。これに対してリノベーションの場合は、既に存在している建築を詳細に観察し与えられた設計条件として読み取ることから出発しなければならない。確かに通常の設計やデザインにおいても、与えられたプログラムや敷地周辺の環境条件を詳細に検討することは重要な作業である。しかしながら、新築の場合は重点は、あくまで「何をつくるか」にあり、与条件の検討はそのための手段に過ぎない。これに対してリノベーションにおいては、新しい条件よりも既存の条件の方が大きな比重を占める場合が多い。なぜなら、そこには別の人間なり組織が特定のプログラムや意図のもとに設計した建物がすでに存在しているからである。したがってリノベーションでは、最終的にでき上がるものは既存の条件と設計者との対話の結果であり、設計者が考えた単一な「何か」ではない。たとえ設計者が明確な目標を立てたとしても、既存の条件が強固に存在しているために、ひとつのコンセプトにもとづく単純明快な建築を設計することはきわめて難しい。つまりそこでは、歴史的に隔たった複数の条件が絡み合っているのである。したがってリノベーションにおいては、歴史的視点が決定的な重要性をもつことになる。既存の建築や都市がどのような経緯でそこに存在しているかを知ることは、今後それをどのように変えていくかを知るための重要な条件になるからである。

このようなスタンスを突きつめていくと、いわゆる建築のリノベーションにとどまらず、すべての事象をリノベーションとして見る「リノベーション的視点」がうまれる。リノベーション的視点は、既存条件を価値判断抜きにクールにとらえる。そして既存条件の微細なシステムを読み取り、それに何らかの操作を加えることによって別のものへと転換させる。つまりリノベーション的視点とは、多面的な条件をひとつのシステムに組み上げる、一種の知的ゲームのような作業になる。

以上のようにリノベーションは既存の条件との対話なので、単一で明解なリノベーション理論のようなものを成り立たせることは難しい。かといって行き当たりばったりのアドホックな対応では、既存の条件に振り回されるだけに終わってしまう。

そこで以下では、リノベーションの多面性を「建築の4層構造」によって検討し、問題点を整理してみよう（表7-1）。

物理的リノベーション：既存不適格の証明

まず第1層の物理的・技術的な面では、既存建物の構造体を知ることが第1の条件となる。日本では、建物の耐震性に関する法的な基準が、震災がある度に何度も改訂されてきたので、既存建物がどの時期に建てられたかによって耐震性能が異なっている。古い耐震基準にもとづいて建設された建物をリノベーションするには、当然ながら現在の法的基準に適合させることが要求される。つまり現在問題なく建っていたとしても、何らかの手を加える場合には、最新の耐震基準に適合させなければならないのである。リノベーションにおいてもっとも解決が難しい問題になるのは、この条件である。

建築の4層構造 （建築学の領域）	建築を見る視点 （建築の様相）	プログラム （デザインの条件）	技術 （問題解決の手段）	時間 （歴史）	サステイナブル デザインの条件
第1層：物理性 （材料学・構法学・構造学）	物理的な モノとして見る	材料・部品 構造・構法	生産・運搬 組立・施工	メンテナンス 耐久性・風化	再利用・リサイクル 長寿命化
第2層：エネルギー性 （環境学・設備学）	エネルギーの 制御装置として見る	環境・気候 エネルギー	気候制御装置 機械電気設備	設備更新 エントロピー	省エネルギー LCA・高性能化
第3層：機能性 （計画学）	社会的な 機能として見る	用途・目的 建物種別	平面・断面計画 組織化	機能変化 ライフサイクル	コンバージョン 生活様式の変化
第4層：記号性 （歴史学・意匠学）	意味を持った 記号として見る	形態・空間 表象・記号	様式・幾何学 コード操作	街並・記憶 ゲニウス・ロキ	リノベーション 保存と再生

表7－1：建築の4層構造
（出典：『建築の四層構造　サステイナブル・デザインをめぐる思考』難波和彦：著　INAX出版　2009）

たとえば通常の建物では、建設前に特定の審査機関に確認申請のための設計図書を提出し、建物が現行の法的基準を満足しているかどうか審査を受ける。そして完成時には、建物が審査図書の通りに建てられているかどうか、審査機関によって検査を受け、問題がなければ検査済証が発行される。つまり確認申請図書と検査済証が、その建物の法的な保証になるのである。先にも述べたように、その後に法律が変わった場合には、新しい法律から見れば、当然ながらその建物は法的基準を満たさない建物となる。このような建物を「既存不適格」と呼んでいる。法律が変更された場合、それ以前に建てられた建物は、原則的にはすべて既存不適格である。しかしながら、既存不適格の法的な定義はもっと厳密である。新しい法律に照合して、何が法的に適合していないかを明確にできる建物だけが既存不適格といえるのである。つまり建物完成時の確認申請書類と検査済証がなければ、既存不適合とは見なされないのである。したがってリノベーションを行おうとする場合には、対象となる建物が既存不適格であることの証明がもっとも難しい課題となる。というのは古い建物では、確認申請図書や検査済証が保存されていない場合が多いからである。その場合には、まず初めにその建物が既存不適格であることを証明することから始めなければならない。既存不適格であることを証明するには、既存建物を綿密に調査にすることよって、建物の確認申請図書を再現し、現行の法的基準との食い違いを明確に示さなければならない。木造や鉄骨造の場合は、構造材を露出させどのような材が使われているかを判断することは比較的容易である。しかしリノベーションにもっとも相応ふさわしい鉄筋コンクリート造の場合は、経年変化によるコンクリートの中性化の程度や、構造体内部の鉄筋の配列を見極めることはきわめて難しい。したがって既存不適格の証明は、技術的には可能であっても、かなりの手間と費用を必要とする。リノベーションが選択される大きな理由のひとつは、新築よりも安い費用で済む点にもあるため、初期条件を明らかにするために費用をかけることは大きなリスクになる。リノベーションがなかなか普及しない最大の要因は、この点にあるといっても過言ではない。

エネルギー的リノベーション：設備機器の更新と性能の転換

第2層のエネルギー的な面にはふたつの問題がある。ひとつは設備機器や配線配管類の経年変化と更新の問題であり、もうひとつは建物の環境性能、すなわち断熱性、遮熱性、気密性、熱容量などの性能を向上させる問題である。

一般的に設備機器の寿命は建物よりも短い。同時に設備機器は技術の進展のもっとも大きな影響を受けやすく、新しく開発された設備機器ほど性能が向上していく。東日本大震災以降は、エネルギー消費の削減が大きな課題になりつつある。さらに設備機器類の更新やシステム変更にともなって、配線配管類の取り替えも大きな課題となる。したがって建物全体のリノベーションよりも、設備機器や配線配管のリノベーションの方が頻度は高くなるのである。

リノベーションのもうひとつの大きなテーマは、建物の環境性能の向上である。設備機器類の性能がいくら向上しても、建物の環境性能が向上しなければ消費エネルギーは削減できない。リノベーションの際に外壁、開口部、屋根などの外装の断熱性能や気密性能を向上させ、外装仕上げの下層に通気層を通すことによって遮熱性能を向上させ、建物の熱容量を上げることによって室内環境を安定させることもリノベーションの大きなテーマである。

さらに最近では、環境性能を向上させるだけでなく、自然エネルギーを積極的に利用するような建物を設計することによって、できるだけ設備機器類に頼らないような生活をめざす傾向が強くなっている。この問題は第8章「エコハウス」において詳しく検討しよう。

機能的リノベーション：コンバージョン（用途転換）

コンバージョンとはリノベーションの一種で、既存建物を別の用途の建物に転用することによって長寿命化を図ることである。１９６０年代の高度経済成長期や１９８０年代のバブル期のように、古くなった建物を解体して、新たに建物を建てるというスクラップ・アンド・ビルドはサステイナブルな方法ではない。そうした方法に替わり、すでに存在する建物を別の機能の建物に転用して使い続けるという考え方が、これからのデザインの大きな潮流になることは間違いない。

建物のコンバージョンにはさまざまな種類がある。もっとも簡単なコンバージョンは、既存の建物に最小限の手を加え、別の機能に変えることによって建物を延命させるという方法である。建物を可能なかぎり使い続けるには、このような延命治療的なコンバージョンも有効である。単に建物の機能を変えるだけでなく、新しい技術によって今まで以上に高性能な建物に変えるというコンバージョンもある。これは既存の建物の潜在的な可能性を引き出し、新しい建物に再生させるという考え方である。コンバージョンの本来の可能性は、この点にあるといってよい。ただしコンバージョンが必要な建物は、経済的な条件が厳しい場合が多いので、実際にコンバージョンを適用する場合はふたつの方法をバランスよく使い分けることが必要になる。その点においてもコンバージョンは新築よりも難しいが、デザインのテーマとしては興味深い可能性をもっている。

現在、東京の都心には品川、新橋、丸の内、六本木さらには、湾岸に次々と超高層オフィスビルが建設されている。オフィス面積が不足しているわけではない。むしろオフィスは供給過剰といってよいくらいである。その結果、古いオフィスビルのテナントは新しいオフィスビルに移り、古いオフィスビルは空室だらけとなる。かつてのオフィス街には閑古鳥が鳴き始める。しかし古いオフィスビルをそのまま放置しておくわけにはいかない。中小ビルのオーナーにとっては死活問題である。かといって古いビルを取り壊し、新しいビルを建ててもオフィスの供給過剰に拍車がかかるだけで問題は解決しない。

こうした問題提起からうまれたのが、オフィスを集合住宅にコンバージョンするというアイデアである。中小規模の空きオフィスビルは都心の下町に集中している。コンバージョンは都心に居住者を引き戻し、ひいては街全体の活性化にもつながるだろう。超高層ビルの建設ラッシュと並行して、今後は古いオフィスビルの集合住宅へのコンバージョンが急速に進むことは間違いない。

意味のリノベーション：発見としてのデザイン

リノベーションにとってもっとも重要な条件は、新築の建物では不可能な「時間のデザイン」が新しい表現の可能性として認められるようになったことである。「発見のデザイン」あるいは「対話のデザイン」といってもよい。時間のデザインのひとつの要素は、建物の熟成（aging）と風化（weathering）の見直しである。モダニズムの建築は完成直後がもっとも美しく、時間が経つに連れて朽ち果てていく。これに対して、時間とともに熟成し美しく風化していく建物を追求することが、これからの大きなテーマになるだろう。リノベーションはその課題に正面から取り組もうとするジャンルだといってよい。

時間のデザインにとって重要な条件は、熟成や風化によって味わいがうまれる建築材料である。レンガや木材はもっとも適した材料だが、現在の工業生産化された建築材料には、時間が刻まれるようなものはほとんど見られない。むしろ工業製品は「古びる」ことを避けるようにデザインされている。そのような考え方を転換し、時間のデザインが可能であるような材料を開発することも、リノベーションを普及させるための重要な課題である。

時間のデザインのもうひとつの要素は、上に述べたように建物の機能変化への対応、すなわちコンバージョン（用途変更）である。日本ではこれまで建物の寿命は物理的耐久性よりも、設備の更新や機能的な変化への対応ができないことに起因する場合が多かった。したがって既存の建物を別の用途に変更して使い続けることも、これからの重要なテーマになるだろう。

このようなリノベーションの可能性を広げるには、発見あるいは対話としてのデザインという視点が不可欠である。すでに存在する建物の材料・構造・構法などの物理的条件、設備・配線配管類や性能などのエネルギー的条件、かつて計画された機能的条件、さらにそれを設計した設計者の美学的条件。これらの条件すべてを把握し、それらと対話することによって新しい可能性を引き出すこと。つまりリノベーション的視点に徹すること。そこにはひとつのコンセプトによって全体を統一するというモダニズム的な美学は存在しない。リノベーションがうみ出すのは、歴史との対話を通じた複合的な美学である。

3. リノベーションの可能性

リノベーションは欧米ではすでにさまざまなかたちで試みられており、リノベーション産業というひとつのジャンルとして成立している。ニューヨークのソーホー地区や、ロンドンのダウンタウンのリノベーションはよく知られた例である。ヨーロッパやアメリカの大都市では、空洞化したダウンタウンのビルをソーホー地区の集合住宅にコンバートし、1階に店舗やギャラリーを誘致することによって賑わいのある街に再生させている。オーストラリアでは都市近郊に建てられた比較的新しい高層オフィスビルを高級集合住宅にコンバートし、分譲販売しているような例も見られる。リノベーションは古い建物を再利用するだけではなく、新しい建物を高度利用する手法としても用いられている。

しかしながら日本では、リノベーションはまだ端緒についたばかりである。日本の近代建築の歴史は150年そこそこだが、戦後の高度成長のなかでリノベーションを適用できる建築的ストックは急速に蓄積され、都心部には高密度なオフィス街が形成されている。昨今の大規模な再開発ラッシュは、こうした都心のオフィスビルを急速に空室化させ、かつてのオフィスビル街は活気を失い始めている。そうした空きオフィスビルを、集合住宅を中心とする複合ビルにコンバートし、それを連鎖させることによって、沈滞したダウンタウンを活性化させることがリノベーションが注目されるようになった社会的な理由である。

都心の空きオフィスビルのリノベーションには、もうひとつ大きな目的がある。都心居住の意義を見直すことである。今日のようにオフィスビルが都心に集中しているのは、働く場所と住む場所をはっきりと分けるべきだという近代の機能主義的な都市計画にもとづいている。機能によって都市空間を分類することは、都心を空洞化し長時間の通勤ラッシュをもたらした。しかし都市の賑わいは多様で雑多な都市機能の混在からうまれるものである。人口が徐々に減少する低成長の時代には、巨大なエネルギー消費によって支えられたメトロポリスは相応しくない。これまでの生活レベルを下げることなく地球環境を持続させるには、働く場所と生活する場所が近接し、都市の諸機能が効率よく組織されたコンパクトでサステイナブルな都市こそがふさわしい。都市とは本来さまざまな機能が混在することによって成り立つ場所である。都心居住こそが近未来都市の居住形態である。そのためにはこれまでのような「都市計画地域」規制は根本的に見直されなければならない。さらに都心と郊外の関係も再検討されなければならない。郊外は住む場所ではなく、新しい自然の空間として再編成されなければならない。都市問題とは郊外問題でもあるのだ。都心の空きオフィスビルのリノベーションは、そうした複合的な都市空間をうみ出す可能性をはらんでいる。

社会の目をリノベーションに向けるにはこうした複雑な条件を解きほぐすことと並行して、リノベーションによって建物や街並がどのように変わるのかというイメージを提示することも重要である。当面のリノベーションは、個々の建物において行っていくわけだが、それらが連鎖してどのような都市をうみ出すかというヴィジョンを提案しなければならない。でないとリノベーションは単なる対症療法的な方法に止まってしまう。リノベーションの可能性を拡大するには、それによってつくられる街並と、そこで展開される生活のイメージを提案することが不可欠なのである。

このようにリノベーションはさまざまな条件が絡み合った複雑なテーマである。リノベーションを成立させるには、まずどのような建物がリノベーションに相応しいかを判断するための総合的な診断基準が必要である。そのためには所有権や用途変更などの法律的問題を解決しなければならない。事業として成立させるためのファイナンスをどうするかも重要な問題である。さらに古い建物を構造的に補強し、新しい設備を装備し、性能を向上させるための技術的な問題を解決しなければならない。こうした複雑な問題を解決するには、新しい建物をつくる以上に総合的で高度な知識と技術が要求される。

　以上からもわかるように、建物のリノベーションは最終的には建築家という職能の見直しにも結びついていくのである。未来の建築家にとってサステイナブルデザインは必須の仕事であり、建築教育もそのような視点から再編成しなければならない。新しい世代の建築家は、既存の建物を診断し、建物の潜在的な可能性を引き出す目をもたなければならない。そのためには、これまでのような建築教育では不十分である。この目標を達成するには、設計教育においてはこれまでのような新築を中心とした課題ではなく、リノベーションやコンバージョンのように、既存建物をいかに活かすかというコンテクスト重視の課題を中心に据えなければならない。

　たとえば筆者が教えていた東京大学建築学科では、都心の空きビルの調査からスタートし、リノベーション技術の収集と建物への適用から、集合化による街並みの変化に至るまでのケーススタディを行っている。こうした試みを通じて、リノベーションの多面的な問題を明らかにしデザインの新しいテーマを開拓するとともにそのような社会的課題に相応しい建築家を輩出することが求められている。

4. リノベーションとモダニズム

最後に、リノベーションをモダニズム以降の近代建築史のなかに位置づけてみよう。第二次世界大戦後の近代的な都市計画思想を確立したのはＣＩＡＭ（近代建築国際会議）といわれている。ＣＩＡＭは１９２８年に近代建築家の国際的交流を目的として創立され、その先導者はル・コルビュジエだった。ＣＩＡＭの第４回会議は１９３２年にマルセイユ―アテネ間を航行する客船のなかで開催され、会議の結果は『アテネ憲章』としてまとめられた。戦後の都市計画の方向性を決定づけたのはこの『アテネ憲章』である。

彼の都市計画思想の主要コンセプトは「機能的な都市」である。ル・コルビュジエは機能がはっきりと分離されている都市を「機能的な都市」と定義し、未来の都市計画の鍵は４つの都市機能、すなわち「住居」「労働」「余暇」「交通」の明確な分離にあると主張している。第二次世界大戦後の世界中の都市計画は、基本的にこの考え方にもとづいて展開された。日本の戦後の都市計画も例外ではない。機能毎に地域を分割し、そこに建設される建物の用途を規制した都市計画法の「用途地域」の規制は、その起源を『アテネ憲章』、すなわちル・コルビュジエの「機能的な都市」に遡ることができる（図7-2）。

ル・コルビュジエが「ヴォアザン計画」や「輝く都市」などにおいて近代建築によるパリの改造を提案していた頃、同じパリをまったく異なる視線で注視する若者がいた。歴史家で批評家でもあったヴァルター・ベンヤミンである。ベンヤミンはパリの都市空間を歴史家としての微細な眼で観察した。ベンヤミンが注目したのは19世紀初期にうまれた半屋外的な都市空間「パサージュ」である（図7-3）。ベンヤミンはパサージュの魅力にとりつかれ、そこに展開する社会的・文化的過程を事細かに記述した。それが『パサージュ論』である。そこには19世紀都市パリの都市空間の陰翳を

図7－2：ル・コルビュジエの「輝く都市」
（出典：『コンバージョンが都市を再生する、地域を変える』
松村秀一他：著　日刊建設通信新聞社　2004）

はらんだ豊かさと、それをうみ出した19世紀のパリの錯綜した社会・経済状況が描かれている。

ル・コルビュジエは19世紀のパリを都市計画家の眼によって近代的に改造すべき都市空間としてとらえた。それに対しベンヤミンは歴史家の眼によって19世紀のパリが重層的な意味を湛《たた》えた魅力的な都市空間であることを発見した。ル・コルビュジエの眼は「未来の変革」に向かい、ベンヤミンの眼は「過去の発見」に向かっていた。モダニズムの都市計画においては、両者は決して交差することはなかった。

図7－3：パリのパサージュ
（出典：『パリのパサージュ』
鹿島茂：著　平凡社　2008）

ＣＩＡＭ以降に「機能的な都市」の思想を批判する建築運動が展開する。しかしいずれも未来志向の点においては変わりなかった。近代建築の第2世代のチームXは「都市のコア」を提案し、丹下健三は「東京計画」を発表した。メタボリズムやアーキグラムはメガストラクチャーによる未来都市を提案した。１９６０年代末の世界的な文化革命は、そうした未来志向一辺倒の都市計画に対する批判的な運動だった。１９７０年に開催された大阪万国博覧会は、近代的な都市計画の最後の壮大な試みだった（図７－４）。

しかし１９７３年のオイルショックは、モダニズムの都市計画の底の浅さを暴露し、未来志向の幻想を打ち砕いた。１９７０年代以降に展開するポストモダニズムは一転して過去へと目を向ける。しかしながらポストモダニズムは、個別の建築の歴史性には眼を向けたが、都市からは撤退した。ポストモダニズム以降は、建築家たちは正面から都市について語らなくなった。なぜなら都市計画においては、依然として未来志向が支配的だったからである。その傾向は20世紀末まで続いた。

都市計画の未来志向が転換するのは１９９０年代からである。１９８０年代末から１９９０年代初めにかけての社会主義国家の崩壊は、モダニズムにおける「計画」の概念を根底から覆した。21世紀の低成長時代にふさわしい成熟した社会においては、単なる未来志向の都市計画は通用しない。私たちは未来に眼を向けながら、そこに過去に向

図７－４：大阪万国博覧会の会場（1970）
（出典：『大阪万博の戦後史』橋爪紳也：著　創元社　2020）

かう眼差しを取り込まねばならない。ル・コルビュジエの眼とベンヤミンの眼を統合する方法を模索しなければならない。

まず見直す必要があるのは、ル・コルビュジエが提唱した「機能的な都市」の考え方である。『アテネ憲章』が教条化された都市計画法の「用途地域」規制は、働く場所と生活する場所の分離を推進した。その結果、働く場所は都心に集中し、住居は郊外へと広がり、人びとは毎日通勤のために長い時間を費やすことになった。人口が徐々に減少する低成長の時代には、巨大なエネルギー消費によって支えられたメトロポリスはふさわしくない。働く場所と生活する場所が近接し、都市の諸機能が効率よく組織されたコンパクトでサステイナブルな都市こそが相応しい。都市とは本来さまざまな機能が混在することによって成り立つ場所である。都心居住こそが近未来都市の居住形態である。

ではそのようなコンパクトでサステイナブルな都市はどのようにつくられるのだろうか。これまでの都市再開発のようにマスタープランにもとづいて、すべてをクリアランスして建て直す「外科手術的」な計画によってではない。比較的小規模の個別的な開発を連動させ、漸進的に街をつくり変えていく「内科療法的」な計画によってである。個々の開発においては建て替えはもちろんあるだろうが、むしろリノベーションやコンバージョンが主役になるだろう。都心にはすでに大量の建築的ストックが蓄積されている。まず必要なのは、それらの建物を注意深く観察し、うみ出された経緯を調べ、潜在的な可能性を探り出す「歴史家の眼」である。次に必要なのは、見出された微細な条件から新しい空間を発想し、新しい都市をうみ出す「都市計画家の眼」である。今までは交差することのなかった二つの眼を通して、歴史が重層したコンパクトで豊饒なサステイナブル都市がうみ出されるだろう。21世紀の街づくりにおいてはル・コルビュジエの眼とベンヤミンの眼の統合が求められている。

参考文献

1.『団地再生　甦る欧米の集合住宅』（松村秀一：著　彰国社、２００１）
2.『団地再生計画／みかんぐみのリノベーションカタログ』（みかんぐみ：著　ＬＩＸＩＬ出版、２００１）
3.『リノベーション・スタディーズ　第三の方法』（五十嵐太郎＋リノベーション・スタディーズ：編　ＬＩＸＩＬ出版、２００３）
4.『リノベーションの現場　協働で広げるアイデアとプロジェクト戦略』（五十嵐太郎＋リノベーション・スタディーズ：編　彰国社、２００５）
5.『ライネフェルデの奇跡　まちと団地はいかによみがえったか』（Wolfgang Kil：著　澤田誠二＋河村和久：訳　水曜社、２００９）
6.『建築再生の進め方　ストック時代の建築学入門』（松村秀一他：著　市ヶ谷出版社、２００７）

◉第八章　エコハウス

エネルギーの問題は住宅にとって今や緊急の課題であるにもかかわらず、省エネルギーでエコロジカルな住宅というテーマ、すなわちエコハウスに正面から取り組んでいる建築家は意外と少ない。若い建築家の多くはエコロジカルな住宅というテーマに対して一種のアレルギーをもっているように見える。それはなぜだろうか。最大の理由は、エコハウスがあまりにも正しいテーマである点にある。正しいことがわかりきっているテーマのことを、一般にはＰＣ（Political Correctness 政治的正義）という。つまりエコハウスというテーマは正真正銘のＰＣなのである。デザインの特異性を追求する建築家にとって、あまりにも正しいテーマは建築家としての売り物になりにくい。建築家としてのアイデンティティは世のなかの大勢に与しないことだから、エコハウスに対して批判的な態度をとる方が建築家のアイデンティティにふさわしいというわけである。

しかしながらそれはエコハウスをイメージでしかとらえていない浅薄な考え方といわねばならない。現代はイメージが大きな影響力をもつ時代だが、イメージだけでエコハウスを達成することはできないからである。具体的なデザインを通してこのテーマを追求すれば、予想できないさまざまな課題が浮かび上がってくる。エコハウスはイメージ的にはＰＣかも知れないが、実際にはきわめて難解で奥の深いテーマである。エコハウスを追求することによって、今までとは異なる特異なデザインがもたらされる可能性は十分にある。建築家が取り組むべき課題は、エコハウスという新しいテーマの追求を通して、今までにない建築空間をデザインすることなのである。

1. エコハウスとは何か

エコハウスの背景

地球環境の問題がクローズアップされるようになったのは１９９０年代以降である。そのなかでスクラップ・アンド・ビルドによって発生する建築廃材と、建築を建設し、そこに住むことによって消費されるエネルギーがＣＯ２問題の大きな要因になっていることが明らかになった。つまり建設産業全体が地球環境に大きく影響していることが判明し、建築の長寿命化と省エネルギー化が社会的にも大きな課題となったのである。さらに２０１１年3月11日に勃発した東日本大震災によって福島の原子力発電所が被災して以降、エネルギーの問題はそれまでとはまったく異なる様相を呈するようになった。そもそもこれからのエネルギーの生産、供給、消費はどうあるべきかという基本的な問題が浮上してきたのである。

　住宅においてサステイナブルデザインは、主に長寿命化と省エネルギー化というふたつの側面で追求されていた。しかしながら現在では、それに加えて、住宅においてもエネルギーを生産するという課題も浮かび上がってきた。この問題は個別の住宅のレベルで解決できる問題ではなく、これからの住宅のあり方集合のあり方、都市のあり方さらには住宅産業を含む産業構造全体の構造的な問題である。つまりエコハウスについて考えることは、今やこれからの社会について考える時代になっているのである。

エコハウスの定義

　エコロジーすなわち生態学とは、生物とそれを取り囲む環境とを一体のシステムと見なし、そのシステムについて研究する学問である。したがって住宅におけるエコロジーとは、住宅に住む人間の生活と、その環境との関係について考えることになる。ここでは直接人間の生活に注目するのではなく、住宅を介して人間生活と環境との関係について検証することを「住宅のエコロジー」と考えることにしよう。

ひと口に環境といってもさまざまなとらえ方がある。そのなかで環境を主として自然環境としてとらえるのが、昨今のエコロジカルな住宅、すなわちエコハウスにおける省エネルギー、長寿命の意味である。しかしながらエコハウスを実現するには、自然環境だけでなく社会環境を考えることが不可欠である。エコハウスと聞いて直ちに省エネ住宅や長寿命住宅を連想するのは、時代に流されている証拠である。省エネ住宅や長寿命住宅はもちろん重要なテーマだが、住み手が住まいの性能を理解し、それに合わせて自分たちのライフスタイルを変えようとしなければ、省エネ化は決して実現できない。

省エネ住宅だから安心してエネルギー消費を満喫できる生活が確保されると考えるのは本末転倒である。同じように長寿命住宅も住まい方によって大きく左右される。住み手が安定したライフスタイルを持続できなければ、長寿命住宅は決して実現できない。日本の住宅の寿命がきわめて短いことはよく知られている。その理由は確かに木造で耐久性が短いという面もあるが、それ以上にライフスタイルや家族構成の変化に住宅が対応できないという理由で建て替えられる場合が多いからである。したがってエコハウスを実現するには、自然環境も社会環境も、エネルギーという視点から総合的にとらえることが必要不可欠である。エネルギー的な視点から住宅をとらえることによって、住宅のつくり方や生活の仕方を再編成すること。それがエコハウスの最終的な目標である。

2. エコハウスの理論

日本の気候

日本とりわけ太平洋側の一帯は四季の変化に富んだ気候である。夏は亜熱帯のように暑くて湿度が高く、冬は時に雪が降るほど寒く乾燥している。春と秋の中間期は過ごしやすいが、春から夏にかけての梅雨時は蒸し暑くて雨が降り続き、夏から秋にかけては台風の通り道となり暴風雨に見舞われる。これほど多様で変化に富んだ気候は世界でも珍しい（図8-1）。日本の民家には四季の変化に適応した多様な建築要素を見ることができる。茅葺屋根、小屋裏、低い軒高、深い庇、縁側、高床、畳、明かり障子や襖《ふすま》、これらの建築要素は日本の気候風土がうみ出した気候制御装置だといってよい。とはいえ兼好法師が『徒然草』のなかで「家の作りようは夏を旨とすべし」といっているように、これらの建築要素はほとんど夏の暑さと湿気に対処する装置である。だから冬の民家は隙間風と底冷えに苛《さいな》まれる（図8-2）。

一方、先進国が集中する北ヨーロッパでは、冬はきわめて寒く湿度が高いが、夏は乾燥していてそれほど暑くない（とはいえ最近は温暖化の影響で必ずしもそうではなくなってきた）。したがって暖房は必要不可欠だが、冷房のある建物は比較的少ない。つまり北ヨーロッパの家は「冬を旨とすべし」なのである。では日本のようなアジアモンスーン地帯において、自然エネルギーを活かしながら夏涼しく冬暖かい住宅を実現することは可能だろうか。世界的にエネルギー消費の削減を求められる時代になって、自然のエネルギーを利用するパッシブソーラーの意義が見直されている。日本の気候はそうした試みにもってこいの実験場である。とはいえ最近の調査によって、日本においても夏期の冷房よりも冬

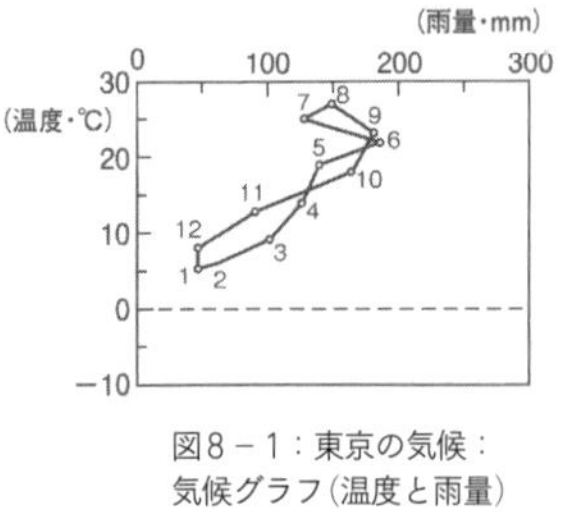

図8－1：東京の気候：
気候グラフ（温度と雨量）

期の暖房のエネルギー消費の方がきわめて大きいことがわかってきた。したがって省エネルギーの視点から見る限りは、兼好法師の教えとは逆に「家の作りようは冬を旨とすべし」なのである。

エコハウスの性能

エコハウスにとって重要な条件は、太陽光や通風など自然のエネルギーを取り入れながら、快適で省エネルギーな室内環境をつくり出すことである。たとえば最近注目されている外断熱構法は、室内気候が外気の気候変動の影響を受けないようにし、室内気候の維持に必要なエネルギーを最小限に抑えるための重要な方策である。つまり冬は室内の熱が外界に逃げないようにして暖房効率を上げ、夏は外界の暑さが室内に影響を与えないようにするわけである。エコハウスでは、室内気候を快適に保つために断熱性能以外にもいくつかの方策が必要となる。その点を理解するには、建築における熱エネルギーの条件について十分に検討する必要が

図8－2：日本の民家（深くて低い庇と開放的な外観）

ある。

建築の熱エネルギーに関する性能は4つの視点から見ることができる。断熱、気密、熱容量、輻射《ふくしゃ》である。断熱と気密はよく知られているが、熱容量や輻射についてはあまり問題にされることがない。しかし室内気候を制御するには、この4つの性能をバランスよく組み合わせる必要がある。以下でそれぞれの性能について検討してみよう。

断熱性能

断熱とは室外と室内との温度差による熱エネルギーの伝達を最小限に抑えることである。十分な断熱性能を確保するには性能のいい断熱材料を選ぶことはいうまでもないが、それだけではなく断熱材の取付方法すなわち断熱構法について考えねばならない。外断熱構法が断熱法として優れているのは、建物全体を断熱材で包み込むことによってヒートブリッジ（熱橋）が解消される点と、建物自体の熱容量を室内側に取り込むことができる点にある。木造住宅の場合は、従来のように間柱の間に断熱材を挟はさむ方法では、断熱材と間柱の間に隙間ができやすい。鉄骨造の場合は柱や梁がヒートブリッジとなり、その部分で熱エネルギーの出入が大きくなる。さらに断熱材の隙間に室内の湿気が進入すると、壁の内部で結露が生じ、長い間には構造体を傷めることになる。ヒートブリッジ部分の結露についても同じことがいえる。したがって外断熱構法の場合でも、室内の湿気が断熱材のなかに進入しないようにすることが重要である。通常はその対策として、断熱材の室内側に防湿シートが張られるが、筆者の経験では無意味とはいえないまでもあまり効果がない。というのも、内壁に設備器具を取り付けるために、配管や配線が必ず防湿シートを貫通し、シートの重なり部分の隙間を完全にシールすることは不可能だからである。

さらに窓やドアなどの外部に面する建具の断熱性能も忘れてはならない。最近では窓ガラスにペアガラスを使うのが一般的になってきたが、窓枠やドア枠にも注意が必要である。アルミニウムは熱伝導率がきわめて高いため、建具枠がヒートブリッジになるからである。

気密性能

室内環境にとって気密性能が重要であるのは、室内と外気の間を空気が出入りすると、それによって熱エネルギーの損失が生じるからである。さらに隙間風に当たったときの気持ち悪さについてはいうまでもない。かつての住宅では木製やスチール製の窓が一般的で、気密性能を確保するのが難しかったが、アルミサッシが普及してからは気密性能は大幅に改善された。

しかし最近では気密性が高くなりすぎて十分な自然換気が行われなくなり、室内空気に淀みが生じ、シックハウスの問題などが生じるようになった。その対策として、必要な換気量を換気扇によって確保することが法的に義務づけられるようになった。気密性能を確保しながら人工的に換気するというのは一見すると矛盾した議論のように思える。しかしこれは気密性能を明確に制御する方法だと考えれば、合理的な方法であることがわかる。省エネルギーのためには単に気密性を上げるだけではなく、自然通風も含めて建物全体の空気の流れを制御する必要があるのである。

たとえば「箱の家」では、室内外の気密性能を確保しながら、吹抜空間によって大きな気積（空気のボリューム）を確保し、さらに間仕切りを最小限に抑えることによって、室内に自然な空気の流れを生じさせている。つまり気密と換気をうまくバランスさせる方策がとられているのである。春や秋の中間期にはできるだけ風通しをよくして自然換気を確保すべきであることはいうまでもないだろう（図8-3）。写真でもわかるように、天井にあけられた天窓の開閉は自然通風にきわめて有効である。

熱容量

熱容量とは建物に蓄えることのできる熱エネルギー（蓄熱）の量である。建物の熱容量は、使用された材料の比熱（1グラムの材料の温度を1度上昇させるために必要な熱量）とその使用量によって決まる。したがって木造や鉄骨造の建物は熱容量が小さく、鉄筋コンクリート造の建物の熱容量はずっと大きい。熱容量が小さな建物は熱しやすく冷めやすいが、熱容量の大きな建物は熱しにくく冷めにくい。つまり熱容量の大きな建物の室内気候は変化しにくく安定しているということである。木造家屋が外気の影響を受けやすいのは熱容量が小さいためである。あるいは断熱をしていない鉄筋コンクリート打ち放し仕上げの建物では、夏は夜中まで暑く冬は一日中底冷

図8－3:「箱の家140」の吹抜空間

えがするのは、熱容量の大きいコンクリートが外気の熱をため込み、室内気候を大きく左右するからである。これに対して外断熱構法は、建物の熱容量を室内側に取り込んで室内気候を安定させ、外気の変化の影響を受けにくくする。とくに鉄筋コンクリート造の場合は、外断熱にするか内断熱にするかによって室内環境は大きく異なる。したがって省エネルギーの建物を実現するには、外断熱構法は不可欠の技術だと考えられる。ただし外断熱構法は外装材と合わせて考える必要があるので、断熱性だけではなく防水性や耐候性が要求される。したがって日本ではまだ一般化しておらずコストも高い。たとえば「箱の家」では、断熱サンドイッチパネルによる外断熱構法を採用しているが、これは木造や鉄骨造にしか適用できない。鉄筋コンクリート造については、断熱パネルの打ち込み構法を採用しているが、まだ一般的ではない。今後はさらに多様な構法の開発を試みていきたいと考えている。外断熱構法とは別に「箱の家」にはもうひとつ水の熱容量を利用した技術が用いられている。これはアクアレイヤーシステムと呼ばれる水蓄熱式床暖房である（詳しい情報については、https://izena.co.jp を参照）。このシステムは、木造の根《ね》太《だ》間隔《かんかく》と同じ30センチの幅で長さが自由なレトルトパックのような袋のなかに水道水を充《じゅう》填《てん》し、床下に敷き込み、ヒートポンプやガス湯沸器による温水によって暖めるという床暖房技術である。水（比熱＝1）は鉄筋コンクリートの約3倍の比熱をもち、さらに温度差によって自然対流するので熱を均一化できる。つまりアクアレイヤーシステムは床下に大量の熱容量を確保することによって、室内気候を安定させながら、同時に水の自然対流によって熱を均一に分散させるという一石二鳥の技術なのである。

現在のところ床暖房用に限定されているが、床下の結露対策法を開発すれば床冷房にも使うことができる。さらに床下に給排水配管や配線のメンテナンスのために点検用の空間を確保できる場合には、床上と床下の教会部分に空調機を置き、床下に空調空気を吹き出し、窓際や建物外周のペリメーターゾーンからに吹き出すことによって、換気と空調を兼ねたアクアレイヤーシステムも考案されている。（このシステムはエアアクアと呼ばれている）いずれにせよ木造や鉄骨造（さらにはアルミニウム造）の建物にとっては、熱容量を確保するための貴重な技術といえよう（図8-4）。ただし熱容量を確保することが、そのまま住宅の省エネ化につながるかどうかは不確定である。熱容量が大きければ室内環境が安定することは確かだが、それは建物が暖まりにくく冷めにくいことを意味する。したがって熱容量の大きな住宅のエネルギー消費量は、生活の仕方に大きく依存していることを、あらためて確認しておきたい。

輻射性能

輻射とは、単純にいえば直射日光（赤外線の放射）による熱エネルギーの伝達である。輻射による熱の伝達は、モノを媒介とした熱の伝達（熱伝導：断熱性能の問題）や、空気の流れによる熱の伝達（気流：気密性能の問題）とは異なる。たとえば気温の低い真冬でも直射日光が差し込む部屋は暖かいし、逆に夏には冷房によって室内の気温を下げても、直射日光が差し込む部屋は蒸し風呂のように暑くなる。つまり断熱性能がよくても、輻射に対して十分に配慮していない建物では、室内環境の制御は難しい。

輻射の問題はふたつに分けて考えることができる。ひとつは窓ガラスの問題であり、もうひとつは外装の問題である。最近では窓にペアガラスや真空ガラスが用いられるようになり、窓の断熱性能が飛躍的に向上した。しかし断熱性能は輻射による熱伝達とは別の問題である。断熱と輻射とは熱の伝達の仕方がまったく異なる。窓ガラスを通して直射日光が差し込めば、冬は暖かくなり夏は暑くな

図8－4：アクアレイヤー

る。したがって直射日光をコントロールするには庇やルーバーなどの建築的な方法が有効である。日本の大部分の地域はアジアモンスーン地帯であり、夏の直射日光は強烈である。関東地方や東海地方では冬には晴れる日が多い。たとえば「箱の家」の深い庇は、冬の直射日光をできるだけ取り入れ、夏の直射日光を室内に入れないための日射制御装置である。ガラスを介した輻射熱のやりとりは直射日光だけに限らない。夜間の冷輻射も忘れてはならない。冬の晴れた夜には、窓ガラスを介して室内の熱エネルギーが夜空に放射され、窓際を冷たい空気が流れ落ちるコールドドラフト現象が生じる。これを防ぐには、冷輻射を遮断するカーテンやルーバーが有効である。

外装材の問題は、とくに夏の直射日光による輻射熱を建物表面でいかに遮断するかという問題である。「箱の家」では、屋根や外壁の仕上に明るい色や反射性の高い材料を用いて蓄熱を防いでいる。さらに屋根や外壁の内側に通気層を通し、表面に溜った熱を空気の流れによって外部に放出している。逆に冬には、外装表面に溜まった熱を室内に取り入れることができれば暖房負荷を下げることができるが、これは今後の課題である。屋上緑化は、外断熱構法としてだけでなく、夏の輻射熱に対しても有効なので、予算が許せば採用するようにしている。

エコハウスの室内環境

1995年から筆者が設計を続けている「箱の家」では、以上のような技術を組み合わせて室内環境制御を行っている。「箱の家」の室内環境制御の方針は、できるだけ機械設備を使わないことである。ほとんどの「箱の家」には南向きに深い庇と大きな窓があるが、これは夏の直射日光が室内に差し込まないように遮り、冬の直射日光をできるだけ室内に取り入れる仕掛けである。庇の奥行きと高さは、一年の太陽高度の変化から決めている。あるいは床暖房のアクアレイヤーシステムは、ヒートポンプやガス湯沸器から供給される温水によって床下の水袋（アクアセル）の水を暖め、自然対流で熱を分散させる方式なので、消費電力を必要最小限に抑えることができる。さらに冬の天気がいい日には、直射日光が室内の奥まで差し込むので、床に当たった日射熱のエネルギー（ダイレクト・ゲイン）をアクアセルに蓄熱し室内に分散させる。「箱の家」は室内の間仕切を可能な限り少なくした一室空間的な住居なので、風通しがよく、小さな窓でも十分な換気が可能である。いざというときのために空調機は備えているが、実際に使うのは一年のうちわずかな日数である（図8-5）。「箱の家」のクライアントには省エネルギーに興味をもった人が多いので、太陽電池の設置を要望されることが多い。しかしコストが高い

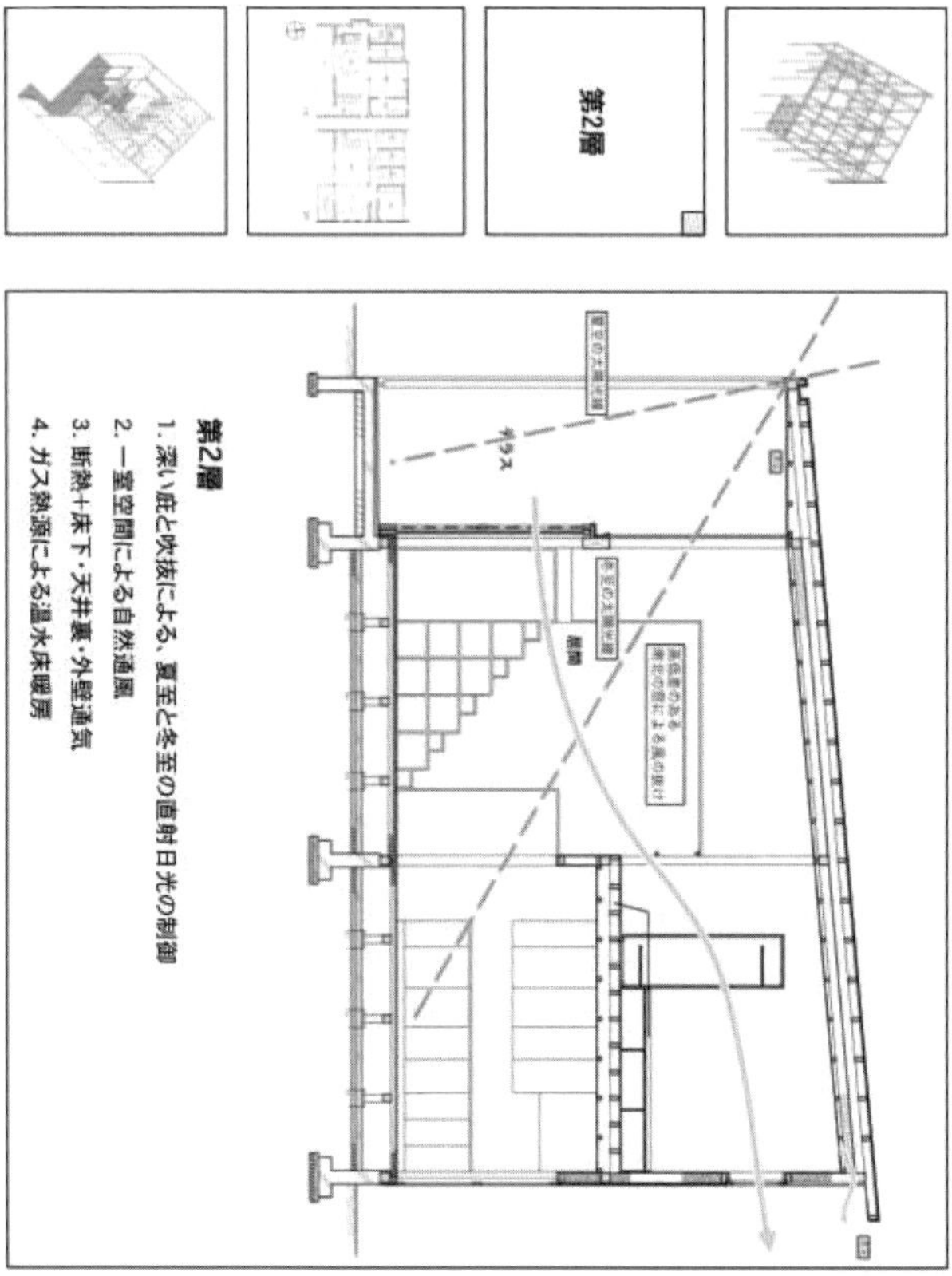

図8－5：「箱の家001：1995」の断面図

割には実際に得られる電気エネルギー量は少なく、初期投資を償却するには予想以上に期間がかかるので、建設コストを検討する最終段階で見送られる場合が多い。最近注目を浴びているエネルギー技術は燃料電池である。水素と酸素を化合させることによって発電する装置で排出されるのは水だけなので、究極的にエコロジカルな技術だと考えられている。家庭用の小型化燃料電池がまもなく実用化されるようだが、そうなれば住宅のエネルギー・システムは大幅に変わる可能性がある。「箱の家」の室内環境技術も再検討が必要になるかも知れない。さらに太陽熱を利用するＯＭソーラーという設備システムがある。30年以上前に建築家・奥村昭雄によって考案されたシステムだが、さまざまな改良が加えられ、現在では太陽エネルギーを利用するパッシブソーラーシステムとしてはもっとも効率のよいシステムだといわれている。

ＯＭソーラーは屋根面や外壁面を太陽熱の集熱板とし、熱エネルギーを空気によって運ぶ点に特徴がある。空気は熱容量が小さいから、熱を伝えるのに大量の空気を必要とする。これは熱を水で運ぶシステムに比べると一見効率が悪いように思えるが実はそうではない。屋根や外壁に水を通すには水漏れを防止するための重装備が必要だし、水は重量があるので建物の構造にも負担がかかる。しかし空気ならば少々漏れても問題はなく、構造にも負担がかからない。冬期は暖まった空気を天井裏に設置した専用の換気装置とダクトによって地下室へ運び、鉄筋コンクリート躯体に蓄熱する。空気は建物全体を移動するから暖房と換気を兼用することができる点も有利である。夏期は昼間の暑気を給湯に利用した後屋根から屋外に排出し夜は冷輻射による冷気を採り入れ、地下に蓄冷する。OMソーラーシステムは住宅に限らずさまざまな建物に適用され、省エネに役立っている。

3. エコハウスの思想

エコハウスからスマートハウスへ

エコハウスとは単に物理的な性能を上げた住宅のことではない。住人が住宅の性能を十分に知ることによって住宅と環境とのエネルギー的な関係を制御することが、エコハウスの最終的な目的である。住宅において消費されるエネルギーは、建設のための消費エネルギーや建物の性能はもちろんだが、そこで営まれる生活の仕方、つまりライフスタイルによって大きく左右される。3・11以降住宅におけるエネルギーの問題はますます注目されるようになった。エコハウスを実現するために現在ではさまざまな新技術が開発されている。

そのなかでもっとも注目されているのはスマートハウスの技術である。スマートハウスとは、住宅で生産され消費されているさまざまなエネルギーをモニターすることによって、住人と住宅とを積極的に結びつけようとする技術である。開発はまだ端緒についたばかりだが、今後、大きな可能性を秘めている。

エコテックとバウビオロギー

エコハウスにはふたつの大きな潮流がある。エコテックとバウビオロギーである。両者の違いはテクノロジーのとらえ方に由来する。エコテックは地球環境を脅かしているのは強大化したテクノロジーだが、それを解決するのもテクノロジー以外にはないと考える思想である。エコハウスをデザインするには、これまでのテクノロジーをさらに進化させ、繊細化した先進的なテクノロジーが不可欠だと考えるわけである。

一方バウビオロギーはテクノロジーの進展自体に問いを投げかける。これまでのようなテクノロジーの急速な進歩を緩やかにし、可能ならば過去のテクノロジーへ回帰することが必要だと考える。

両者の違いは世界観の違いといってもよいが、両者をいたずらに対立させてとらえるのは生産的ではない。たとえばエネルギーの消費効率を高め、環境負荷の低減をめざすようなテクノロジーの進展は、両者に共通の課題である。あるいは両者がＩＴの進展によるグローバルな情報ネットワークによって支えられていることは明らかである。航空母艦や戦闘機のような強大な軍事技術と、ヨットやグライダーのようなコンパクトで高性能な技術は、いずれもテクノロジーの進展がうみ出したものだが、前者から後者への移行をめざす点においては両者は共通している。

建築においては、エコテックは金属やガラスといった工業化材料を多用したデザインが主流であり、バウビロオギーは木材、土、紙といった自然素材を多用したデザインをめざす。両者の違いは一見して明らかに見えるが、両者の境界は意外に曖昧である。たとえば金属の代表である鉄は地球上にもっとも多量に存在する物質であり、錆びれば土に帰る。赤土の色はそもそも錆びた鉄の色である。木材は多量の炭素を固定化しているが木材の再利用は容易ではない。廃材を燃やせば炭素は空気中に放出される。近代的なテクノロジーを廃棄してプレモダンな社会に回帰することは不可能である。都市の建築をすべて木材でつくることは不可能だし、インテリアをすべて工業材料でつくることも無意味だろう。重要なのは両者の考え方を統合すること、すなわち金属やガラスによって自然エネルギーを取り入れた建築を考案することであり、自然材料を工業技術によって高性能化することである。

　建築家にとって、このようなエコハウスというテーマは目標であると同時に手段でもある。建築家はエンジニアであると同時にデザイナーである。現代のデザイナーはエネルギーの問題を避けて通ることはできない。しかしそれだけでデザイナーの社会的な役割を果たしたとはいえない。デザイナーはエコロジカルな条件を建築の表現に結びつけなければならない。エコハウスの可能性は目に見えないエネルギーという現象に新しい建築的表現を与えることだと筆者は考えている。

参考文献

1. 『環境としての建築　建築デザインと環境技術』（レイナー・バンハム：著　堀江悟郎：訳　鹿島出版会、１９８１）
2. 『環境と共生する建築　学校・地区会館・幼稚園・障害者施設・病院・住宅』（野沢正光：著　建築資料研究社、１９９３）
3. 『居住のための建築を考える』（野沢正光＋小玉裕一郎他：著　建築資料研究社、１９９４）
4. 『箱の家　エコハウスをめざして』（難波和彦：著　ＮＴＴ出版、２００６）
5. 『ハウジング・フィジックス・デザイン・スタディーズ』（小泉雅生：監修　ＩＮＡＸ出版、２００８）
6. 『「日本の住宅」という実験　風土をデザインした藤井厚二』（小泉和子：著　農山漁村文化協会、２００８）
7. 『未来の住宅』（竹内昌義＋馬場正尊：著　バジリコ、２００９）
8. 『パッシブハウスはゼロエネルギー住宅　竪穴住居に学ぶ住宅の未来』（野沢正光：著　農山漁村文化協会、２００９）
9. 『環境のイエ　フィジックスと住空間デザイン』（小泉雅生：著　学芸出版社、２０２０）

第九章

住宅のハードウェア

17世紀にイギリスで始まる産業革命以降、住宅をつくるためのハードウェアの歴史は工業生産化の歴史だった。イギリスは18世紀から19世紀にかけて大英帝国として世界中に植民地を拡大していった。植民地に住む人びとの住宅は、現地で調達される材料によって建設されるだけでなく、イギリス本土で生産された住宅部品を植民地に運び現地で組立てることによって建設される場合も多かった。当時は鋳鉄の大量生産が始まった時代だったので、構造材に鋳鉄の標準部材が使われている住宅も多い。オーストラリアやニュージーランドには、当時建設された鋳鉄造りの住宅が残っており、現在では文化財として保存されている。とはいえ住宅の工業生産化は、運搬のし易さ、性能の高度化、工期の短縮化を可能にする一方で、母国の生活様式を植民地にもち込むことによって、伝統的な住宅がもっていた地域性や風土性が失われる結果をもたらした。20世紀初頭に始まるモダニズム建築運動においては、住宅の工業生産化は都市に住む労働者大衆のための大量の住宅を供給することを目標とした。これは20世紀初頭にアメリカ合衆国のフォード・モーター社が開発し、大量生産による安価な自動車の供給を可能にしたT型フォードの生産方式をモデルに進められた、標準化と規格化による住宅の大量生産である。

第二次世界大戦直後には、荒廃した国土の再建と兵士の帰国によって住宅不足が発生し、住宅の大量供給が求められた。このため一時的には世界中の国において住宅の工業生産化が推進された。しかしながらヨーロッパでは、部品の工業生産化は進められても、最終的に住宅全体の工業生産化は受け入れられなかった。その理由は、伝統的な街の再建には工業化はなじまなかったこと、既存の住宅の生産体制が工業生産化を導入しにくかったこと、さらに人びとの住宅に対する感性が保守的伝統的で工業生産化を受け入れなかったためである。

第6章「工業化と商品化」で検討したように、第二次世界大戦後に住宅の工業生産化を本格的に受け入れたのはアメリカと日本であった。とくに日本では、政府の持家政策の推進によって、一戸建て住宅の工業生産化がひとつの産業として成立した。中国を中心とするアジア諸国では、今後さらに住宅の工業生産化は進むと思われる。

このように住宅全体の工業生産化の根づき方は国によってさまざまだが、住宅を構成する部品の工業生産化は、経済のグローバリゼーションとコンテナ輸送の進展によって全世界に浸透している。

本章では、日本において住宅部品の工業生産化がどこまで進んでいるかを建築の部位によって概観してみる。

1．構造材料

木材

住宅の構造材といえば、最初に思い浮かぶのは木材である。しかし木材といっても、杉、松、檜、栂《つが》、栗など樹種はさまざまで、品質や強度も多種多様である。第二次世界大戦後の戸建住宅は、加工し易い杉や檜を構造材として建てられてきたが、１９７０年代に勃発した貿易摩擦を解決するためにアメリカとの輸入協定によって米栂や米松などの安価な外材が大量に輸入されるようになり、日本の木材の生産流通形態は巨大な地殻変動に見舞われた。かつて成長の早い住宅の構造用木材として日本中に植林された杉や檜が、30年後に使用可能なサイズにまで成長したときに、外材が輸入されるようになったのである。このため国産木材はコスト面で輸入材に太刀打ちできなくなり、それ以降国内の林業は衰退の一途をたどってきた。しかし２０００年代以降になると、徐々に国産木材の品質管理が進み、伐採、乾燥、製材などが機械化されることによって、品質のよい木材が供給できるようになっている。さらに２０１２年の３・11震災以降は、木造仮設住宅の供給を契機として、国産木材の普及促進が進められようとしている。国産材の普及は、これからの復興住宅の建設にどれだけ寄与できるかにかかっているといってよい。

１９７０年代にアメリカやカナダから構造構法とともに輸入された２インチ×４インチ・サイズの木材と２×４構法は、当初は戸惑いをもって受け入れられた。日本の在来構法は木造の軸組構法なので、壁を構造体とする２×４構法はなじまなかったからだが、現在では２×４（ツーバイフォー）構法として日本に根づいている。２×４構法を構造体に使った住宅を専門に販売するハウスメーカーも出現しこの構法を改良した独自のパネル構法を開発したメーカーもある。

無垢の木材とは異なり、加工された木材を接着剤によって接合した集成材（Laminated

Timber）やＬＶＬ（Laminated Veneer Lumber）のようなエンジニアリングウッド（Engineering Wood 工業化木材）の普及も見逃すことができない。工業化木材は無垢材に比べて強度が高くて精度がよく、品質が安定している上に大断面の構造部材を製作することが可能なので、比較的大規模な建築に使用されている。大断面集成材の場合は、通常の仕口接合ではなく金物による接合が多いので、鉄骨造に近い構法となる。

構造部材としての木材の使い方を決定的に変えたのは、接合部を工場で機械加工するプレカットシステムの急速な普及である。それ以前、構造用木材の接合部（仕口）は大工によって作業場や工事現場で加工されていた。仕口の加工は大工になるための重要な伝統技術だった。しかしコンピュータ制御によるプレカットシステムの普及によって、伝統的な大工技術が失われる可能性が出てきた。現状では複雑な仕口の加工は依然として大工の技術に頼っているが、プレカット技術は現在も進化を続けており、今後伝統的な大工技術はどのような形で維持されていくかは予断を許さない。

鋼鉄（**スチール**）

鋼鉄は当初から工業生産材だった。構造材として本格的に使われるようになるのは産業革命以後の18世紀末からであり、鋳鉄、鍛鉄《たんてつ》、錬鉄、鋼鉄（スチール）と徐々に品質が改良され、現在では高張力鋼などさまざまな種類の構造材が生産されている。したがって近代建築の歴史は鉄の歴史だといっても過言ではない。

鋳鉄は溶けた鉄を鋳型に流し込むことによって生産され、複雑な形態が製作できたので当初は装飾に用いられた。19世紀のロンドンやニューヨークの街並が、鋳鉄製の歴史様式のファサードによって建設されていることはあまり知られていない。石、レンガ、木材に比べると鉄は強度が高いため、細いサイズの柱や梁《はり》で荷重を支えることができる。鉄によって近代建築の表現の可能性が大きく拡大したことは確実である。しかしながら住宅は身体的なスケールであり、とくに室内では手触りやテクスチャーが重視されるため、スチールが露出して使われることは少ない。現在でも住宅の構造材としてのスチールは、主に強度や耐震性を高めるために用いられ表面に露出することはない。ハウスメーカーで使用されているスチールは、ほとんどが軽量鉄骨である。

コンクリート

近代建築をつくったもうひとつの構造材料はコンクリートである。コンクリートは圧縮には強いが引張りには弱い。したがって通常は張力を負担する鉄筋と組み合わせて鉄筋コンクリートして使われる。鉄とコンクリートは熱膨張率がほぼ同じであるため、一体の構造体となるからである。ただしコンクリートは工業製品とはいえ、コンクリートプラントで水と混合した流動体をミキサー車で現場に運び、ポンプ車を使って型枠に流し込み、化学反応によって固める構造材料なので、現場での作業が大きな割合を占める。型枠の組立もほとんどが現場での作業である。このため工場で生産する材料よりも品質や精度を確保するのが難しい。

しかしながら大規模な集合住宅においては、構造強度だけでなく耐火性や遮音性を確保するために、鉄筋コンクリートは必要不可欠な構造材料である。このため最近の大規模な集合住宅の建設現場では、工場で鉄筋コンクリートの構造部材をプレキャストコンクリート部材として製作し、それを現場まで運搬し、クレーンを使って組立てる方法が一般的になっている。

他の構造材

建築基準法において建築の構造材として認められているのは、木材、鉄、コンクリートだけだが、現在ではアルミニウム合金やガラスなども、所定の法的基準をクリアすれば構造材として認定されるようになっている。たとえばアルミニウムはボーキサイトから製錬する場合には大量の電気エネルギーを必要とするが、アルミサッシとして使われているアルミニウムならば、鉄よりも小さなエネルギーでリサイクルできる。鉄よりも強度は落ちるが、軽量で加工精度に優れており、表面を酸化皮膜で覆うアルマイト加工を施せば、ステンレススチールよりも錆びにくい。アルミニウム合金構造はすでに実用化されているが、住宅の構造材として普及するにはコストや生産体制など、依然として解決すべき課題が多い。

2. 建築材料と設備

材料の部品化

住宅を構成する材料は多種多様である。伝統的な住宅は、その地域で得られる材料だけで建設されていた。建築材料は建設現場の地域で手配され、建設現場において加工され組立てられた。このため建設作業は現場の敷地条件や天候に大きく影響され、長い工期を必要とした。

第一次世界大戦後の1920年代にヨーロッパにおいて勃発したモダニズム建築運動は、戦後の住宅不足を解決するために、できるだけ短い工期で大量の住宅を供給することをめざした。そのために建築材料の品質を標準化し、天候の影響を受けない工場で生産し、現場での作業をできるだけ最小限に抑えることによって、工期を短縮する建設方法を採用した。要するに住宅を一種の工業製品のように生産し、品質を確保しながら大量に建設しようとしたのである。

建築材料の工業生産化は、第二次世界大戦後にはさらに加速化し、現在ではほぼすべての建築材料が工業製品として生産され、コンテナによって世界中に流通するようになっている。土、布、紙といったいわゆる自然素材でさえも、一定の品質を確保するために、工業製品として生産され流通している。

建築材料の部品化のなかで、住宅の性能や表現に大きな影響を与えたのはアルミサッシと外装サイディングだろう。かつての住宅の窓はすべて木製だった。ある時期にスチール製の窓が出現したが、あまり普及はしなかった。1960年代にアルミニウム合金製のサッシが出現すると、押出成型技術が可能にした複雑な断面によって、精度、気密性、コストの面でそれまでのサッシを大きく引き離し、またたく間に全国に普及した。あまりにも急速に普及したために、アルミサッシは日本の住宅地の景観を変えたとまでいわれた。

　アルミサッシほどではないが、住宅地の景観を変えたもうひとつの材料は、外装の窯業サイディング材である。都市に建つ住宅では、耐候性だけでなく防火性も要求されるため、かつては木造下地の上に鉄製のラスを張り、その上にモルタルを塗る左官仕上げが主流だった。しかし左官工事は時間がかかるうえに品質管理が難しいため、同じような防火性能をもった乾式材料として、窯業系のサイディングが開発されたのである。サイディングは板状の型に嵌《は》めて成型するので、表面にはどのような模様でも刻印することができる。このため自然素材、石積、タイル貼りなどの仕上げを真似たサイディングが生産され、建売住宅やハウスメーカーによる住宅地の景観を決定づけるようになったのである。

　現在の住宅においては、現場での工事は基礎の鉄筋コンクリート工事くらいであり、上部構造はほとんど部品を組立てるように建設されている。先にも述べたように、鉄筋コンクリート構造の集合住宅は、かつては現場において鉄筋と型枠を組立てコンクリートを流し込む方法で建設されていたが、現在ではあらかじめ工場でプレキャストコンクリートの構造部品を製作し、現場に運びクレーンを使って組立てるPC構法に変わっている。

設備の部品化

近来住宅の工業部品化のなかで、徐々に大きな比重を占めるようになってきたのが住宅設備機器である。伝統的な住宅にも竈《かまど》、流し、囲炉裏、風呂場、便所、手洗、灯りという形の住宅設備が備えられていた。しかしそれらは現場においてほとんど建築と一体に建設・製作される部位だった。

住宅の生活機能が高度化するにつれて、建築材料の工業生産化と部品化が進んだだけでなく、生活機能に直接に結びついた設備類、すなわち台所（システムキッチン）、浴槽（バスユニット）、衛生陶器（便器・洗面器）、電気・ガス・灯油給湯器、空調機、換気扇、照明器具、弱電機器といった部品が住宅内部に組み込まれるようになった。つまり空間を包み込むシェルターである住宅の機能に、ガス、電気、水、空気といったエネルギーを制御する住宅設備機器が持ち込まれることになったわけである。空間を構成する建築材料に比べると、住宅設備は単位体積当たりの資本集約性が高いため、工業生産化にもっとも相応ふさわしい部品である。このため住宅の部品のなかではもっとも早く工業生産化が進んだのである。

焼物である衛生陶器は19世紀中期にイギリスで開発され、19世紀後期にかけてアメリカで技術が確立されたといわれている。日本では幕末に木製便器を模した陶製便器の生産が始まったが、水洗便器が出現するのは第二次世界大戦後に都市下水が完備されるようになってからである。現在の衛生陶器は快適性と節水性が追求されてきた結果、複雑な設備部品へと姿を変えている。

台所設備は生活の仕方にもっとも密着しているだけでなく、住宅の空間構成への影響が大きいため、第二次世界大戦後の早い時期から工業化・部品化が試みられた（図9-1）。当初はステンレスのカウンターとシンクを組み合わせただけのコンパクトでシンプルだった台所設備は、高度経済成長による住宅の規模の増大につれて徐々に豪華になり、台所設備を一体の設備に集約したシステムキッチンへと変貌していった。現在ではシステムキッチンを単独に販売するメーカーも出現し、カウンターにはステンレスだけでなく、木、石、プラスチック（人造石）など、さまざまな材料が用いられている。しかしな

キッチンレスキッチン　1951

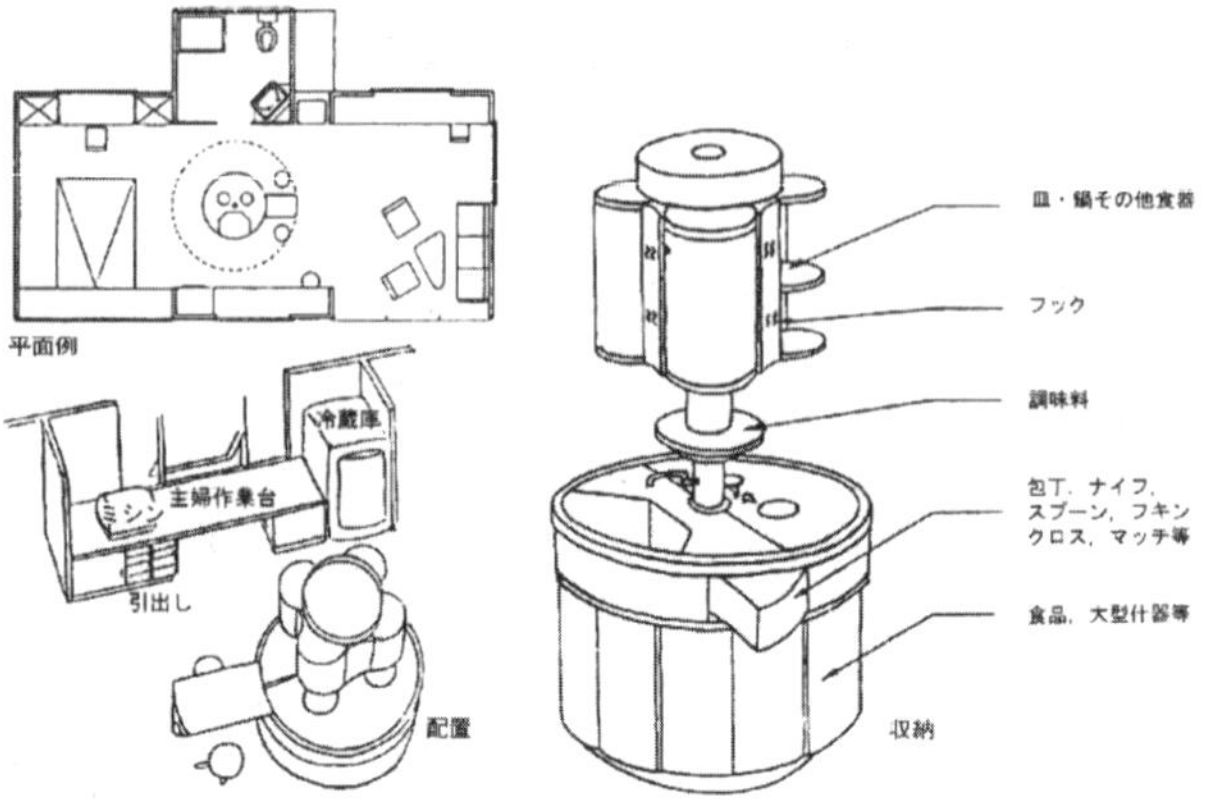

図9－1：キッチンレスキッチン 1951
（出典：『戦後モダニズム建築の極北　池辺陽試論』難波和彦：著　彰国社　1998）

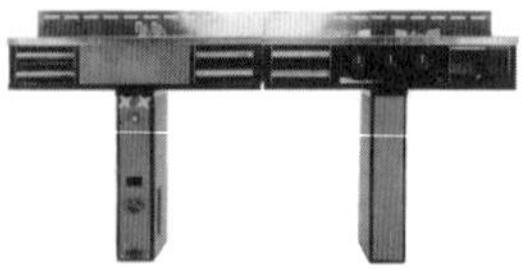

図9－2：Tキッチン 1951
（出典：図9－1と同じ）

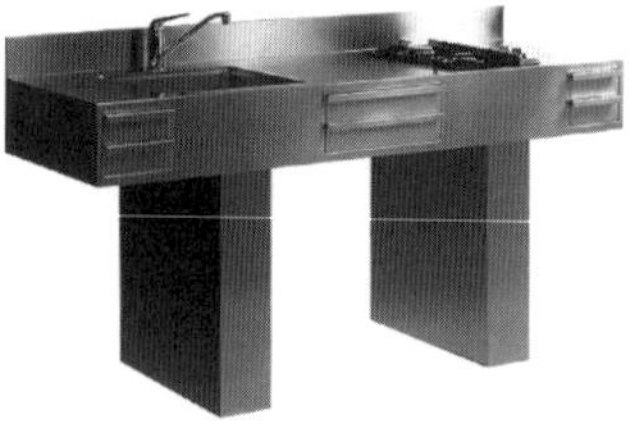

図9－3：πキッチン 2005（デザイン　難波和彦）
（出典：図9－1と同じ）

がかつては住宅の内部で賄われていた育児、調理、学習といった生活の機能が保育園、ファミリーレストラン、学校や塾という形で徐々に都市へと外部化されるにつれて、住宅内での調理や食事は簡素化されるようになり、台所設備は再びコンパクトになりつつあるように思える（図9-2、9-3）。

　浴室は住戸内で大量の水を使うため、早い時期から部品化・ユニット化が進められた住宅設備である。戸建住宅であれば1階に浴室を置けば水漏れの心配はないが、集合住宅の場合は防水工事が不完全だと下の階に水漏れを生じる可能性がある。防水工事の簡略化と工期の短縮を実現するために、浴槽と洗い場をひとつの部屋に一体化したユニットバスが開発されたのは東京オリンピック（1964年）のために建設されたホテルにおいてである。以来、従来の浴槽だけの部品からはじまり洗い場付き浴槽、ユニットバスなどさまざまな浴室設備のユニットが開発され、付属する混合水栓やシャワー設備なども進化を続けている。

3. 部品のネットワーク

建築材料のネットワーク

建築材料や設備にはそれぞれ専門のメーカーがあり、これまではそれぞれの材料や設備毎に独自の流通ルートを通じて工事業者や現場へと供給されていた。住宅はきわめて多数の部品によって構成されているため、それぞれの工事現場の必要に合わせて材料の数量やスケジュールを手配することが、工事業者の主要な仕事となっている。

しかしながら住宅に求められる品質の高度化にともなって、材料や設備の種類がますます増加し、技術革新によって新しい材料や設備が開発されるにつれて、これまでのように供給ルートがバラバラでは調整が難しい状況になりつつある。さらに現在では、全住宅戸数が世帯数を上まわり、住宅不足がある程度解決された時代になったので、今後は既存住宅のリフォームやリノベーションの需要が増加すると考えられる。リフォームやリノベーションの工事においては、数量は少ないが多種類の材料や設備が必要となる。

しかしながらこれまでのようなメーカー毎にバラバラの供給ルートでは、材料や設備はある程度まとまったロット（数量単位）でないと提供が難しい。このような需要構造の変化に対して、材料や設備の供給ルートを統合し、少量でも提供できるような多品種少量の販売が可能な供給ルートがうまれつつある。これはアメリカではすでに確立した供給体制だが、日本でも本格的な店舗展開が開始されている段階である。とくに3・11震災以降の復興住宅の建設においては、このような販売・供給ルートの普及がさらに求められるようになっている。

かつてハウスメーカーが、建築材料の工業生産化・部品化を進める際に開発した部品を一般に開放し、誰でも使えるようにするか、あるいは自社の住宅にだけ使えるように限定するかということが問題になったことがある。いわゆるオープンシステムとクローズドシステムの問題である。製品の性能を比較するための社会的に認められた共通尺度や性能基準がないと、オープンシステム化は難しいし、特許など法的な問題も関係してくるので、難しい課題は多い。しかしながらグローバリゼーションの時代にあっては、建築部品のオープンシステム化の潮流は避け難いように思える。

エネルギーのネットワーク：スマートハウス

住宅の品質の高度化にともなって、台所設備、給湯設備、空調設備の性能も高度化している。台所の熱源はかつてはガスが主だったが、電子レンジが加わり、近来は電気によるＩＨヒーターが加わった。給湯の熱源はプロパンガスや都市ガスなどの直接熱源だけでなく、電気によるヒートポンプも加わっている。空調設備は電気が主要なエネルギー源だが、未来にはガスを熱源とする燃料電池が加わり、電気とお湯を供給するようになり、ますます複雑化するだろう。さらに近来の地球環境問題や３・11震災後のエネルギー問題の影響によって、太陽エネルギーを利用する太陽電池や太陽熱給湯システムの開発も急速に進んでいる。

　このように住宅におけるエネルギー源は多様化の一途をたどっているが、めざす方向はただひとつ、省エネルギー化あるいはCO_2排出量の低減である。その方向に向けた設備機器の高性能化・省エネ化は、今後もますます進行するだろう。その際ハードウェアの性能の改良もさることながら、高性能化のための重要なポイントは、ＩＴ（情報技術）による機器の制御技術の高度化である。かつて車の燃費がエンジンを制御するＩＴによって改良されたように、住宅の省エネ化は設備機器へのＩＴの導入によって大幅に改良されるだろう。

　さらにＩＴの導入は個々の設備機器だけではなく、住宅全体の設備機器のネットワーク制御へと進化しつつある。これがいわゆるスマートハウスである。スマートハウスは、住宅内の設備機器をネットワーク制御することによって、住宅全体のエネルギー消費の制御を可能にする。それによってエネルギー消費が生活に合わせて合理的に制御するだけでなく、エネルギー消費をモニターすることによって、その情報を住み手にフィードバックし、住み手がライフスタイルに関して自覚的になることを促す。スマートハウスの最終的な目標は、ハードウェアの制御に住み手というソフトウェアを巻き込んで、省エネルギー化を達成する点にあるのである。

4. 工業化・部品化のなかの時間

サステイナブルな建築には、大きくふたつの条件があるといわれている。長寿命化と省エネルギー化である。省エネルギー化は、上で述べたような機器の高性能化やスマートハウス化によってライフスタイルを巻き込んだ追求が行われている。では長寿命化についてはどうだろうか。耐久性を強化するために、１００年住宅とか２００年住宅といった物理的な寿命を延ばすようなさまざまな試みが行われている。しかし建物の寿命の大部分は、物理的な寿命よりも機能的な寿命によって決定される。つまりプランが新しい生活に合わないことや、設備システムの高性能化に建物が適応できないことなどである。これらの条件については、すでに「建築の4層構造」においても検討した。

要するに時間の条件は、建築の物理性においてだけでなく、エネルギー性や機能性さらには文化性にも関わっているのである。

ここで注意を喚起したいのは、工業化・部品化された建築材料と時間の関係である。総じて近代的な工業製品は、完成したときがもっとも美しく性能面で優れており、時間が経つに連れて古びていき性能も低下する。ヴィンテージ製品のようなものもあるが、それは性能とは別の特殊な文化的評価である。

一般の工業製品とは異なり、建築にはエイジング（熟成）やウェザリング（風化）という重要な条件がある。これらの条件は、歴史的な記憶装置としての建築に深く関わっている。その重要な要因を担っているのは、木、石、レンガといった伝統的な建築材料である。伝統的な材料は、時間が経過するにつれて風化し独特のテクスチャーを醸し出す。しかしながら工業化・部品化された材料のほとんどには、そのような時間が刻まれるテクスチャーをうみ出す余地がない。それらは完成時がもっとも美しく時間が経つと単に薄汚れるだけである。工業化された部品によって建設された住宅が建ち並ぶ新興住宅地が、薄っぺらく見える理由はおそらくそこにある。

したがってこれからの工業化・部品化における課題は、時間が刻まれるような特性を与えることである。そのためには地域性や風土性に対応した工業化・部品化が追求されねばならない。これまでの技術の進化は、グローバルでユニバーサルな条件を取り込む方向に進んできた。今後、技術はさらに微細化し、ローカルで固有な条件を取り込む方向に進むだろう。

参考文献

1. 『建築とモノ世界をつなぐ』（松村秀一：著　彰国社、２００５）
2. 『住に纏わる建築の夢　ダイマキシオン居住機械からガンツ構法まで』（松村秀一：著　東洋書店、２００６）

◉**第十章**　住宅の供給

これまで日本の住宅は一戸建の持家であることが一般的だと考えられてきた。第二次世界大戦後、今日までに建設されてきた住宅は一戸建ての持家がもっとも多いことは確かである。しかし昔からそうであったわけではない。そしてこれからも今まで通りに変わらないということでもない。一戸建ての持家が一般的になったのは、戦後の高度成長期から最近までのある一定の時期である。

戦前の住宅の多くは借家だった。学生の下宿のような仮住まいだけでなく、多くの家族が戸建や長屋に借家住まいしていたのである。一戸建ての持家が一般的になるのは戦後になってからである。その理由ははっきりしている。終戦以降に、政府が持家政策を積極的に推進してきたからである。

戦時中の爆撃によって大量の木造住宅が焼失した。さらに戦地から多くの兵士が帰国し結婚したために、世帯数が急激に増加した。このため終戦直後は住宅が大幅に不足することになった。「住宅難」という言葉がうまれたのは、この頃だといわれている。この住宅難に対して、1950年に政府は手持ち資金のない国民が住宅の建設や購入ができるようにすることを目的として、長期固定低金利の住宅資金の直接貸付を行う住宅金融公庫制度を発足させた。さらに1955年には、賃貸を中心とした公営集合住宅の建設を目的とする日本住宅公団を設置し、いわゆる「団地」の建設を開始した。

このふたつの住宅政策が大量の住宅供給をもたらした。そしてそれに後押しされることによって高度経済成長がもたらされ、その後の住宅供給のシステムを確立することになるのである。

1．戦後の住宅供給

戦前の住宅は借家や長屋が中心だったにもかかわらず、第二次世界大戦後の住宅難の解決をめざして政府が採用した政策が、なぜ集合住宅や賃貸住宅ではなく、一戸建てを中心とする持家政策に方針転換したのだろうか。その一因を伝統的な日本の住宅が木造の低層住宅だったことに求める向きもある。しかし借家中心の戦前の住宅状況をみればその考え方には説得力はない。そうではなく真の要因は、敗戦国として戦勝国であるアメリカから、民主的な社会における核家族制度とライフスタイル、そのための住宅政策のあり方を、積極的に見習ったことにあったのである。

アメリカは戦前の1920年代に、すでに近代化を終えて大量消費社会に到達していた。終戦とともに、アメリカの豊かな社会とライフスタイルが一気に日本に流入してきた。日本は、戦後しばらくの間はアメリカ軍に占領されていた。その間にアメリカの指導のもとで新憲法の制定を初めとして、一連の民主改革が推進された。その一環として、戦前からの大家族制度の見直しや農地改革などの改革が施行された。住宅政策の改革も、そのなかに含まれていた。それにともなって戦前の「家」制度にもとづく大家族が解体され、戦後の民主社会を支える社会的な単位として、アメリカ式の核家族制度が移入されたのである。そして核家族のための住宅を普及させることを目的として、アメリカと同じように持家政策が採用され推進されたのである。アメリカの政治家は、それを「持家民主主義」と呼んでいる。

まず1950年に住宅金融公庫法が設立され、核家族のための戸建住宅の建設が促進されることになった。当時はハウスメーカーのような住宅供給専門の建設業者は存在しなかったから、ほとんどの住宅は民間の大工によって建設されていた。大部分の戸建住宅は木造であり、防火性を確保するために、外壁をラスモルタル仕上げとする構法が定着するのはこの頃からである。

木造を専門とする大工に限らず、一般的に建設業への新規参入は最初の設備投資が比較的少なくて済む。このため終戦後の大量の住宅需要は、多数の大工、建設職人、そして小規模な工務店をうみ出した。現在でも戸建住宅の大部分が地域の中小工務店や大工によって建設されている要因は、以上に述べたような終戦直後の住宅難の状況に端を発している。

住宅金融公庫に引き続き、１９５５年には戦前に集合住宅を供給した同潤会をモデルとして、主に大都市における集合住宅の建設を目的とする日本住宅公団が設立され、公営の集合住宅建設が開始された。

一方、地方における住宅不足の解決を対象として、１９６０年に公営住宅の提供を目的とする地方住宅供給公社法が設立され、これにもとづいて各都道府県や政令指定都市などに自治体の全額出資で計57公社が設立され、分譲賃貸住宅の供給や大規模宅地開発事業等が進められた。

日本住宅公団や住宅供給公社が建設したのは、主に賃貸の集合住宅である。これによって日本住宅公団や住宅供給公社が供給する公営賃貸集合住宅と、住宅金融公庫の個人融資によって建設される戸建住宅の持家という二本立ての住宅政策が成立することになる。この棲み分けは高度経済成長によってさらに加速され、後に紹介する「住宅スゴロク」をうみ出すことになるのである。

2. 高度成長期の住宅供給

日本住宅公団による団地の建設は、高度経済成長と並行するように急速に進められていく。1950年代半ばに始まる高度経済成長は、地方の若者を中心として大都市への急速な人口集中をもたらした。地方の次男三男が大都市に集中することによって、人口だけでなく世帯数が増加したことがさらに住宅不足を加速した。ちなみに高度経済成長の真っ只中である1968年の時点で、東京における住宅の38%は依然として木賃アパートであり、人口の4人に1人が木賃アパートの住民だったといわれている。

これに対して、公団住宅は都心のオフィスで働くいわゆるホワイトカラー層をターゲットにして、核家族による新しいライフスタイルのためのモデル的な住宅として開発されたのである。これらのモデル住宅は、日本住宅公団だけでなく東京大学や京都大学の建築学科を中心とする国立大学のアカデミズムの協力によって設計開発された。その後、集合住宅におけるライフスタイル、広さ、設備などが大きく進展したために、かつての公団住宅は現在では平均的なサラリーマンのための平均的な住まいだと考えられるようになっている。しかしながら公団住宅の建設が始まった１９５０年代には、食事の空間と就寝の空間を分けた食寝分離の平面計画や、ステンレスの流しや水洗トイレなどを備え、伝統的な住宅とは異なる新しいライフスタイルのための先進的な住宅だった。このモデル住宅は、その後の住宅の平面計画を決定づけたといっても過言ではない。現在でも平面計画の呼称として使用されているｎＬＤＫという名称は、このときにうまれたのである。

公団住宅が主として賃貸住宅として建設されたことも、住宅供給における重要な条件だったことを忘れてはならない。その理由は、サラリーマン家族に子供がうまれ公団住宅に住むのが手狭になった次に彼らが選ぶのは、郊外に建つ一戸建ての持家だったからである。地方から上京してきた団塊世代の若者たちが最初に住むのは木賃アパートや学生用の下宿であり、社会で働き始めると社宅や広い賃貸アパートに移り、結婚すると公団の賃貸住宅に引越し子供がうまれ経済的な余裕がうまれると郊外の一戸建て住宅を購入するといういわゆる「住宅スゴロク」が確立するのはこの時期である。

　住宅の生産を工業生産化し、商品として建設販売するハウスメーカーが出現するのは、公団住宅とほぼ同時期の高度経済成長が加速化する１９５０年代末からである。しかしながら当初の工業化住宅は庭に建つ小屋のようなものだった。ハウスメーカーが工業生産化された商品としての戸建住宅の供給を本格的に始めるのは、高度経済成長の最盛期である１９６０年代後半からである。

　最大の人口を抱える戦後（１９４７-１９５１年）うまれの団塊世代が一斉に婚期を迎えるのは１９７０年代である。これによって戸建住宅の需要が急激に増加し、持家政策が本格的な効果をうみ始める。ハウスメーカーは政府の持家政策を背景として、住宅金融公庫の融資をワンパックに組み込んだ一戸建住宅の商品を開発し大量に供給した。さらに民間の鉄道資本は、都心から郊外に延びる通勤用の鉄道を敷設し、これに並行してより安価な土地を求めて郊外の住宅地開発を推進していく。こうして低層の一戸建住宅によって埋め尽くされた、日本特有の広大な郊外住宅地の景観がうみ出されることになるのである。

さらに１９７０年代になると、主に都心において民間資本のいわゆるマンション・ディベロッパーによる分譲や賃貸の集合住宅の供給が本格的に始まる。しかしながら賃貸住宅部門は、政府の持家政策へのステップを補完する役割を期待されたが、公団住宅のような政策的なバックアップをほとんど受けることができなかったため、賃貸住宅の中心は依然として小規模な木賃アパートだった。民間の賃貸マンションは、そうした木賃アパートを補完する程度の存在に止まっている。これに対して、分譲マンションは持家のひとつのタイプとしてコンパクトな公団住宅をひと回り広くした住戸タイプを提供することによって、郊外の一戸建て住宅に対する都心の住まいとして、１９７０年代以後は徐々に存在感を高めていくことになる。

3. 住宅供給の民営化と市場化

１９７０年代末期になると、全国の住宅戸数が全世帯数を上回り、数字上では住宅不足が解消される。しかしながら日本の住宅の寿命は平均30年弱であり、質的な問題を抱えた住宅も多数残っていたため、それ以後も建て替え需要がしばらく続く。その傾向がある程度進行し、１９８０年代になると、国の住宅政策の目的は、金融公庫融資を中心として住宅の数を確保することではなく、質を求める方向へと政策的な誘導が行われる。これによって１９９０年代には、国の最低居住水準に達していない世帯の数が、全世帯数の１割を下回り、住宅の質的な問題もある程度まで解決されることになったのである（図10‐1）。

第二次世界大戦後の１９５０年代に、世界は資本主義国家アメリカと、社会主義国家ソヴィエト連邦とが対立する「東西冷戦」の時代に突入する。この間に資本主義国家は、社会主義国家に対抗して、国家主導による公共事業の投資を中心としたケインズ主義的な経済政策をとり続けた。しかしながら１９７０年代になると、国家主導の経済政策は硬直化し、経済の沈滞が見られるようになる。このため１９８０年代になると、アメリカ、イギリス、日本を中心とする西側の資本主義国家においては、一斉に民間の市場経済を中心とする新自由主義的な経済政策への転換が行われる。この政策転換によって、資本主義国家と社会主義国家の経済格差が急激に拡大し、最終的に１９８０年末の「ベ

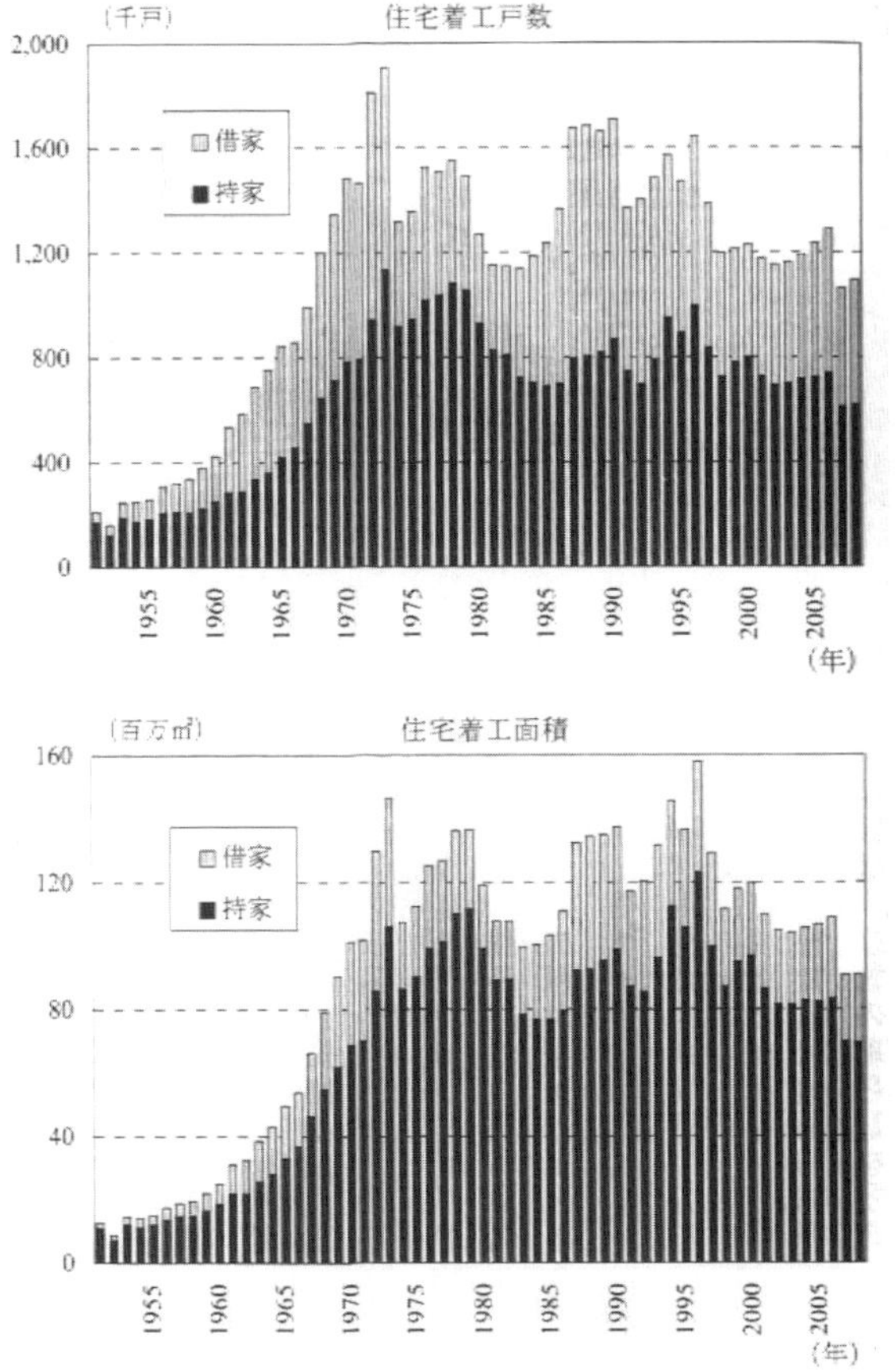

資料) 『建築統計年報』より作成。

図10－1：住宅着工数の推移
（出典：『住宅政策のどこが問題か』平山洋介：著　光文社新書　2009）

ルリンの壁の崩壊」と、１９９０年代初頭の社会主義国家の解体がもたらされる。

このような潮流を反映して、それまで大都市近郊において大規模な住宅開発による大量の公営住宅建設を目的としていた日本住宅公団は、その役割を終えて、１９８１年には住宅都市整備公団へ、１９９９年には都市基盤整備公団へ、さらに２００４年には（ＵＲ）都市再生機構へと組織変更され、最終的に公営分譲住宅の供給から民間による住宅供給への支援組織へと撤退する。これにともなって戸建住宅の建設をバックアップするための公的制度として設置された住宅金融公庫は、民間への移行の準備として２００３年に住宅ローンの証券化支援事業を開始し、２００５年には住宅金融支援機構へと解体され、住宅ローンは完全に民間銀行に委託することになる。このようにして２０００年代には、住宅供給は完全に市場化され、その役割は民間資本へと移行する（図10-2）。

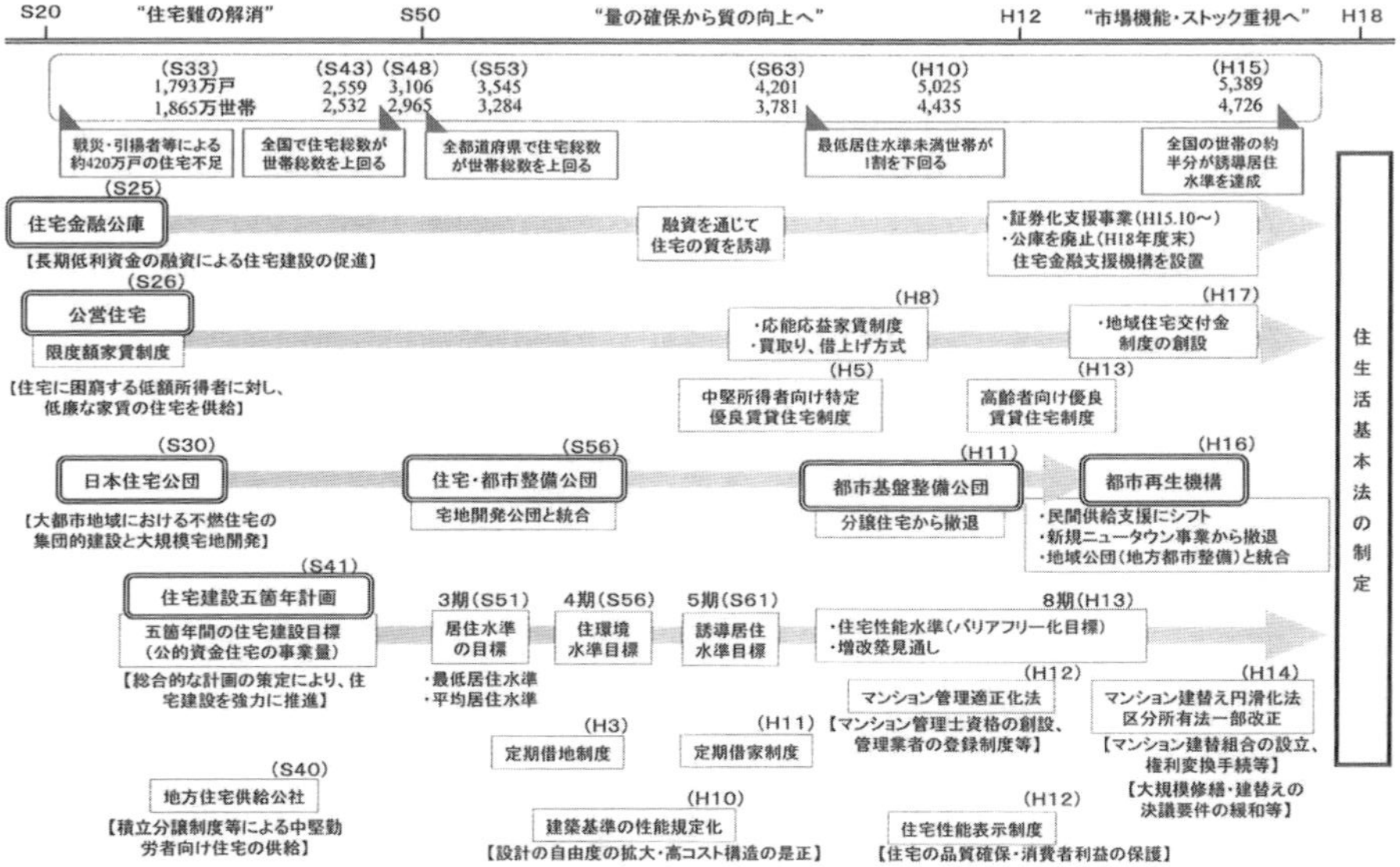

図10－2：住宅政策の変遷(出典：『住宅政策の変遷』)

4．これからの住宅供給

２０００年に開催された政府の下部組織である「住宅宅地審議会」は、答申『21世紀の豊かな生活を支える住宅・宅地政策について』をとりまとめた。そこには成長社会から成熟社会への移行を背景として、２０００年以降の住宅政策の課題が提言されている。その主旨を整理すると以下のようになる。

まず現在の住宅の宅地ストックを長期の耐用性、環境との共生、長寿命社会といったこれからの住宅地の条件に対応したものへと再生し、居住に関する多様な選択肢を用意すること。さらに既存ストックを活用しながら、自立した個人が自己実現を支えるニーズにふさわしい居住形態を選択できるようにするため、ストックの流動化を実現すること。そして居住形態の選択を可能とする政策体系へ転換するに当たり、重要な視点として市場重視とストック重視の2点をあげている。

今後の住宅政策の基本的方向は、市場を通じて国民が共用しうる良質な住宅ストック（社会的な資産）を形成し、管理し円滑に循環させることのできる新しい居住水準向上システムの確立を目指すことであるとしている。今後政府が担うのは、民間の円滑な企業活動への支援活動であるという方針を明確に打ち出したのが、この答申である。これは先に述べたような時代の変化を反映して、戦後の住宅政策が果たしてきた役割を大きく転換することを宣言したものである。これによって公共政策としての戦後住宅政策は終止符を打たれたのだといってよい（図10-2）。

ではこのような政策提言を背景として今後の住宅供給はどのように展開するのだろうか。いくつかの課題をとり上げて検討してみよう。

戸建住宅か集合住宅か

これまで日本の住宅は一戸建ての持家が主流だった。高度経済成長期には、大都市の地価の上昇にともなって戸建住宅地はますます郊外に拡大しニュータウンを形成していった。しかし最近では、かつてのような標準的な家族形態が一般的ではなくなり、少子高齢化が進行し家族形態が多様化すると、さまざまなタイプの住宅が求められるようになっている。一方で地価の高い都心や工場や倉庫が移転した後の湾岸地域には、都心への便利さを優先した家族のために高層の分譲マンションが建設されるようになる。第4章「集住体」でも述べたように、家族形態やライフスタイルの多様化にともなって、さまざまなタイプの集合住宅が求められるようになった。いずれにせよ世帯数の増加は頭打ちとなり、住戸数が世帯数を上回るようになった以上、住宅の建設戸数は徐々に減少していくことは確実である。戸建住宅の建設は、今後も根強く残っていくだろうが、その戸数と分布は大都市と地方によって大きく異なるようになるだろう。大都市周辺では、依然として続く人口集中に対応して、集合住宅が主流となるだろう。戸建住宅にせよ集合住宅にせよ、かつてのような標準タイプの住宅を大量生産するのではなく、高性能・高品質でかつ少量で多様なタイプの住宅が求められるようになることは間違いないように思われる。

持家か賃貸か

下宿屋や木賃アパートから、社宅や団地のような賃貸住宅を経て、一戸建ての持家や分譲マンションに至る住み替えモデル「住宅スゴロク」が一般化するのは高度経済成長期である。住宅スゴロクは、地方から大都市に移動した多くの若者たちが、大学を出て会社に就職した後に結婚して子供を産み核家族となるという標準的な家族形成パターンが、この時期に確立したことに対応している。

しかし住宅戸数が世帯数を越えた時点で、政府は住宅難は解消されたと判断し、日本住宅公団や住宅金融公庫といった公的な制度は解体され、住宅供給は民営化され市場化された。一方で住宅スゴロクの一端を担っている木賃アパートや賃貸マンションに対しては、公的な支援制度はほとんど存在しないため、地価の上昇にともなって経営が成立しなくなり、その数は減少傾向にある。さらに景気の低迷による賃金の低下によって、持家の住宅ローン負担が大きくなり、多くの世帯が狭小な賃貸住宅へ止まることを余儀なくされている。

しかし持家と賃貸住宅という単純な二極構造では、これからの家族形態やライフスタイルの多様化に応えることはできないだろう。これからの住宅に必要なのは、両者の中間をつなぐ多様な選択肢である。そのためには、さまざまな形態の賃貸住宅に対する公的な支援制度の整備が必要なのではないだろうか。

中古住宅の市場

日本には、中古住宅の流通を促すような制度やルートはほとんど準備されていない。法律も公的制度も、古い住宅を解体し、新しい住宅を建てることを前提に整備されている。高度経済成長時代の急激な社会の変化はライフスタイルを変え、技術革新は住宅設備を進化させ、結果的に古い住宅を使い物にならない住宅に変えていった。さらに大都市の急激な拡大と集中化に合わせて施行される都市計画や建築関係の法律の度重なる変更は、地域の性格や地価の急激な変化をもたらし、結果としてスクラップ・アンド・ビルドの急速な進展を促した。「新しいもの」を好む日本人の性向も、その潮流を後押ししたかも知れない。

しかしながらこれからの低成長時代には、これまでのようなスクラップ・アンド・ビルドは通用しないだろう。１９９０年代以降の住宅政策は、住宅の品質確保へと方向転換したので、それ以降に建設された住宅は、以前の住宅よりも長寿命化と省エネルギー化が進んでいる。そのような住宅の品質を維持し流通させる中古住宅市場の整備が求められている。そのためには、中古住宅の客観的な評価方法を確立すると同時に、中古住宅の売買に対する公的な融資制度の整備も必要だろう。

リノベーション産業

中古住宅を含む既存の建設ストックの耐久性、機能性、設備性能を向上させ、新しい家族形態やライフスタイルにふさわしいプランに変えるために、リフォーム、リノベーション、コンバージョンなどの産業が、これからの建築設計や住宅産業の重要な部門となるだろう。リノベーション産業は近い将来に巨大な市場になることが予測されている。そのための公的な融資制度も整備されつつある。

住宅産業は、これまでの新築中心からリノベーション中心へと再編成されるだろう。スクラップ・アンド・ビルドの時代には、建設のために大量の建設資材が必要とされた。しかしリノベーションの時代においては、多品種だが少量の建設資材が求められる。したがって建設資材の流通は、かつてのように大量の物流を扱った縦割の問屋制度ではなく、多様で少量の資材を扱うスーパーマーケットのような店舗が求められるだろう。最近ではさまざまな資材メーカーを統合し、多様な建築部品を一括してとり扱う会社がうまれ始めている。さらにリノベーションでは工事項目は多岐にわたるため、工事毎の専門職でなく多種の工事をこなす多能工の育成が求められるだろう。デザインのシステムにおいても大きな転換が求められるだろう。更地の上にゼロから設計・建設するのに比べると、リノベーションの作業は複雑であり「時間のデザイン」が求められる。既存の建物の条件を調査し、法的条件を検討したうえで、そこに潜む可能性を探り出しデザインに盛り込まねばならない。その意味でリノベーションは、物理的な品質や機能的な用途を向上させるだけでなく、文化的・情報的な価値を創出する作業なのである。リノベーション産業を社会に根づかせるには、先に述べたように住宅産業全体の再編成が必要だが、それ以上に重要なことは建築教育システムの組み換えである。現在の建築教育は新築を前提とした専門毎の縦割りシステムになっている。しかしリノベーションにおいては、建物を総合的にとらえる視点が不可欠になるである。

住宅産業におけるイノベーション

　住戸数においてはほぼ住宅不足が解消された現在において住宅産業が目指しているのは、住宅の品質を高めるための技術革新（イノベーション）である。ハードウェアにおいてはアルミニウム、プラスチック、カーボンファイバーといった新しい構造材料や、免震・制振構造などの構造システムの開発などが進められている。しかしまだ一般的に普及するには至っていない。これに対して現在もっとも注目されているのは、エネルギー消費の制御システムを住宅に組み込んだスマートハウスである。３・11震災による原発事故は、住宅におけるエネルギーの課題を一気に浮かび上がらせた。１９９０年以降地球環境問題との関連で、住宅における炭酸ガス排出量の削減や省エネルギーが課題となり、さまざまな技術開発が試みられてきた。3・11東日本大震災はその傾向をさらに加速させ、省エネルギーだけでなく創エネルギーと蓄エネルギーを加えたＨＥＭＳ（Home Energy Management System）、すなわちスマートハウスさらに街レベルにまで拡大したスマートタウンの開発へと展開している。スマートハウス、スマートタウンの開発は、政府の補助金政策によって現在急速に進められているが、今後の展開はまだ未知数である。

建築家の役割

最後に、今後の住宅供給のあり方に対して、建築家はどのような役割を果たすべきかについて考えてみよう。全世界的にも日本ほど住宅設計に取り組む建築家が多い国は存在しない。それにはふたつの理由がある。

ひとつは日本では住宅供給において一戸建て住宅が中心になっているからである。日本以外ではアメリカでも一戸建てが多数にのぼるが、そのほとんどは中小のホームビルダーやディベロッパーによる供給が中心になっている。それ以外の国では住宅の大部分は集合住宅であり、一戸建住宅は貴族、富豪、農民しかもちえないのが現状である。もうひとつの理由は、日本では住宅金融公庫制度によって、サラリーマンに代表される中産階級の人びとが、低利で住宅の建設資金を借り入れることができるシステムが確立されたからである。この結果、大工、工務店から始まり、ハウスメーカー、ディベロッパーといった多様な企業からなる巨大な住宅産業が成立した。そのなかから自分の住宅を自由につくりたいと考える一部の人びとが建築家に設計を依頼するようになったのである。

とはいえ建築家がつくる住宅の数はほんの僅かであり、大多数の平均的な住宅とは異なる特殊解でしかない。建築家のつくる住宅のほとんどは、社会的なメッセージをもったデザインというよりは、単一で固有なアート（芸術）に近いといってよい。しかしながら特殊解でありながら社会的メッセージをもったデザインとしての住宅をつくる可能性が存在しないわけではない。たとえば少子高齢化は住宅のあり方を変えるため、住宅供給の体制は、その社会的変化に対応しなければならないという論理には説得力がある。しかしこれに対して建築家は逆の発想をする。住宅供給の不完全な体制が、少子高齢化をうみ出している面もあるからである。住宅は時代の産物であると同時に、時代をつくり出す前提条件でもある。時代によって変化するさまざまな社会的条件を見据えながら、その条件に対して批評的なスタンスを保持し、次の時代にふさわしい住宅のプロトタイプを提案すること。それが建築家の本来の社会的役割でありデザイナーとしての仕事ではないだろうか。

参考文献

1．『高度成長　日本を変えた６０００日』（吉川洋：著　中公文庫、２０１２）
2．『住宅生産供給の展望』（建設省住宅局住宅生産課：監修　住宅生産研究会：編　ケイブン出版、１９９１）
3．『住宅政策のどこが問題か　〈持家社会〉の次を展望する』（平山洋介：著　光文社新書、２００９）
4．『住宅産業大予測２０１２』（新建ハウジング：編　新建新聞社、２０１２）
5．『大激変　２０２０年の住宅・不動産市場』（船井総合研究所　ＲＥＢチーム：編　朝日新聞出版、２０１２）
6．『住宅宅地審議会答申「21世紀の豊かな生活を支える住宅・宅地政策について」』
7．『最近の住宅政策改革』（国立国会図書館ＩＳＳＵＥ　ＢＲＩＥＦ　ＮＵＭＢＥＲ　４６４（ＦＥＢ．８．２００５）https://warp.da.ndl.go.jp/info:ndljp/pid/1052034/www.ndl.go.jp/jp/data/publication/issue/0464.pdf
8．『住宅政策の変遷』

◉第十一章　小さな家

東日本大震災で被災し家を失った人たちは、数はかなり減ったが現在でも仮設住宅に住んでいる。震災時の仮設住宅として国が認めている最小の基本単位は5・4m×5・4m（3間×3間）、すなわち約30㎡（9坪）である。そのなかに台所、トイレ、浴室など、住宅としての機能がコンパクトに納められている。この標準型は、災害時の一時的な住まいとして必要最小限の規模と設備を備えていると国が判断した住宅である（図11-1）。仮設住宅に対しては、住まいとしての十分な条件を備えていないという点がよく指摘されるが、第1の欠点として指摘されるのは面積の狭さである。しかし本当にそうだろうか。たとえば日本住宅公団によって1951年に標準住戸として設計された有名な51C型は、ほぼ同じ面積の約30㎡である（第3章・図3-1参照）。

日本の住宅の平均的な面積は、戦後から高度成長期にかけて徐々に拡大してきた。仮

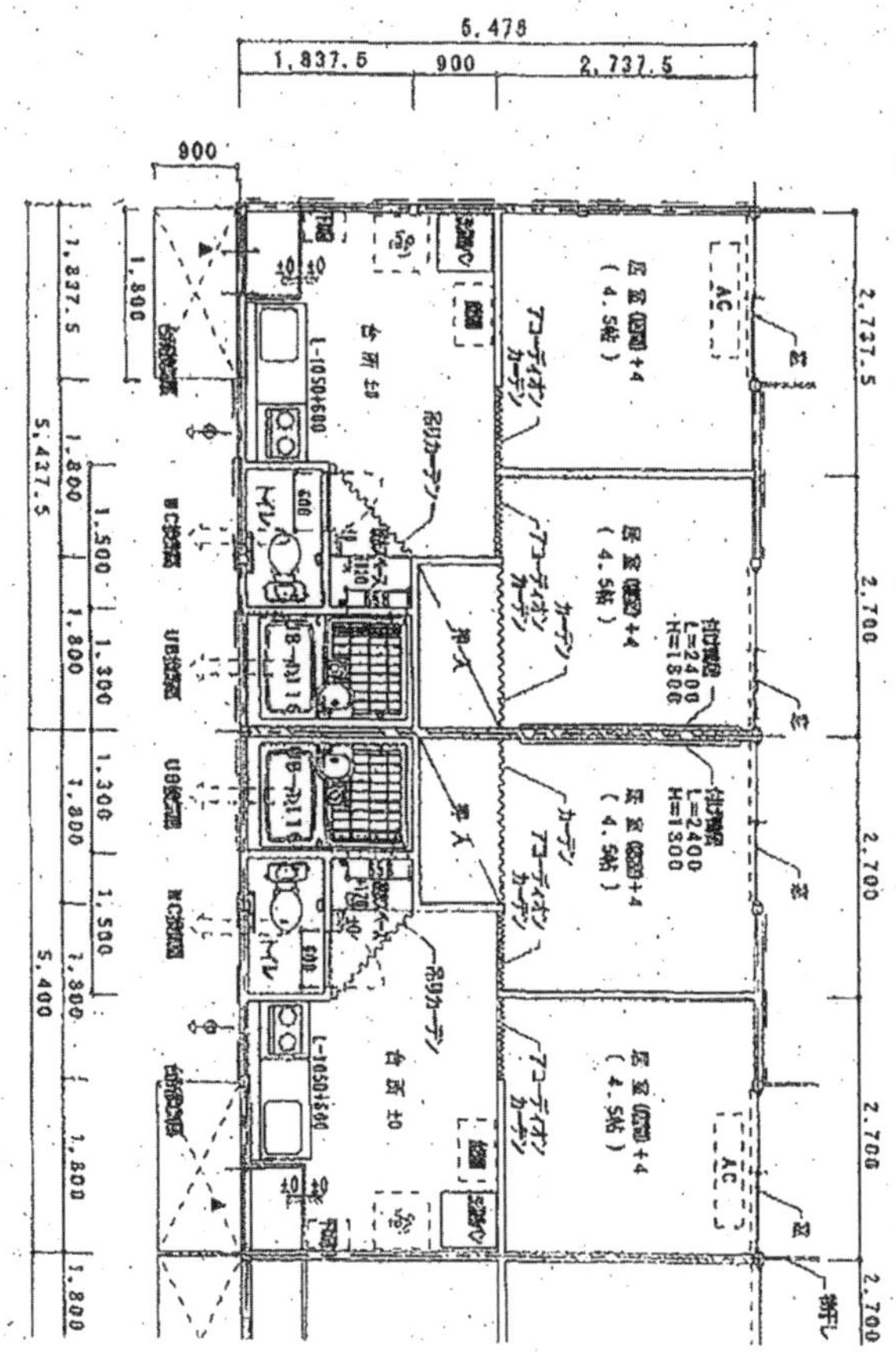

図11－1：仮設住宅の基本単位

設住宅の標準型と公団住宅 51C型がほぼ同じ面積であるのは、そのような時代の変化を反映しているのかも知れない。戦後から今日まで住宅の面積が徐々に拡大してきた趨勢は今後も続くのだろうか。

1. 原始の小屋

建築の歴史のなかで小さな家は「家の原型」あるいは「原始の小屋」として何度となくくり返しとりあげられ見直されてきた。とりわけ封建的な貴族社会が解体し、新しく市民社会がうまれようとしていた近代初期の 18世紀においては、住宅の原型に関する研究が盛んに行われた。それは一般市民の住宅にとって必要最小限に必要なものは一体何であるのかといった問題や、ヨーロッパの住宅の起源はどこにあるのかといった問題が問われた時代である。

ヨーロッパでは18世紀半ば以降、それまでの社会を統合していた宗教的な教義を捨て、ものごとを原理的科学的にとらえようとする啓蒙主義思想が一世を風靡する。これも封建社会から市民社会へ移行する転換期に典型的な思想といってよい。その影響の下に、建築においては部分的な要素を論理的に組み合わせることによって建築全体を構築しようとする新古典主義思想が勃興する。そしてそのなかから原型的な住宅を追求しようとする動きがうまれたのである。

　そのような動向を代表する建築理論家が、カトリック神父のマルク＝アントワーヌ・ロージェである。彼が著した『建築試論』の扉には、彼が考える原型的な住宅として「田野の小屋」が描かれている（図11-2）。そこには木の幹と枝を組み合わせてつくられた三角形の破風（屋根）を戴く「家型」が精細に描かれている。これは明らかにギリシア神殿の起源を自然の樹木によって再構成したものである。そのことは小屋の手前にギリシアの女神らしき女が横たわり、その傍らにギリシア神殿の断片が散乱していることからも読み取れる。横たわった女神は、手前に佇んでいるキューピッドに対して、その家型のなかに入るように指差している。興味深いのは、そのキューピッドの頭上に炎が灯っている点である。これは家のなかに文明の象徴である火をもち込むことを表している。つまり住宅の原型には、調理のための竈《かまど》が不可欠だという意味である。ロージェが描いた「田野の小屋」は、住宅の原型とは柱と梁の構造骨組、シェルターとしての屋根、調理のための竈という最小限の要素によってつくられているということを主張しているのである。

図11－2：田野の小屋
（出典：『建築試論』マルク＝アントワーヌ・ロージェ：著
三宅理一：訳　中央公論美術出版　1986）

ロージェの『建築試論』の約１００年後に、ドイツの建築家ゴットフリート・ゼンパーは、まったく異なる視点から住宅の原型を提唱している。１８５１年にロンドンで世界最初の万国博覧会が開催された。それは当時世界中に植民地を拡大しつつあった大英帝国（Great Britain）が、その国力を世界に誇示するために開催した博覧会であり、世界中の植民地から珍しい展示品が一同に集められていた。ゼンパーはそこに展示されていたカリブ諸島の未開民族の住宅をつぶさに観察し、そこから住宅の原型の着想を得たのである。ゼンパーはその仮説的提案を『建築芸術の４要素』という著書にまとめている。

ゼンパーは未開民族の単純明快な住宅から、住宅は４つの基本的な要素に還元できることを見出した。その４要素とは、基礎、骨組と屋根、軽量の被覆、そして炉である。これはロージェのようなヨーロッパの源流であるギリシア文化からの発想ではなく、文化人類学的な視点によって見出された住宅の原型である。それは歴史的な遡行ではなく、空間的な移動によって見出された住宅の原型といってもよい。さらにゼンパーはこの４分類にもとづいて、建設技術の基本的な方法を２種類の対照的な構法に分類している。すなわち重量のある部材を積み上げていく「ステレオトミックス（組積術）」と、軽量な線材を組み合わせることによって空間を覆う「テクトニックス（構築術）」である。

ゼンパーの構法の原型に対するこのようなアプローチは、住宅の原型に対する現代のアプローチにも引き継がれている。たとえば東欧うまれのアメリカの建築理論家ジョセフ・リクワートは、近代建築のなかに見出される建築の原型の歴史的な展開と、世界中の未開民族に見出される建築の原型に関する文化人類学的な研究をまとめた『アダムの家　建築の原型とその展開』のなかで、建築の原型を対照的なふたつの類型に還元している。それは人類の発生とともにうまれた住宅の2種類の原型、すなわち洞窟のような「発見された」空間と、テントのように最小限の要素によって「つくられた」空間である。これはゼンパーの分類による2類型の構法に対応している。組積術は洞窟のような空間をつくる構法であり、構築術はテントのような空間をつくる構法である。もともとは「発見された」空間であった洞窟のような空間が、組積造の壁によって囲まれた人工的な空間として「つくられて」いるのである。

2. 一室空間

「原始の小屋」はさまざまな構法によってつくられている。しかしその空間は基本的に一室空間である。一室空間である理由は、単純でロウテックな構法によって建てられているという技術的な制約のせいもあるが、それ以上にそこに住む家族や集団が小規模であり生活行為が単純だからである。つまり一室空間は機能的に未分化であることを表しているのである。しかしながら一室空間の内部は決して均質な空間ではない。内部空間は、入口、方位、竈の配置などによって文化的に意味付けられ、見えない規則によって分節されている。小さな家は小さいがゆえにさまざまな意味に満たされているのだといってもよい。

日本でもっとも古い住宅は竪穴式住居だが、これも一室空間である（図11-3）。竪穴とは、通常の洞窟を意味する横穴に対する名称である。竪穴式住居は旧石器時代からつくられ始めたと考えられており、縄文時代には盛んにつくられ、後の弥生時代に伝わり、日本の農家や民家の原型となったといわれている。平面形は方行、台形、楕円形で、地面を掘り込んだ床の上に柱と垂木の軸組構造を建て、屋根はアシやカヤなどの茎で葺いている。室内の壁際には炉が置かれ、これを基点にして内部空間が意味付けられて分節されている。竪穴式住居は基本的に一家族のための住宅だったが、巨大な住居もつくられ、複数の家族が寄り集まって住む場合もあった。それでも内部空間は依然として一室空間であり、見えない規則によって分節されていた。このような竪穴式住居は平安時代になるまで建てられていたという。

鎌倉時代の『方丈記』に描かれている鴨長明の極小住宅も忘れることはできないだろう。もともと神社の神官の息子だった鴨長明は、出家した後に通常の屋敷から徐々に小さな住まいへと移り住み、最終的には方丈（3m角）の草庵に住んだ。『方丈記』はその住まいでの生活を綴った随筆である。冒頭の書き出しの文章「ゆく河の流れは絶えずして、しかももとの水にあらず。淀みに浮かぶうたかたは、かつ消えかつ結びて、久しくとどまりたるためしなし」は日本的な無常観を謳うたったものだが、それは住まいにも表れている。独居だったせいもあり、おそらく竈も水回りも住宅の外に置かれていただろう。

小さな空間を文化的な意味によって精細に分節した典型的な例は茶室である。千利休が

図11－3：竪穴式住居の骨組（妻木晩田遺跡）

考案した最小の広さである二畳の茶室は、小さな空間を床《とこ》、炉、畳、躙口《にじりぐち》などによって方向づけ、さらに部屋を囲む土壁に必要に応じて窓を開け、茶室内の光の分布を制御することによって緊張感に溢《あふ》れた極小空間をつくり出している。とりわけ小さな空間のなかに炉と水をもち込んでいる点を銘記しておきたい。茶室はあくまで儀式的な空間である。しかし建築史家の藤森照信は『茶室学　日本の極小空間の謎』（藤森照信：著　六耀社、2012）のなかで、利休は二畳の茶室を「原始の小屋」として考えていたのではないかという興味深い仮説を提唱している（図11‐4）。藤森は利休がつくった二畳の茶室「待庵」についてこう書いている。「待庵には、水、火、シェルターの三つがあり、三つがひとつの美しい結晶体のごとくしてある。」絶えず移動する遊牧民の住宅は、運搬という条件を最優先しているゆえに、リクワートの言う「最小限の要素によって作られたテント」であることが多い。代表的な例はモンゴルの遊牧民の住宅「ゲル」で

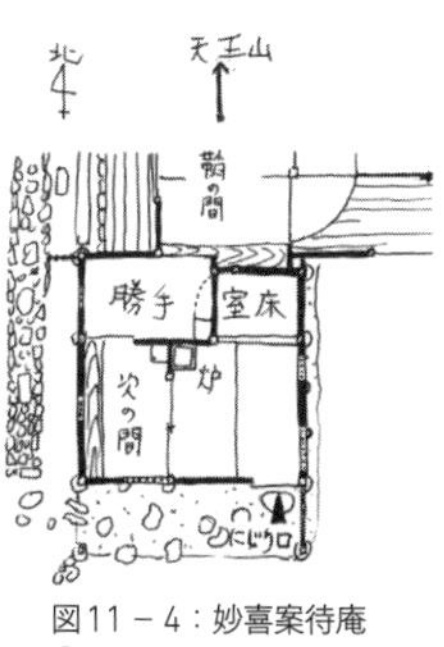

図11－4：妙喜案待庵
（出典：『茶室学　日本の極小空間の謎』
藤森照信著　六耀社　2012）

ある（図11-5）。ゲルは直径が4～6mの円形平面で、中心の2本の柱によって支えられたリング状の骨をもち、屋根部分には中心から放射状に細梁が渡される。これにヒツジの毛でつくったフェルトをかぶせ、屋根・壁に相当する覆いとする。壁の外周部分の骨格は木組みで菱格子に組んであり、接合部はピン構造になっているので蛇腹式に折り畳むことができる。木組の軸部分にはラクダの腱が使われている。寒さが厳しいときは、フェルトを二重張りにし毛皮を張り巡らして断熱性を上げる。一方、夏の日中はフェルトの床をめくり風通しをよくすることができる。これらの構造部材はすべて規格化された軽量な材料によって組立てられている。出入口は南の1か所で窓はなく、代わりにテントの頂部に換気と採光のための開閉可能な天窓が開けられている。内部空間は入口がある正面を南向きにして建てられ、左（西）側

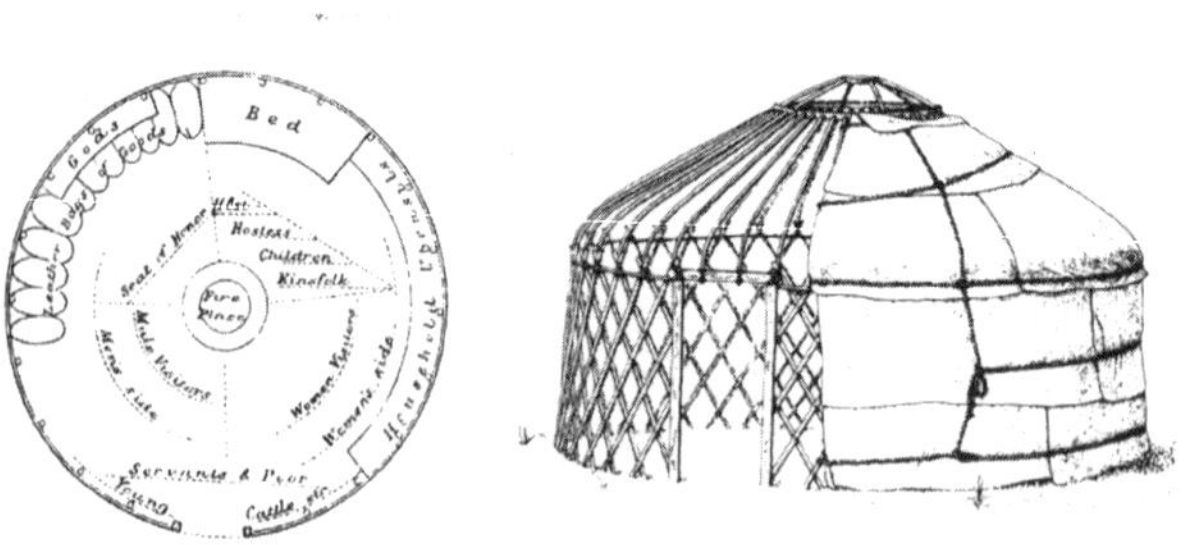

図11－5：モンゴルのゲル

（出典：『動く家　ポータブル・ビルディングの歴史』ロバート・クローネンバーグ：著　牧紀男：訳　鹿島出版会　2000）

が男性の空間、右（東）側が女性の空間と決められている。中央に置かれた炉は東側を正面にするように置かれ女性の側から扱いやすいようになっている。奥の正面はもっとも神聖な場所であり密教の仏壇が置かれる場合が多い。このようにゲルの内部空間は目に見えない意味の壁によって明確に分節されているのである。ゲルの平均的な面積は約30㎡であり、日本の仮設住宅の基本単位とほぼ同じである点が興味深い。

3. 最小限住宅

初期モダニズム

１９２０年代にヨーロッパで勃興するモダニズム建築運動のなかでは「最小限住宅」が重要なテーマとして取りあげられた。ヨーロッパ全土を巻き込んだ第一次世界大戦が終わり、破壊された国土の復興にともなって、戦地から戻った数多くの兵士の家族のための住宅不足を早急に解消することが求められた。短期間で数多くの住宅を建設するために、まず住宅にとって必要最小限の機能とは何かという問題が追求された。そしてその結果にもとづいて、短期間で多数の住宅を建設するためにアメリカで大成功を納めた自動車であるＴ型フォード（１９０８〜１９２７）の標準化による大量生産の方法に倣い、建築部材を規格化・標準化する工業生産的な建設法が追求された。さらにこの動向を緊急の課題へと後押ししたのが、大戦中の１９１７年に勃発したロシア革命である。この革命によって世界で初めてプロレタリアート（労働者階級）が統治する社会主義国家がうまれ、これによって国民の大多数に良質の住宅を提供することが新しい政府の重要課題となったのである。このようにしてモダニズム建築運動の最大の課題が「最小限住宅」と住宅の工業生産化になったのである。

１９２７年に開催された国際連盟本部設計コンペにおいて、ル・コルビュジエの計画案が旧来のボザール流の建築家によって拒否され、モダニズム建築運動と保守派の対立が表面化した。これを契機に翌年の１９２８年にモダニズム建築家たちによって設立されたのがＣＩＡＭ（Congrés International d'Architecture Moderne 近代建築国際会議）である。この会議にはヨーロッパ全土からワルター・グロピウス、ミース・ファン・デル・ローエ、ル・コルビュジエら24人の建築家たちが参加した。この会議の第２回（１９２９年）にとりあげられたテーマが「最小限住宅」である。最小限住宅というテーマにもっとも積極的に取り組んだのは、大戦によって国土がもっとも荒廃したドイツの建築家たちだった。フランクフルトの建築家エルンスト・マイは「最小限住居」のテーマにもとづいて、１９２６年に市内のレーマーシュタット地区に巨大な公営集合住宅を建設している。マイは住戸単位を最小限の規模に抑えるとともに、オーストリアの建築家マルガレーテ・シュッテ・リホツキーの協力を得て、住戸内にコンパクトで最小限サイズの台所を装備している。フランクフルター・キュッヘ（フランクフルト・キッチン）と呼ばれるこの台所は、台所における調理や家事の作業を詳細に調べ上げ、それを合理的に再編成することによってデザインされている（第６章・図６－３参照）。この台所を備えた集合住宅は約１万戸が建設されたといわれている。このように住宅に対して科学的・合理的にアプローチしようとしたのもモダニズム建築運動の特徴である。ミース・ファン・デル・ローエが会長を務めていたドイツ工作連盟は、１９２７年にル・コルビュジエ、ハンス・シャローン、Ｊ・Ｊ・Ｐ・アウト、ペーター・ベーレンスといったモダニズムの建築家を招いて、シュトゥットガルト郊外のヴァイゼンホーフで住宅展を開催した。これはそれぞれの建築家が与えられた斜面の敷地に集合住宅や戸建住宅を実際に建設した展覧会で、これによって初めてモダニズム建築のデザインの特徴である「白い箱」の住宅が目に触れることになったのである。ＣＩＡＭやドイツ工作連盟とは別に、戦後の難民のための応急住宅に対してユニークな提案を行ったのがフランス、ナンシーのエンジニア、ジャン・プルーヴェである。彼は当時はまだ新規な技術だった鋼板薄板の加工技術を応用して、軽量でコンパクトな工業化住宅を建設している。プルーヴェは鋼板を使って「ポルティーク」と名づけられた架構方式を考案した。これは建物中央にＨ型あるいはＡ型の構造ユニットを立て、それに棟桁を載せ垂木を架け渡すことによって屋根架構を構成し、外周をパネルで取り囲む構法である（図11-6）。これによって作られた住宅のサイズは６ｍ×６ｍである。これも日本の仮設住宅に近い広さである点に注目したい。

ル・コルビュジエはＣＩＡＭを先導した建築家だが、戦間期には具体的な建築よりも都市計画や工業化住宅のプロジェクトを中心に展開した。ドミノ・システムは近代的な住宅をつくるために提案された構法システムである。ドミノ・システムにもとづいて設計されたシトロアン型住宅やモノル型住宅など一連の「量産住宅」は、戦後復興住宅の原型として提案されている。１９２４年に出版された彼の最初の著作『建築をめざして』は、近代建築のあるべき原型の提案として読むことができる。１９２５年のパリ万国博覧会（いわゆるアールデコ展）では、博覧会の趣旨である「装飾展」という趣旨に反した、まったく装飾をもたない集合住宅の住戸モデル「エスプリ・ヌーヴォー館」を展示し物議を醸している。ル・コルビュジエが具体的な建築において原型的な提案を行ったのは、第二次世界大戦後にマルセイユに建設された集合住宅「ユニテ・ダビタシオン」(1952)においてである。人工地盤としてのピロティ、その上に構築されたスケルトン・グリッド、そのグリッドのなかにインフィルされた住戸ユニット、中間階に差し挟はさまれた商業施設、屋上に配置された公共施設など、建物全体はコンパクトな都市の原型として設計されている。さらに間口を必要最小限(3・6m)に抑えた住戸ユニットは、集合住宅の住戸の原型的な最小単位として提案された。このように初期のル・コルビュジエは、まさに原型の建築家だったといってよいだろう。

アメリカにおいては1920年代のヨーロッパ発のモダニズム建築運動はほとんど根づかなかった。アメリカにおけるモダニズムは、社会思想としてよりも様式(スタイル)として展開した。そうしたなかで特異な工業化住宅を提案したのがバックミンスター・

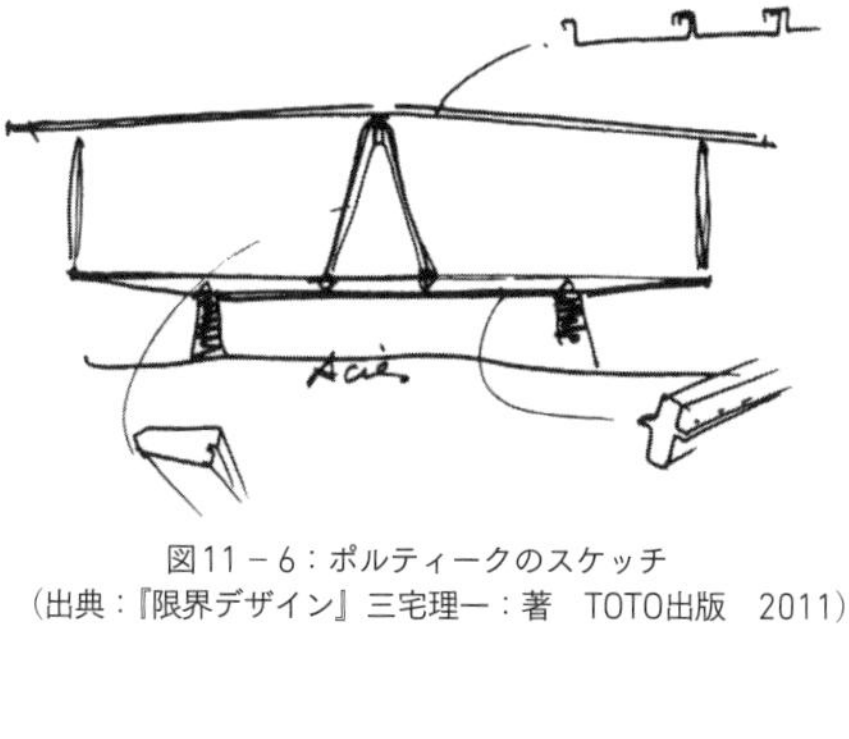

図11－6:ポルティークのスケッチ
(出典:『限界デザイン』三宅理一:著　TOTO出版　2011)

フラーである。フラーは１９２０年代から、ル・コルビュジエの思想に影響を受け、先端技術を適用した住宅を提案していた。「ダイマクシオン居住ユニット」は、ル・コルビュジエが『建築をめざして』のなかで新しい住宅のあり方について提唱したテーゼ「住宅は住むための機械である」をストレートに実現しようとしたプロジェクトである。さらに第二次世界大戦後になると、フラーは航空機産業の技術を住宅産業に転換させることをめざして、ジュラルミン製の超軽量な工業化住宅「ウィチタ・ハウス」を開発した。円形平面のこの住宅は、モンゴルのゲルをジュラルミンに置き換えたような原型的な住宅である。（図11‐7）。

戦後モダニズム

１９２０年代のモダニズム建築運動が日本に移入さ

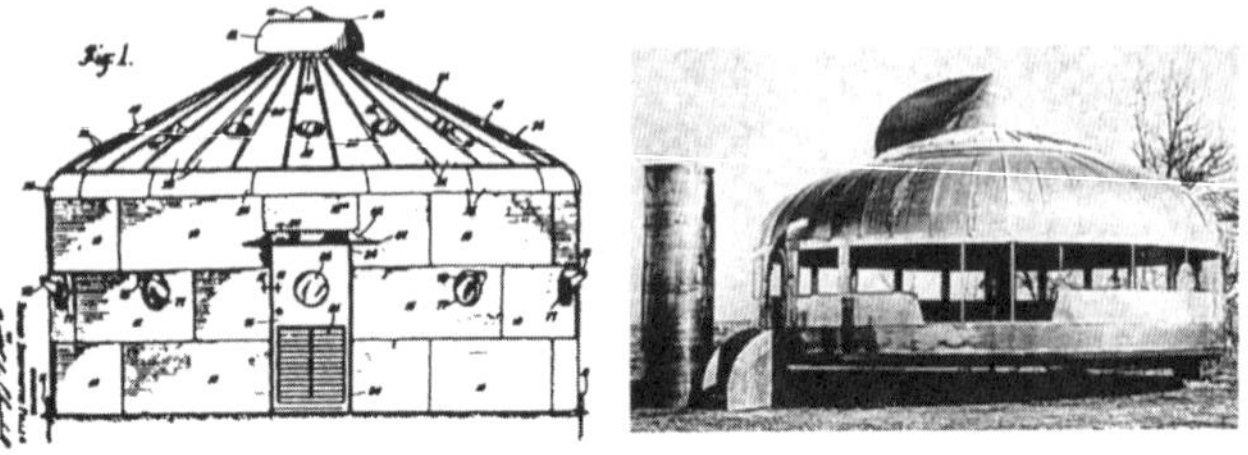

図11－7：ウィチタ・ハウスとダイマクシオン居住装置
（出典：『動く家　ポータブル・ビルディングの歴史』
ロバート・クローネンバーグ：著　牧紀男：訳　鹿島出版会　2000）

れたのは、第二次世界大戦後の１９４５年以降である。１９５０年代の戦後復興期に戦後モダニズムを担った建築家たちは、さまざまなタイプの最小限住宅を提案している。１９５０年に制定された住宅金融公庫制度を利用して、建築家たちは最小限の広さ（約15坪）をもった一戸建住宅を設計している。そのなかで戦後の家族制度の変化を明確に住宅に反映させたのが、池辺陽の設計による「立体最小限住居」（１９５０）である。池辺はＣＩＡＭにおいて議論された最小限住居が、集合住宅の住戸（フラット）を対象とする平面的なスタディに止まっていることを批判し、一戸建住宅が中心の日本の住宅においては高さ方向のスタディを組み込んだ立体的な最小限住居を提案した。「立体最小限住宅」においては、吹抜空間によって1階と2階ロフトが柔らかく結びつけられ、一室空間のなかで家族共有の空間と個人の空間とが機能的に分節されている（図11-8）。

１９５０年代後半から１９６０年代になると、高度経済成長に後押しされた新しい世代の建築運動が生起する。それがメタボリズムである。建築の新陳代謝をテーマとしたメタボリズム建築運動のなかでもっとも原型的な住宅として認められているのが、菊竹《きくたけ》清訓《きよのり》の自邸「スカイ・ハウス」（１９５８）である。斜面の敷地の上にコンクリートの壁柱によって７・２ｍ角の一室空間がもち上げられ、ＨＰシェルの緩やかな方形の屋根によって覆われている。一室空間の回りには濡れ縁が巡らされ、随所に台所や水回りなどの設備ユニットが取り付けられている。この設備ユニットやスラブ下に吊り下げられた個室ユニットを着脱することによって、住宅は新陳代謝するのである（図11-9）。メタボリズムはその後さらに急進化し、最新の技術を適用してスケルトンとなる構造体にスペースユニットを着脱するカプセル住居や、それによって都市全体を建設しようとするプラグイン・シティといったSF的なプロジェクトを提案するようになる。そのような技術的・構造的な試みの集大成として実現したのが、１９７０年の大阪万国博覧会である。その時点で、戦後モダニズムは夢が現実化し、同時にその限界が明らかとなったのである。１９７０年代以降は、新規な技術によって新しい建築を追い求めるようなデザイン運動は姿を消し、

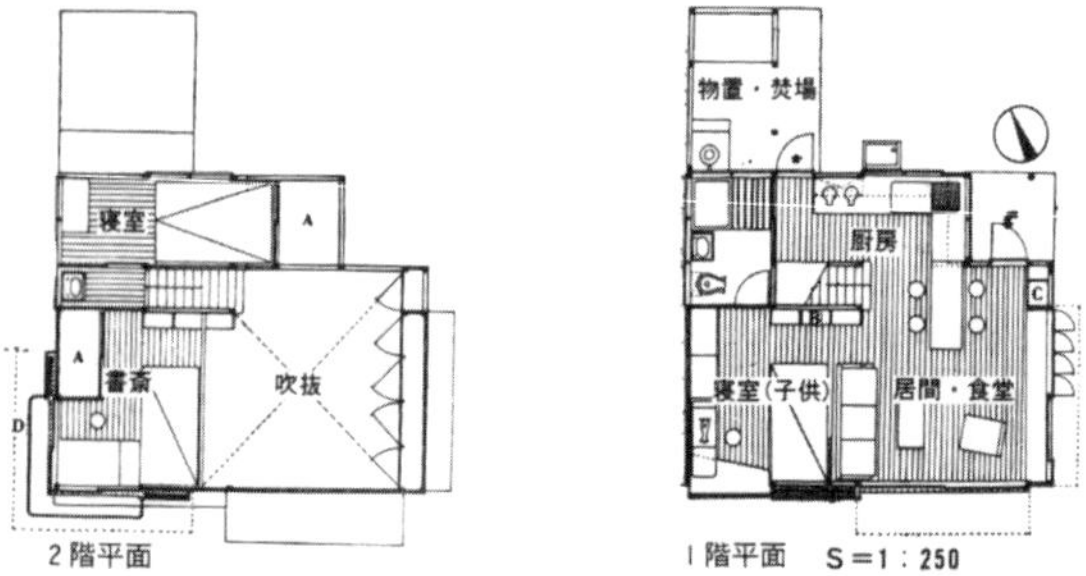

図11－8：立体最小限住宅
（出典：『戦後モダニズム建設の極北　池辺陽試論』難波和彦：著　彰国社　1999）

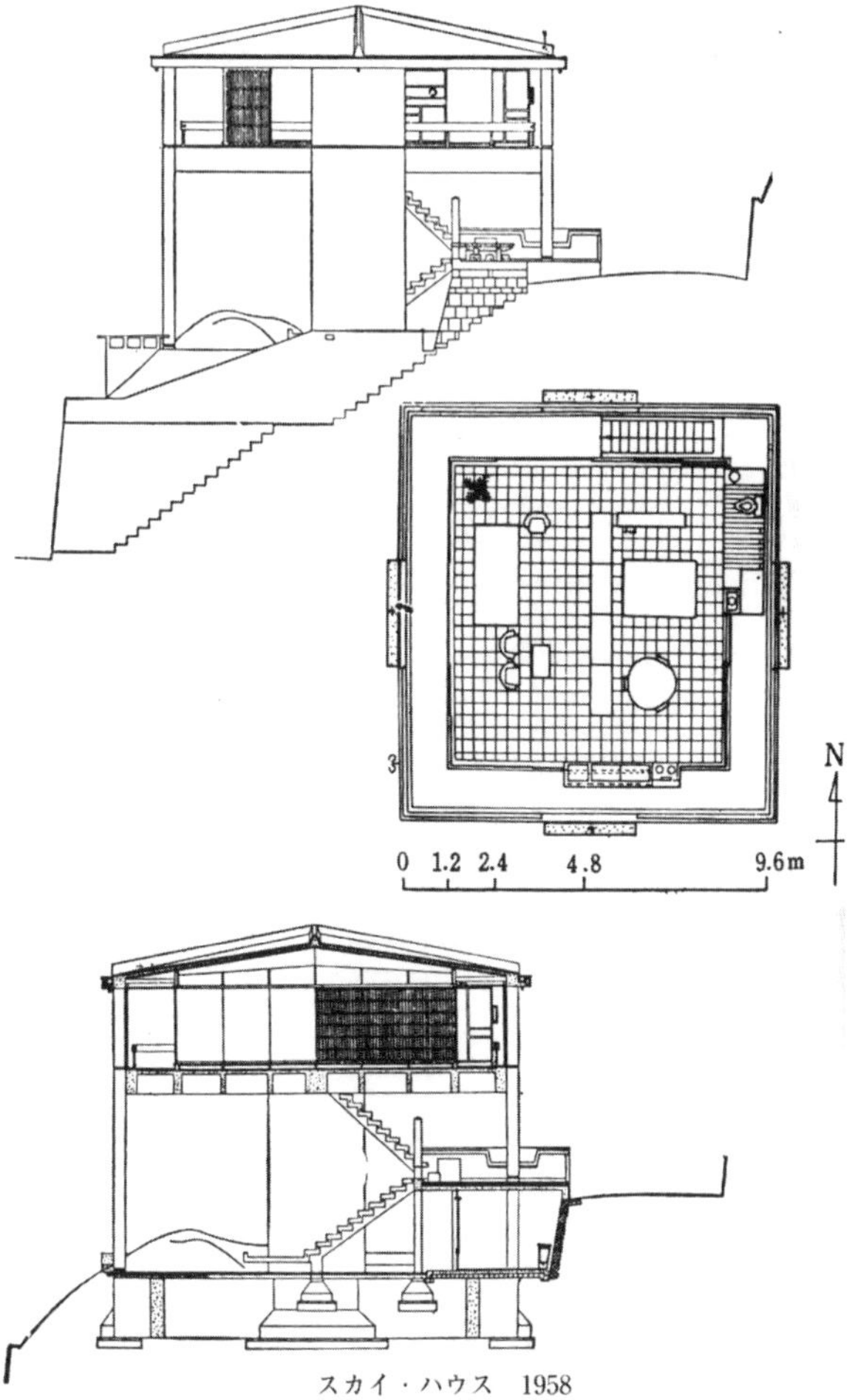

スカイ・ハウス　1958

図11－9：スカイ・ハウス
（出典：『代謝建築論』菊竹清訓：著　彰国社 1969）

原型的な住宅の追求も影を潜める。代わって主流に浮かび上がってきたのが、高度成長後の消費社会に支えられたハウスメーカーによる住宅の工業化と商品化の潮流である。ハウスメーカーは新しい技術を投入することによって、新規な住宅を開発しながらも、それをイメージによってパッケージし工業製品（プロダクト）と同じような商品として販売し、その潮流は2000年代まで変わることなく続いている。

4. 小さな家の可能性

戦後から今日に至るまで、日本の住宅の平均的な面積は徐々に大きくなってきた。住宅の広さは住宅の質の重要な条件だと考えられたからである。ではこれからも住宅の規模はさらに大きくなっていくのだろうか。筆者はそうは考えない。

地球環境の問題が注目されるようになった1990年代以降、それまでひたすら拡大してきたエネルギー消費を抑えるための有効な方法として、都市を集中化・集積化し、効率的なエネルギー消費をめざすコンパクトシティの考え方が浮上してきた。コンパクトシティは近未来の人口減少と少子高齢化に相応しい都市のあり方に対するひとつの重要な回答だと考えられている。コンパクトシティとは、効率的に集積された都市であり、それを構成する住宅はコンパクトで機能的に組織化された高性能の住宅である。

3・11の震災が襲った東北地方は、それ以前にすでに人口減少と少子高齢化が進行し問題となっていた地域である。したがってその復興計画は、日本の都市の将来像を先取りしたコンパクトシティが相応しいと考えられる。3・11震災は、近未来の日本の都市のあり方と、それを構成する住宅のあり方に根本的な問いを投げかけた。われわれはこれを機会に、これまでひたすら拡大を続けてきた住宅の規模についてもあらためて考え直してみるべきではないだろうか。

筆者は3・11震災で初めて実現することになった木造仮設住宅の設計の経験から、小さな家の可能性を強く感じるようになった。小さな家は建設のための資源とエネルギーを必要最小限に抑える。かつてミース・ファン・デル・ローエは、モダニズムの美学として「Less is More」を提唱した。これに対してバックミンスター・フラーは「More with Less」というテーゼを対置している。これらのテーゼは、まさにコンパクトシティの原理だといってよい。小さな家を設計するには、住宅を成立させている条件を徹底的に洗い出し、それを重ね合わせコンパクトにまとめ上げなければならない。小さな家を建設するには、高性能な部品群と細かな寸法を無駄にしない精度の高い構法が要求される。さらに小さな家を住みこなすには、小さな空間のなかで生活のアクティビティ（行為）を合理的に再編成しなければならない。物理的に小さなスケールの住宅であっても、空間を細分化せず一室空間的に再編成すれば、心理的には大きく感じさせるようなデザインが可能である。近代建築家たちは、そのような方法を延々と追求してきた。高性能でコンパクトな「小さな家」。これが今後われわれが追求すべきテーマではないか。小さな家に関しては建築家、建設業者、部品メーカーのみならず、住み手に対しても高度でフレキシブルな対応が求められる。つまり小さな家は住宅の新たなイノベーションの無限の可能性を孕んでいるともいえるのである。

参考文献

1.『建築をめざして』（ル・コルビュジエ：著　吉阪隆正：訳　鹿島出版会、1967）
2.『代謝建築論　か・かた・かたち』（菊竹清訓：著　彰国社、1969）
3.『建築試論』（マルク・アントワーヌ・ロージェ：著　三宅理一：訳　中央公論美術出版、1986）
4.『球と迷宮　ピラネージからアヴァンギャルドへ』（マンフレッド・タフーリ：著　八束はじめ：訳　PARCO出版、1992）
5.『アダムの家　建築の原型とその展開』（ジョセフ・リクワート：著　黒石いずみ：訳　鹿島出版会、1995）
6.『動く家　ポータブル・ビルディングの歴史』（ロバート・クローネンバーグ：著　牧紀男：訳　鹿島出版会、2000）
7.『テクトニック・カルチャー　19-20世紀建築の構法の詩学』（ケネス・フランプトン：著　松畑強＋山本想太郎：訳　TOTO出版、2002）
8.『限界デザイン』（三宅理一：著　TOTO出版、2011）
9.『茶室学　日本の極小空間の謎』（藤森照信：著　六耀社、2012）
10.『「縮み」志向の日本人』（李御寧：著　講談社学術文庫、2007）

◉第十二章　生きられる家

一般に住宅について論じる際には、主につくられたモノとしての住宅が注目され、それがうみ出された過去の条件や経緯、あるいはそれが使用され生き続けていく未来の時間的な変化や、それが生活に及ぼす影響については、ほとんど論じられることがない。つまり住宅は完成したひとつの作品のような存在として議論されるのである。住宅が自立したジャンルである以上それは当然だろう。しかしこの当然と考えられている前提に対して、私は大きな疑問を抱いている。

住宅を作品と見なすことは、住宅を〈前景〉に立たせることである。しかし作品として前景に立つことが果たして住宅の本質だろうか。私にはどうもそうとは思えないのである。住宅は完成した時点が終点ではない。完成時には前景として注目を浴びるかもしれないが、それは一時的な効果でしかない。住宅は時間をかけて場所に根づいていく。住宅が住み手に影響を与えるのは、毎日の生活を通して住宅の空間が少しずつ身体化され、生活の背景の一部となることによってである。

20世紀初期の歴史家・批評家ヴァルター・ベンヤミンは『複製技術時代の芸術』において、絵画や彫刻のような19世紀以前の芸術作品と、20世紀に誕生した映画や写真のような大衆的な芸術作品の受容のし方を比較するなかで、後者を建築になぞらえている。19世紀以前の芸術作品は、その前に立ちじっくりと能動的に「注視」することによって鑑賞される。これに対して映画や写真は、受動的で「散漫な意識」によってぼんやりと無意識的に享受される。それは建築の体験の仕方と同じである、とベンヤミンは主張している。ベンヤミンの主張にしたがうなら、住宅に関する通常の議論は、注視の論理によってなされているといえるだろう。しかし住宅の本来の働きは、時間をかけた受動的で無意識的な体験にあるのではないだろうか。

とはいえ完成した時点では、住宅が何らかのメッセージを発していなければならないことも確かである。そうでなければ住宅と住み手との間に対話が発生しないからである。完成時には対話を喚起しながらも、長期的には身体化されていくような建築、つまり前景から後景へとゆるやかに変容していくような住宅とはどのようなものだろうか。理想的な後景は「何もない空間」である。しかしそれでは対話が発生しない。前景となるには、対話に必要な何らかの建築的要素が必要だが、それは最小限に止められなければならない。かくしてこの課題に対する私なりの回答は、通常よりも要素が削減され表現性が抑えられ、なおかつ注意を喚起するような住宅となる。

1. 機能主義

住宅はどのような回路を通じて生活に働きかけるのだろうか。この問題に対して、モダニズムデザイン運動は〈機能主義〉という回答を与えた。住宅が生活の「容器」だとすれば、生活のアクティビティ（活動）はその「中身」である。アクティビティを住宅の機能と考えるならば、機能主義とは「容器としての住宅の形態は、その中身である機能すなわち生活のアクティビティから導き出すべきである」という主張である。しかしながら機能主義は規範としては成立しても、現実に実行することは困難である。生活のアクティビティと住宅空間との対応は不確定であり、一方から他方を自動的に導き出すことはできないからである。

１９７０年代にモダニズム批判として勃興したポストモダニズムは、建築の形態（空間）を機能から引き離し、形態は機能から独立した自律的なシステムであることを明らかにした。とはいえポストモダニズムにおいて、建築と生活とが完全に切り離されたわけではない。ポストモダニズムの理論的基盤となった建築記号論は、両者の関係に機能主義とは異なる視点を持ち込んだ。

建築記号論のモデルとなったのは〈言語〉である。言語学者のフェルディナンド・ソシュールによれば、言語は差異の体系であり「意味するもの」すなわち〈音あるいは文字〉と「意味されるもの」すなわち〈概念あるいは意味〉との関係は恣意的である。しかし両者の間に安定した関係がなければ、言語は意味を伝えることはできない。恣意的ではあっても安定した体系としての言語モデルが、建築における形態と機能の不確定な関係に投影された。建築記号論は、建築を記号としてとらえ建築の形態を「意味するもの」機能を「意味されるもの」とみなした。建築記号論によれば、意味するもの（形態）と意味されるもの（機能）とはコード（文法すなわち規則）によって結びつけられている。コードとは人びとが無意識のうちに共有している暗黙の解読規則（ルール）である。その構造が明らかになれば、両者の関係をデザインに適用することができる。さらにコードが恣意的である以上、それをつくり変えることも可能である。建築記号論は、形態と機能を結ぶ安定したコードにしたがうだけでなく、新しい形態や新しい機能を通じてコードを揺り動かし、時にはコードを組み替えることもデザインの重要な役割であることを示唆した。

しかしながら言語をモデルとする建築記号論には、ひとつの盲点があった。それは機能のとらえ方である。「意味するもの」が形態だとすれば「意味されるもの」は果たして機能だろうか。形態とその意味、あるいは形態とそのイメージとの関係に関してならば建築記号論は通用するだろう。一般に形態の意味とは、形態が連想させる何かである。しかしそれは容器としての空間＝形態と、中身としてのアクティビティ＝機能の関係とは様相が異なる。形態がなんらかのアクティビティを連想させることはあるかもしれないが、それは実際のアクティビティではなく、想像上のアクティビティに過ぎない。これに対して機能は現実のアクティビティである。建築記号論は、形態と想像上の機能との関係には通用できるが、現実の機能との関係を明らかにすることはできない。

だとすれば、ほかにどのような方法があるだろうか。

建築記号論を理論的根拠にしたポストモダニズムの形態主義は、上に述べたような理由によって、形態が放つメッセージには注目したが、形態が喚起するアクティビティには重きを置かなかった。形態と意味は暗黙のコードによって結びついているが、形態と機能の間にも両者を結びつける、何らかのコードがあるはずである。

クリストファー・アレグザンダーが考案した〈パタン・ランゲージ〉はそうしたコードの一種だといってよい。アレグザンダーは形態と意味との関係には興味をもたず、もっぱら形態と機能の関係に注目した。〈パタン〉は空間（Space）と出来事（Event）とが結びついたセットを空間の型（パタン）としてとらえたものである。アレグザンダーは人間のアクティビティだけでなく、空間で生じるすべての現象をEventとしてとらえた。Eventは広い意味でのアクティビティである。型とは具体的な形象（Figure）でも抽象的な形式（Form）でもない、輪郭の曖昧な型（pattern）である。アレグザンダーは空間と機能の関係を一義的に結びつけるのではなく、あるいは両者を無関係に対置させるのでもなく、曖昧で不確定な関係としてとらえようとしたのだといってよい。

図12－1:『パタン・ランゲージ』表紙

2. 建築的無意識

建築記号論もパタン・ランゲージも、暗黙のコード（すなわち規則）の存在を前提にしている。しかしいずれもコードがどのようなプロセスによって形成されるかについては明らかにしていない。コードの形成プロセスについてヒントを与えているのは、前述のヴァルター・ベンヤミンの『複製技術時代の芸術』である。本論のなかでベンヤミンは、自然を制御するプレモダンな技術と、自然から離れて遊戯性に向かうモダンな技術の相違について論じながら、映画に代表される新しい技術による芸術が社会に浸透し、大衆の知覚を変容させるプロセスについて考察している。本論は技術論としても深い洞察に満ちているが。筆者がもっとも興味をもったのは、新しい技術による芸術の浸透と受容のモデルとして、建築に注目している点である。ベンヤミンはこういっている。

> 建築のおよぼす作用を考えてみることは、大衆と芸術の関係について究明しようとするすべての試みにとって意味がある。建築物は二重のしかたつまり〈使用すること〉と〈鑑賞すること〉によって受容される。あるいは〈触覚的〉と

〈視覚的〉といったほうがいいだろうか。このような受容の概念はたとえば旅行者が有名な建築物を前にしたときの通例のような、精神集中の在りかたとは似ても似つかない。つまり、視覚的な受容の側での静観に似たものが、触覚的な受容の側にはないからだ。触覚的な受容は、注目という方途よりも、むしろ慣れという方途をたどる。建築においては、慣れを通じてのこの受容が、視覚的な受容をさえも大幅に規定してくる。また、視覚的な受容にしても、もともと緊張して注目するところからよりも以上に、ふと目を向けるところから、行われるのである。建築において学ばれるこのような受容のしかたは、しかも、ある状況のもとでは規範的な価値をもつ。事実、歴史の転換期にあって人間の知覚器官に課される諸課題は、たんなる視覚の方途では、すなわち静観をもってしては、少しも解決されえない。それらの課題は時間をかけて、触覚的な受容に導かれた慣れを通じて、解決されていくほかない。慣れていくことは、くつろいだひとにもできる。それどころか、ある種の課題をくつろいで解決しうることこそが、初めて、ひとが課題の解決に慣れてきたことを、あかしする。知覚に課された新しい課題がどの程度まで解決可能になったかは、芸術が提供するべきくつろぎを目安として点検できよう。

『複製技術時代の芸術』（ヴァルター・ベンヤミン：著　野村修：訳　岩波文庫、１９９４）

ここにはいくつかの視点が重なり合っている。ベンヤミンは、まず建築の受容のされ方を「鑑賞すること」と「使用すること」のふたつの側面からとらえている。この２側面は、そのまま「形態と機能」の対比に重ね合わせることができる。ベンヤミンはこの２側面を「注目」と「慣れ」の対比としてもとらえ、さらに「視覚的な受容」と「触覚的な受容」へと展開させている。それぞれのとらえ方には微妙なズレがある。そのズレをはっきりさせるために、筆者はさらにふたつの視点を導入してみたい。ひとつは「空間的受容」と「時間的受容」、もうひとつは「意識」と「無意識」という対比である。

建築を鑑賞することは、視覚的に注目し意識的にとらえることである。触覚的鑑賞というような鑑賞の仕方もあるかも知れないが、いずれにしても意識をそばだてることによって受容される点では変わりはない。鑑賞されるのは形態や空間であり、機能ではない。一方、機能に関して実用的鑑賞といったものを想定することも不可能ではないが、それは一時的で試験的な機能に過ぎない。機能すなわち建築を使用することは、時間をかけて空間や形態に慣れ親しみ、触覚的な体験を通して身体化し、形態や空間を無意識の背景に沈めることである。たとえば住宅に住み始めるときのことを考えてみるとよい。最初のうちは形態も機能も新鮮にとらえられ、すべてが意識のうえに浮かび上がってくる。形態はまるで芸術作品を鑑賞するように見えるだろうし、機能はいちいちマニュアルを見ながら意識的に使いこなさねばならない。しかし時間をかけて少しずつ住まいに慣れ親しみ、そこに住み込むようになると、形態も機能も意識のうえから消え、空間は身体に馴染み無意識の背景に溶け込んでいく。こうして物理的な存在としての住宅が「生きられる家」となる。それを私は「建築的無意識」と名づけたのである。

建築的無意識について私は以下のように定義している。

> 建築的無意識とは、建築と人間との相互作用によって形成されるシステムのなかの固定的な回路である。ユーザーだけでなく建築家もそのような回路をもっている。記号論においては、そのような回路をコード（記号体系）と呼んでいる。それは種としての人間に埋め込まれた遺伝コード、歴史的に形成された文化的・慣習的なコード、性癖や習慣といった個別的なコードなど、さまざまなレ

ヴェルの回路が絡み合ったネットワークである。私としてはたんに建築的無意識を明らかにするだけではなく、それを揺り動かし変容させる作業としてのデザインという視点を導入することによって、テクノロジーの問題に結びつけたいと考えている。テクノロジーと建築的無意識とが一体となって、マインド・エコロジカルなデザインが生み出されるというヴィジョンである。

『建築の四層構造　サステイナブル・デザインをめぐる思考』
（難波和彦：著　ＬＩＸＩＬ出版、２００９）

　このように見てくると、形態と機能のあいだには、意識的な関係と無意識的な関係という二種類があることがわかる。形態と機能の関係は、時間の経過によって変容するといってもよい。ベンヤミンの映画技術論の視点から見るなら、形態と機能の関係を意識的にとらえるのは専門家であり、無意識的にとらえるのがユーザーであるという見方もできるだろう。前近代においては、つくり手と使い手は一体だった。しかし近代以降、つくり手と使い手は分離し、つくり手は専門家となり、使い手は大衆化した。このような対比は、そのまま建築にも当てはまる。専門家はすべてを意識化しようと試み、大衆はその結果を無意識的に受容する。この問題をベンヤミンは写真と映画という新しい芸術において考察したが、同じことは建築についてもいえるだろう。両者の対比を強調し過ぎることは危険だが、近代建築がそうした分離のうえに成立していることは明らかである。逆の見方もできる。近代的な視点には、対象を意識的に注視する視点と、無意識的に受容する視点があり、近代人は絶えず両者を往還しているといってもよい。近代性を背景にしたこのような建築のあり方を明確に理解するために、私は時間的な受容を建築のもっとも重要な特性だと考えたい。専門家である建築家はすべての条件を意識化することによってデザインしようとする。しかしながらできあがった建築はユーザーによって無意識的に受けとめられ身体化される。したがってデザインの有効性を検証するには、建築家は無意識的受容のプロセスについても知らねばならない。建築家は建築的無意識を意識化するだけでなく、同時にそれに身を任せ体験することもできなければならないのである。

3. パタン・ランゲージ

形態と機能が建築的無意識という時間的な受容を通して結びつけられるのだとしたら、そのコードは一体どのようなものだろうか。あるいはそのコードはどのようにして形成され、受容され、そして変容させられるのだろうか。コードとはそもそも人工的に制御できるものなのだろうか。

先にも紹介したように、形態と機能を結びつけるコードをもっとも体系的にとらえたのはクリストファー・アレグザンダーのパタン・ランゲージである。パタンは空間と出来事との関係を曖昧な型として表したものであり、建築空間は複数のパタンをネットワークに組み合わせることによってうみ出される。パタン・ランゲージは２５３個のパタンから成っている。個々のパタンはアレグザンダーと彼のチームによって世界中の事例から経験的に抽出され、実際の設計への適用によって検証された。アレグザンダーは初期の論文『形の合成に関するノート』（以下『ノート』）では、機能を形態に結びつけるために形態が満足すべき条件をコンテクストと名づけ、機能を徹底的に細分化・客観化したコンテクストに分解し、そのネットワークをグルーピング化することによって形態のツリーダイアグラムをうみ出そうとした。しかしそのツリー化の方法がうまくいかないことに気づいて、論文「都市はツリーではない」を書いた後に、自然言語によるパタン・ランゲージへと向かったのである。

とはいえアレグザンダーが提案した方法のなかでは、いまだに初期の『ノート』の方法にもっとも可能性があると考えられている。それはなぜだろうか。私見では、その理由は設計条件としての機能を可能な限り意識化し、明示知化しようとした点にある。『ノート』の「デザイン・プロセスの3段階」にも示されているように、アレグザンダーはコンテクストと形をすべて記号化したうえで両者を結びつけようとした（図12-3）。これは専門家がもっとも理想とする意識化の方法だといってよい。ではアレグザンダー自身はなぜその方法を捨てて曖昧なパタン・ランゲージに向かったのだろうか。第1の理由はアレグザンダー自身も述べているように、細分化・明示知化されたコンテクストの項目をネットワークに組み、ダイアグラム化する方法では、明示知化されたコンテクストを満足するだけの単純なツリーシステム

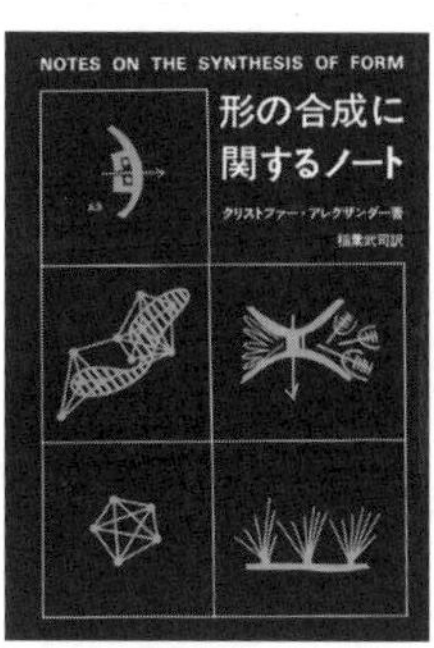

図12－2：『形の合成に関するノート』表紙

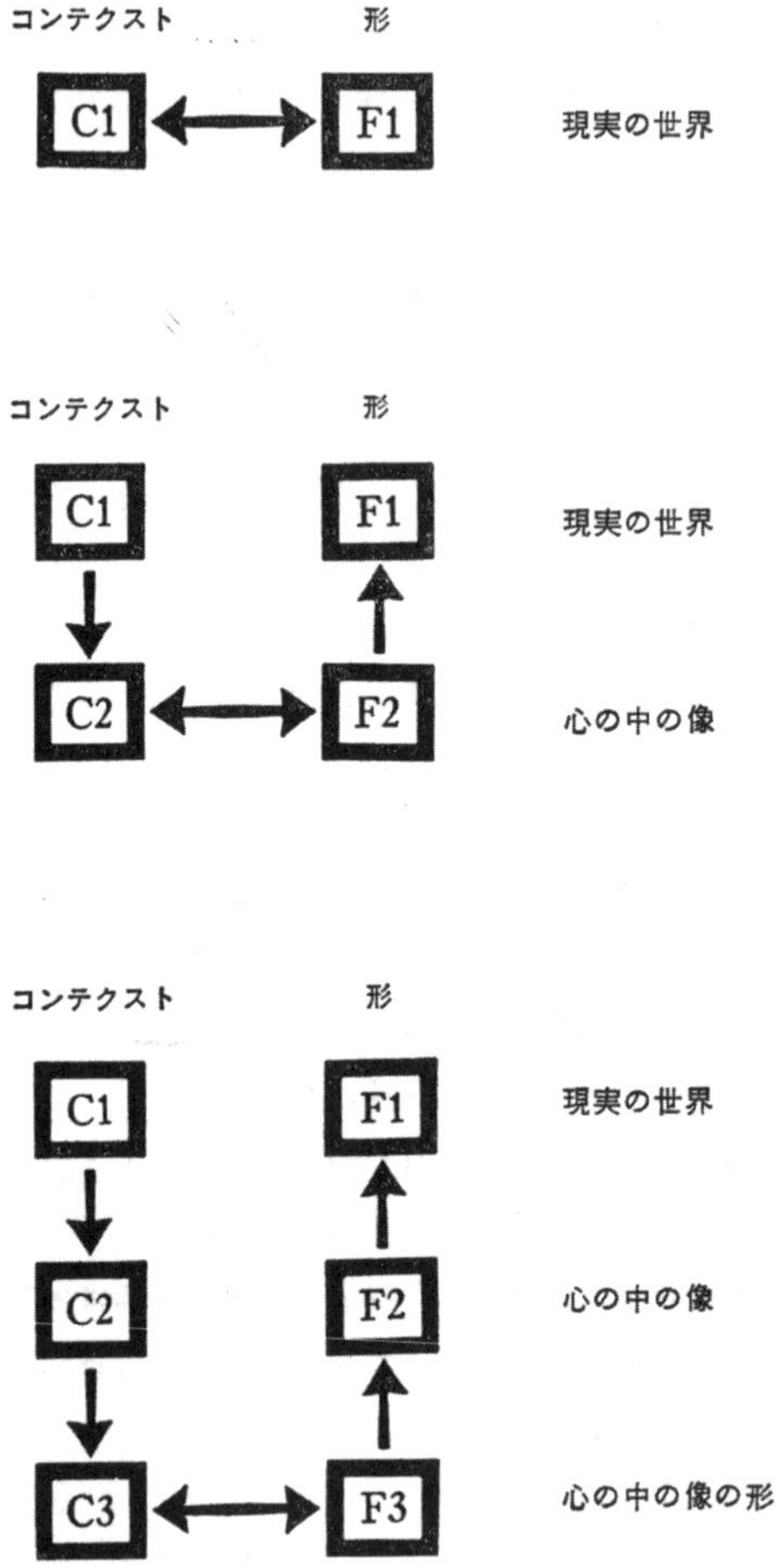

図12－3：デザイン・プロセスの3段階
（出典：『形の合成に関するノート』クリストファー・アレグザンダー：著
平田翰那：訳　鹿島出版会　1978）

の形態しかつくれないことがわかったためである。たしかにその通りだが、筆者には第2のもっと積極的な理由があったように思える。それは『ツリー』において一旦意識化した方法を、再び無意識化するためだったのではないだろうか。

科学哲学者マイケル・ポラニーは『暗黙知の次元』のなかで、知識には明示知化できる知識とできない知識とがあることを明らかにしている。ポラニーは、人間は「語ることができるよりも多くのことを知っている」と主張している。ポラニーは明示知化・意識化できない知識を「暗黙知（Tacit Knowledge）」と名づけた。

暗黙知はつねにふたつの要素によって構成されている。この点を説明するために、ポラニーはひとつの実験を例にあげている。それは無意味な綴つづりを被験者に見せ、ある特定の綴り（ショック綴り）を見せたときにだけ被験者に電気ショックを与えるという実験である。この実験をくり返すと、被験者は「ショック綴り」（第1項）が示されるとき、無意識的にショック（第2項）を予想するようになる。しかし被験者はショック（第2項）を予想することはできるが「ショック綴り」（第1項）が何であるかをいい当てることはできない。この実験結果は、被験者が「語る（意識化する）ことができる以上のことを（無意識に）知っている」ことを証明している。さらにポラニーは、顔の部分的認識（第1項）と、顔全体のゲシュタルト認識（第2項）との関係など同じような事例をあげながら、第1項と第2項を結びつける暗黙知の構造について詳細に論じている。暗黙知においては、第2項は意識されるが第1項は意識されない。しかし暗黙知は両者の結びつきをはっきりととらえている。暗黙知は無意識の内に、あるいは身体に埋め込まれた知識なのである。この点についてポラニーはこういっている（以下、括弧内は筆者註）。

> われわれは、対象を構成している諸細目の集まり（第1項）を統合して、対象をひとつのまとまった存在（第2項）として理解するが、そのときわれわれは、それら諸細目の集合を身体に同化させることによって、身体を世界へと拡大させ続けているのである。
>
> 『暗黙知の次元』（マイケル・ポラニー：著　高橋勇夫：訳　ちくま学芸文庫、2003）

暗黙知とは身体化された知識である。それは言葉によって明示的に説明される知識ではなく、行動することにおいて知られた無意識の知識である。したがって暗黙知は第1

項と第2項の関係を明示知化することによって明らかにすることはできない。というよりも、暗黙知は明示知化されると本来の働きを失うのである。かくしてポラニーは暗黙知の構造について、次のように結論づけている。

(1) まとまりをもつ存在（第2項）を暗黙知が知る場合、その存在の諸細目（第1項）についてわれわれが感知していることは、その存在に注目するための手がかりとされる。

(2) もしわれわれが関心を諸細目（第1項）に移すならば、諸細目のこの機能は失われ、われわれがそれまで注目していた存在（第2項）は見えなくなる。存在論においてこれに対応するのは次の2点である。

1 包括的存在（第2項）を制御する原理の活動は、その包括的存在の諸細目自身（第1項）を支配する法則に依拠して行われる。

2 それと同時に、その諸細目（第1項）を支配している法則は、諸細目の全体が形成する、より高い存在（第2項）の組織原理を説明することはない。

『同書』

要するに、暗黙知の第1項である諸細目は、全体性をもった第2項を構成する「部分」であり、両者は存在のレヴェルが異なるために、部分を寄せ集めても「全体」を形成することはできないということである。同じことは機能の集合によって形態を導き出そうとする機能主義の方法についてもあてはまるように思われる。

アレグザンダーは『ノート』において、コンテクストと形だけでなく、両者の関係までをも明示知化・意識化しようと試みたとみることができる。しかし、ポランニーの暗黙知理論によれば、コンテクスト（第1項）を明示知化・意識化すれば、それを統合する形（第2項）は見えなくなる。コンテクストと形を明示知化したままで両者を結びつけることは不可能なのである。したがってアレグザンダーがパタン・ランゲージに向かったのは、コンテクストと形の関係を暗黙知化するためだったのではないだろうか。

ポランニーの暗黙知理論と同じような議論を、もっと広い文脈で展開しているのが、文化人類学者のグレゴリー・ベイトソンである。ベイトソンは「情感（ハート）」には理性（リー

図12－4：『暗黙知の次元』表紙

ズン）が感取しえない独自の理性がある」というパスカルの箴言を引きながら、「ハート」が言語によって明示知化できる「リーズン」とは異なる精密な演算規則（Algorithms）をもっていると主張する。この点について、ベイトソンはこういっている。

> そうした「ハート」の、いわゆる「無意識」の演算規則は、言語の演算規則とはまったく別の方法でコード化され、組織化されている。しかもわれわれの意識は、大部分言語によって組み立てられている。そのために、無意識の演算規則を意識でとらえることは二重の困難をともなう。意識に支配されているかぎり、精神はこうした対象を摑むことはできないというばかりでなく、かりに夢、芸術、詩、宗教、酩酊などによって、それが運よく把握できたとしても、それを言葉に翻訳するのが、また途方もなく難しいのだ。
>
> 『精神の生態学』（グレゴリー・ベイトソン：著　佐藤良明：訳　新思索社、２００２）

さらにベイトソンはシステム論や進化論の視点から、この主張を次のようにも言い換えている。

最初は計画的、意識的に行われていた行為が、しだいに習慣化されていく。習慣はしだいにより無意識的な、意図による制御のきかないものになっていく。そして生命体の最深部にまで落ち切った習慣は、そこで「記憶のボディ」に統合される。この記憶のボディは、（現代の生物学が想定する遺伝子型 genotype のように）次世代の特性をも決定する。

『同書』

恒久的に真であり続ける関係性についての一般事項は無意識領域に押しやり、個別例の実際的処理に関わる事項は意識領域に留めるという答がシステムの経済適用性からでてくるのである。思考の前提は沈め、個々の結論は意識のうえに残しておくのが得策である。しかしこの「沈め」は経済的であるといってもやはり「手放す」ことの代価を払って得られるものである。沈める先が隠喩とイコンの演算規則が取りしきるレヴェルである以上、そこからはじき出されてきた答がどのように導き出されたのか、もはや知ることは難しい。

『同書』

要するに暗黙知とは、知識というシステムの作動を効率化させるためのブラックボックス化したサブシステムなのである。

4. 形から機能へ

図12－5：『精神の生態学』表紙

ベンヤミン、ポラニー、ベイトソンらの思想は、建築の形態と機能が建築そのものの属性ではなく、それを受容する人間を含んだ生態的な現象であることを明らかにしている。そして形態と機能の関係を、人間の意識と無意識をめぐる広大な領域のなかに位置づけている。さらに彼らの理論が明らかにしているのは、形態と機能の結びつきは意識的にとらえられるものではなく、時間の経過のなかで徐々に結びつき、無意識の底に沈むことによって人びとの生活に働きかけるという事実である。ポストモダニズムの形態主義が、この問題の核心をとらえ損ねたのは、意識に直接訴えかけるような特異な形態を追求することに終始し、形態が無意識に働きかける回路を忘れていたからではないだろうか。特異な形態は当初は視覚を刺激し意識に訴えかけるかもしれないが、時間のなかで徐々にその効力を失っていき、最終的にはたんなる異物と化す。それは解釈を限定された形態によって、形態と機能のフレキシブルな結びつきを阻害することに終わるだろう。

とはいえ建築デザインの本来の目的は、無意識の演算規則に馴染じみやすいありふれた形態と機能の結びつきを提供することにあるわけではない。そうではなく、むしろ意識を通じて無意識を揺り動かすことによって、生活のアクティビティを新たに再組織化することにある。さらにいうなら、生活の変化に対応できるように無意識化される空間とアクティビティを、緩やかでフレキシブルに結びつけることにある。

建築デザインにおいて、機能（生活のアクティビティ）が重要な条件であることはいうまでもない。しかし建築デザインにおいて、現実に操作が可能な変数は、機能ではなく形態であり空間である。形態と空間を通して機能を制御することが、建築デザインの基本的なスタンスである。先にも述べたように、形態と機能がそれぞれ独立したシステムだとするなら、建築デザインとは機能から形態を導き出す作業というよりも、むしろ形態を第1項とし機能を第2項として、形態から機能に働きかけることではないかという仮説が成り立つ。機能が生活のアクティビティのネットワークだとするなら、それをひとつのシステムとしてとらえることができるだろう（事実、アレグザンダーはそれをコンテクストとしてとらえた）。ならば逆に形のシステムを通じて、機能のシステムを再編成することも不可能ではないはずである。

美術史家のエルンスト・H・ゴンブリッチは、形態と機能の関係についてユニークな視点を提示している。ゴンブリッチは子どもの遊具である棒馬（ホビー・ホース）に注目しながら、形態と機能の関係について次のように述べている。

> こうしてみると、一本の棒がわれらの棒馬になるためには、二つの条件が必要だったということになる。第一は、その形がちょうど馬乗りできるようなものであったこと。第二に――おそらくこれが決定的なものであるが――乗ることが重要だったということである。（中略）乗るという欲求が大きければ大きいほど、馬として役立つ特徴の数は、それだけ少なくなるだろう。
>
> 『棒馬考』
>
> （エルンスト・H・ゴンブリッチ：著　二見史郎+谷川渥+横山勝彦：訳P.21-23　勁草書房、1988）

子どもたちにとって、たんなる棒や箒が遊具としての棒馬になるのは、馬に乗るという機能がなによりも重要だからである。大人たちが考える馬の遊具のように、形態が馬に似ているからではない。むしろ単純で抽象的な形態だからこそ、棒や箒は子供たちの想像力と創造力に訴えかけ、多様な遊びを誘起するのである。

図12－6：『棒馬考』表紙

ゴンブリッチの所見を敷衍《ふえん》すれば、以下のように考えることができるだろう。ある機能に対する欲求が大きければ、形態がその機能を誘発するような場合が多々ありうる。そのような場合、その機能に対する欲求が強ければ強いほど、形態に求められる条件の度合いは弱まるということである。これは特定の形態は特定のアクティビティ（機能）を誘発するという、形態と機能の結びつきを探り出そうとする生態心理学が提唱するアフォーダンス理論を想起させる。しかし機能への欲求を考慮している点において、さらに一歩踏み込んだ主張だといってよい。ある特定の機能への欲求が大きいとき、それに応えるために提示された形態は、最小限の表現によってその機能を満足させる。それだけではなく表現を抑えられた形態は、ユーザーである住み手の想像力・創造力をかき立て、さまざまな機能を誘起させるだろう。

先にも述べたように、無意識の底に暗黙知化された形態と機能の関係を明示知化することはできない。というよりも、明示知化することによって暗黙知の構造は破壊される。しかしあらためて考えてみるなら、このような暗黙知の構造が明らかになったのは、そもそもそれを明示知化しようとしたからにほかならない。暗黙知に関するポラニーの研究も、明示知化を通して暗黙知の明示知化の不可能性を明らかにしたのである。暗黙知の構造を暗黙知によって明らかにすることはできない。そもそも暗黙知に身を任せている人は、暗黙知の存在を自覚することはないし、暗黙知の構造を知りたいとも思わないだろう。同じように建築における形態と機能の関係は、たとえそれが無意識的に働くのだとしても、その構造は明示知化・意識化することを通してしか明らかにすることはできないのである。

ひとつの例として、アレグザンダーの理論展開を再びたどってみるとわかりやすいだろう。彼は『ノート』において徹底した明示知化・意識化の方法を試みた。その結果、明示知化・意識化の方法の限界を察知し、形態と機能を曖昧な型としてとらえるパタン・ランゲージへと方向転換した。さらに彼はパタン・ランゲージの加算的なデザインの限界を見極めたうえで、形態が機能を組織化するという「形の幾何学的性質」の研究へと展開していき、現在ではそれを自然界の秩序へ結びつける『NATURE OF ORDER』の探索へと向かっている。

アレグザンダーがたどった道は、暗黙知を徹底的に明示知化・意識化し（『ノート』）、再びそれを暗黙知化する『パタン・ランゲージ』によって、暗黙知をつぎつぎと新しい段階へとステップアップさせていくプロセスと見ることができる。ベイトソンもいうように、明示知を暗黙知化するとシステムの効率はよくなるが、その内部構造はブラックボックス化し、システムはルーチン化する。形態と機能の相互喚起作用を維持するには、たえず暗黙知を明示知化し意識化しなければならない。暗黙知を明示知化し意識化することは、暗黙知を揺り動かし見慣れないものへと変容させることである。暗黙知と明示知との間のこのような往還について、ポラニーはこういっている。

> 諸細目に関心を集中させることによって破壊された意味が、再びとりもどされるための方法は、もちろん、諸細目の暗黙的な再統合の他にないわけではない。分析によって包括的存在が破壊されることに対して、多くの場合にとられる対

抗策は、諸細目の関係を明確に述べる、ということである。これは明示的な統合といえるが、これが実現可能な場合には、この明示的な統合は、暗黙的な統合の範囲をはるかにこえる。

『暗黙知の次元』（マイケル・ポラニー：著　高橋勇夫：訳　ちくま学芸文庫、２００３）

最終的に、形態のシステムから機能のシステムへの働きかけがめざすのは、こうした明示的な統合である。

設計プロセスにおける建築家とユーザーとの協同作業は、機能に関するユーザーの知識を明示知化し、機能に対するユーザーの欲求を強化する。それに対して、建築家は必要最小限の要素によって構成された空間を提供する。このような建築家とユーザーとの相互喚起作用が、新しい建築へのユーザーの創造力をかき立て、機能の変化にフレキシブルに対応する建築をうみ出す。このようなプロセスがもっとも有効に働くのは、なによりも住宅の設計においてであると私は考える。

参考文献

1.『複製技術時代の芸術』（ヴァルター・ベンヤミン：著　野村修：訳　岩波文庫、１９９４）

2.『建築の四層構造　サステイナブル・デザインをめぐる思考』（難波和彦：著　ＬＩＸＩＬ出版、２００９）

3.『形の合成に関するノート　都市はツリーではない』（クリストファー・アレグザンダー：著　稲葉武司他：訳　鹿島出版会、１９７８）

4.『パタン・ランゲージ　環境設計の手引』（クリストファー・アレグザンダー：著　平田翰那：訳　鹿島出版会、１９８４）

5.『クリストファー・アレグザンダー　建築の新しいパラダイムを求めて』（スティーブン・グラボー：著　吉田朗＋辰野智子＋長塚正美：訳　工作舎、１９８９）

6.『暗黙知の次元』（マイケル・ポラニー：著　高橋勇夫：訳　ちくま学芸文庫、２００３）

7.『精神の生態学』（グレゴリー・ベイトソン：著　佐藤良明：訳　新思索社、２００２）

8.『棒馬考　イメージの読解』（エルンスト・Ｈ・ゴンブリッチ：著　二見史郎＋谷川渥＋横山勝彦：訳、勁草書房、１９８８）

◉第十三章　住宅の寸法

1．寸法の現在

建築には寸法（ディメンション）という用語に関連して、大きさ（サイズ）、尺度（スケール）、比例（プロポーション）といった用語がある。同じような使い方をするが、ややニュアンスの異なる用語にモデュールがある。これはコンピュータ用語としてもよく使われているが、これには対応する適当な日本語訳は見あたらない。あえて訳せば〈寸法単位〉といえるだろうか。コンピュータだけでなく、航空機、ロケットなどのジャンルでは、特定の機能を備えた機械部品のことをモジュールと呼んでいる。この意味でモジュールは機械系の機能的な単位部品の呼称として、モデュールは建築の寸法単位の呼称として使い分けられているようである。ただ建築においては、モデュールは単位寸法といった意味から一連の寸法を組み合わせた寸法システムという意味までさまざまな意味で使われている。建築に関する寸法の問題は、むしろ後者の意味のモデュールとの関連で論じられることが多いように思われる。

一般に建築には物理的・実体的な尺度があり、それを正確にとらえることが建築家の能力だと考えられている。「スケール感がいい」というのは、空間のサイズが適切でプロポーション（比例）がよいという意味である。サイズが適当でもプロポーションが悪い場合や、プロポーションはよくてもサイズが不適当な場合はそうはいわない。しかし現在では、そのような古典的意味でのスケール感は大きく揺らぎ始めている。

われわれは毎日、テレビのニュース画面を眺めている。そこに映し出される光景は、具体的なサイズを捨象《しゅうしょう》し、多くの場合はスケールを縮められた（ときには拡大された）現実の像である。私たちは一方でリアルな現実に生きながら、もう一方ではスケールを変換された液晶画面上の現実のアンリアルな像に触れている。そうした経験のなかで、われわれは液晶画面上のスケール感を絶えず修正し続けているに違いない。われわれの頭のなかの寸法の修正回路が、液晶画面上の図面に対しても自動的に働くのではないだろうか。つまりパソコン画面上の図面は、自動的にリアルなスケールを捨象した画像として受け止められているのである。たとえば録音された自分の声を初めて聞いたとき、あるいは初めてマイクを使いスピーカーを通して自分の声を聞いたときの違和感を憶えている人は多いだろう。自覚されることは少ないが、同じようなことは液晶画面上でも生じているのではないだろうか。スピーカーを通した自分の声に慣れたとしても、自分の声を正確に聞けるようになったわけではない。つまり液晶画面上の図面に慣れたとしても、正確なサイズが把握できるようになるわけではないのである。

要するにテレビにかぎらず電話やインターネットといった新しいメディアは、確実にわれわれのスケール感を変容させているということである。そうしたスケール感の変容は、当然ながら建築空間に反映されるに違いない。最近、建築家がスケールとかプロポーションといった言葉をあまり口にしなくなったのは、そういった時代背景に一因があるのかも知れない。

2. 住宅の工業化とモデュール

モダニズムデザイン運動の初期において、寸法の問題は建築家にとってきわめて重要なテーマだった。それは3つの意味をもっていた。

第1は建築の生産のための寸法の問題である。それまでレンガや木材によってつくられていた建築に代わり、近代的な工業技術によって建設される建築の部材寸法の問題は、新しい表現の可能性を追求するうえで重要なテーマとなった。第2は建築の実用的・機能的な寸法の問題である。近代建築は空間を人間の生活が展開する場所として組織化しようとした。生活の容器として必要最小限の規模を追求する最小限住居の問題は、近代建築家にとって大きなテーマとなった。第3は建築空間の視覚的な寸法の問題である。近代建築は近代国家の建設に貢献したが、国家を象徴するモニュメンタルな建築はそれにふさわしいスケールと比例をもつ必要があった。あるいは様式や装飾を排除しようとした近代建築においては、スケールと比例が美学的な条件として注目されるようになった。このような3つの問題を統合するのがモデュール、すなわち寸法システムの問題なのである（図13-1）。

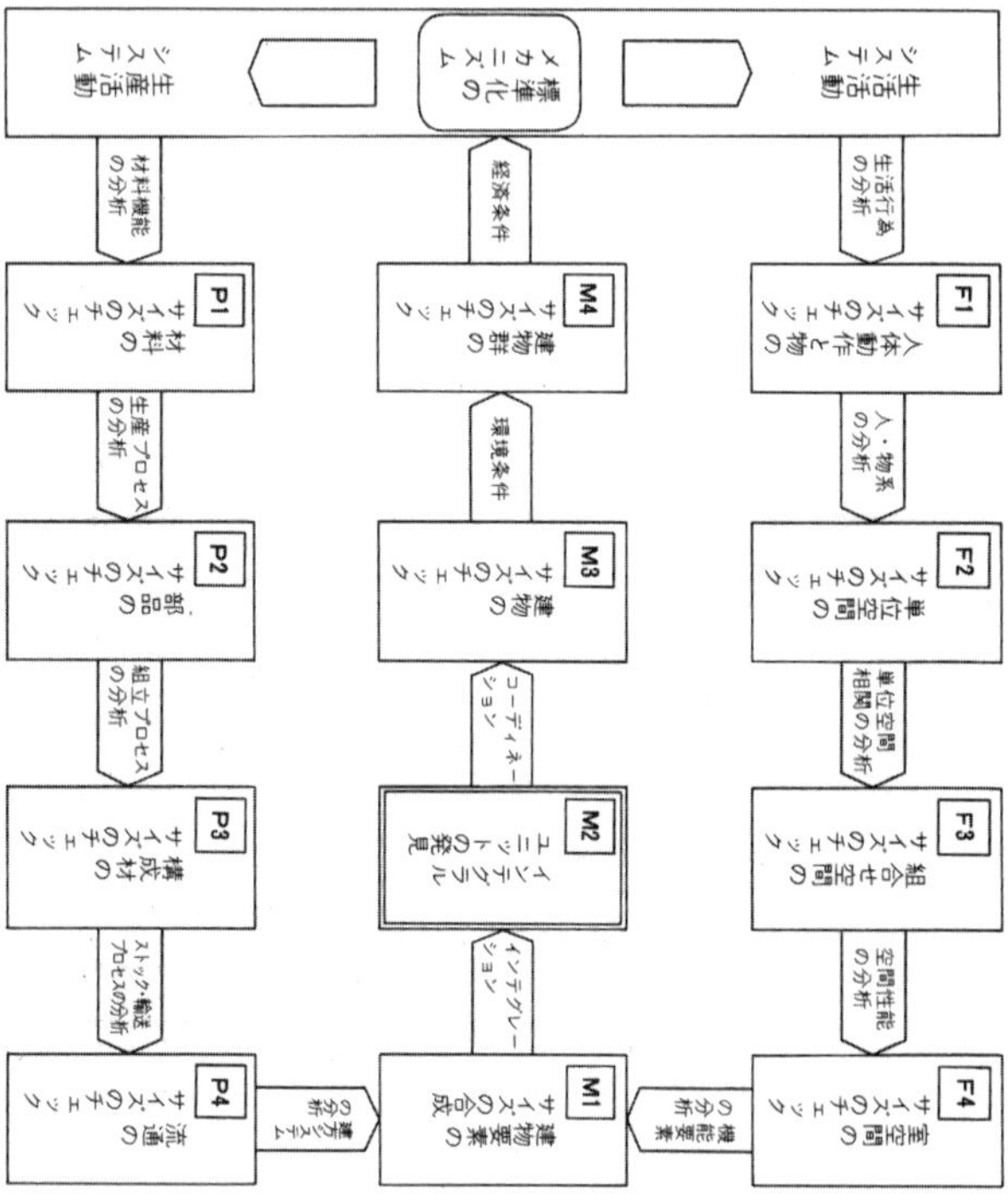

図13－1：寸法調整におけるチェック・システム

１９５０年代後半から60年代にかけて、日本の建築家たちはモデュールとモデュラー・コーディネーション（ＭＣ）の研究に集中的にとり組んだ。１９５３年にル・コルビュジエの『モデュロールⅠ』（美術出版社「原著：１９４８」）が吉阪隆正《よしざかたかまさ》の翻訳で出版されたことが直接の引き金となった（図13‐2）。しかしそれ以上に重要な要因は、日本が戦後の復興期を終えて高度成長期にさしかかり、建設産業の早急な近代化が要請されるようになったことである。１９５５年には日本住宅公団が設立され、公営住宅の建設が本格化し始めていた。さらに１９５０年代後半には日本で初めてのプレファブ住宅が発売され、戸建住宅を対象とする国の住宅金融金庫のローンがスタートしている。このように急激に増大する住宅需要に応えるには住宅の工業生産化が急務であり、そのための基礎的な条件として、モデュールの標準化が必要だと考えられたのである。この意味でモデュールの研究は戦後モダニズムのひとつの局面を形成していたといっても過言ではない。

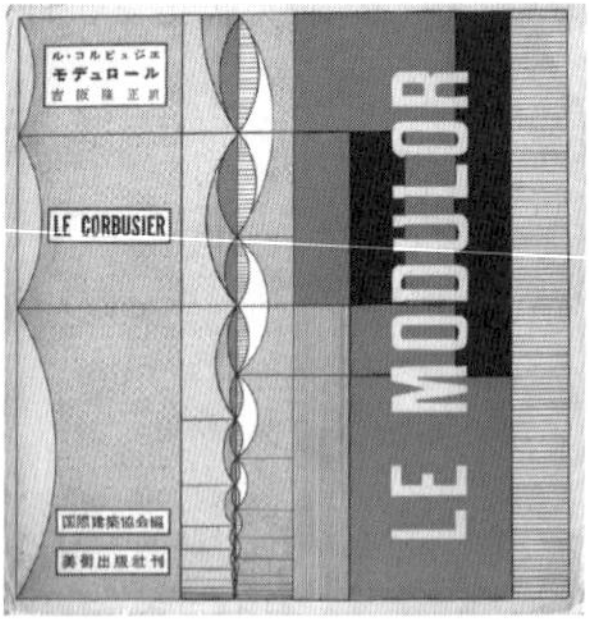

図13－2：『モデュロールⅠ』
（美術出版 1948）表紙

建築学会にも１９５５年にＭＣ特別委表紙員会が設置され、１９６４年にその研究結果が『モデュール割り（ＭＣ）と建築生産の工業化』（日本建築学会）としてまとめられている。ＩＳＯ（国際標準化機構）が提唱するモデュラー・コーディネーションに関する一般原則によれば、ＭＣとはモデュールを使用して建築構成材や建築および建築の部分の寸法調整を達成する方法であり、建築生産を合理化し建築費を引下げることを目的としている。つまりＭＣは、一般的に使用される建築構成材の寸法標準化の合理的な基礎を構成し、それによって構成材を工業的に生産し、さらに他の構成材と組み合わせる際にもっとも少ない調整と材料の無駄を最小に抑えることをめざしているわけである。

　このように日本では、モデュールはもっぱら建築の工業生産化の問題と結びつけてとらえられていた。これに対してル・コルビュジエは、『モデュロールＩ』において、モデュールを建築の視覚的側面、機能的な側面、工業生産的な側面の３つの条件を統合するスケールの問題としてとらえ、近代建築の基本的な問題として国際化しようとした。この点に建築の寸法の問題に対するル・コルビュジエの先見性があった。

3．ル・コルビュジエのモデュロール

モデュロールはル・コルビュジエが第二次世界大戦中に数学者の協力をえて考案した建築の寸法システムである。黄金モデュール（モデュール・ド・オール＝モデュロール）という名称の由来は、ギリシア時代から神秘的な比率として広く知られてきた黄金比を用いている点にある。黄金比を成す数列は、等比数列でありながら加減によって前後の数列を導き出すことができる。前のふたつの数を足した数が次の数になっているような数列をフィボナッチ数列と呼ぶ。フィボナッチ数列は最終的に黄金比に収斂する。黄金比を成す数列は、建築の尺度としてきわめて好都合であることがわかっている。なぜなら均質なグリッドではなく、等比級数的な寸法システムによって空間を隙間なく埋め尽くすこと

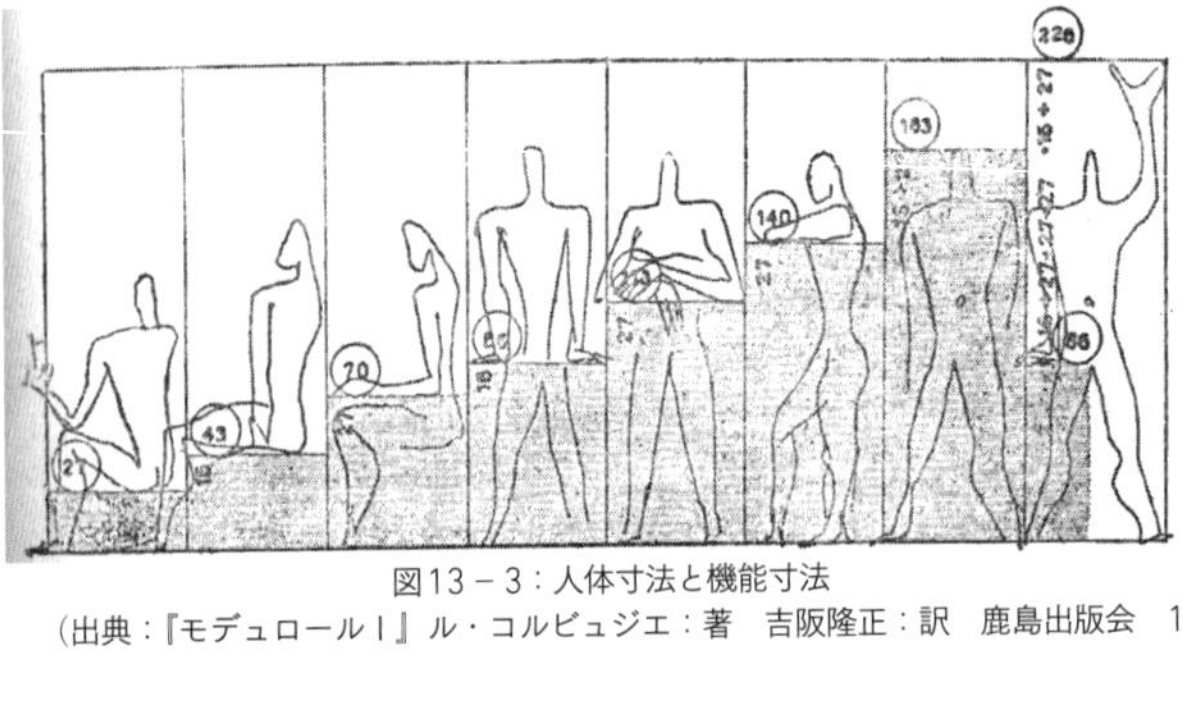

図13－3：人体寸法と機能寸法
（出典：『モデュロールⅠ』ル・コルビュジエ：著　吉阪隆正：訳　鹿島出版会　1976）

ができるからである。この黄金比を人体寸法に結びつけることによって考案された寸法システムがモデュロールである（図13-3）。

ル・コルビュジエは、人間の身長と臍《へそ》の高さのふたつの寸法に注目し、両者がほぼ黄金比になっていることを発見した。さらに人間が手を上に延ばした高さを臍の高さの2倍に一致させ、両者を黄金比によって分割・展開させることによって、青と赤のふたつの寸法列を考案した。これを黄金比にしたがって大小両方向に展開させ、身体に関連するさまざまな寸法に結びつけたのがモデュロールである（図13-4）。

黄金比はギリシア時代からヨーロッパ建築の視覚的比例を統御していた。ル・コルビュジエはこれを身体寸法に結びつけることによって機能的な意義を与え、さらにモデューロールが空間を埋め尽くすという特性

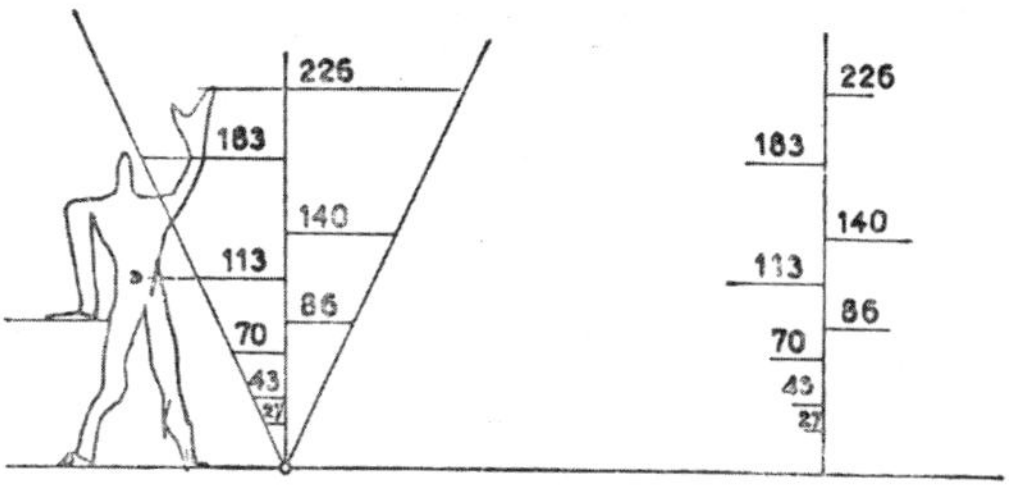

図13－4：人体寸法とモデュロール

（出典：図13－3と同じ）

を生産寸法に結びつけることによって近代的な工業生産に結びつけようとした。ル・コルビュジエにとって、機能、生産、比例を結びつけるモデュロールは「すべてのものを結びつけ秩序立てる法則」であり、吉阪隆正の言葉を借りるなら「建物を建築にする道具」だった。ル・コルビュジエはモデュロールの目的についてこう述べている。

> 家庭の品であろうと工業的ないしは商業的な品であろうと世界のどこの地点においても製造し移動させ、購買できるものをつくるに当たって現代の社会は共通の尺度をそれによって内容と外包との寸法を調整し、安心して注文し提供できるような尺度を欠いている。ここに私たちの努力が払われる。それが秩序を与えるという存在理由である。そしてもしその努力の上に調和が君臨してくれるものなら。
>
> 『モデュロールⅠ』（ル・コルビュジエ：著　美術出版社１９５３／鹿島出版会、１９７６）

モデュロールがたんに建築空間の視覚的秩序の問題や機能の問題としてだけでなく、生産の問題としてとらえられていたことがわかる。ル・コルビュジエは工業製品だけでなく、あらゆる生産物の国際的な物流についても注目していた。彼は野菜や果物を運搬するパッケージをモデュロールにもとづいて標準化することを提案している。現在では国際的な標準サイズに統一されているコンテナ輸送を先取りしていたといえるだろう。

さらにモデュロールは政治的・経済的な問題をはらんでいた。それはヨーロッパを二分するふたつの寸法システム、すなわちアングロサクソン系（アメリカとイギリス）のフィート・インチ法とヨーロッパ大陸のメートル法とを調整し、両者を調整し包含するという具体的な目標をもっていた。ル・コルビュジエは、モデュロールの開発当初は基準となる身体寸法としてフランス人の平均身長１７５ｃｍを用いていたが、後にイギリス人の平均身長である１８３ｃｍに変更したのはそうした政治的配慮からである。全ヨーロッパ、ひいては全世界に共通な標準モデュールをつくり出すことは、インターナショナルな普遍性を追求するモダニストとしてのル・コルビュジエがめざした必然的な方向だった。ちなみにフィート・インチ法は身体寸法を基礎とし、メートル法は地球の寸法を基礎としている。つまり前者は人間の動作から導き出された機能的な寸法であり、後者は天文学にもとづいて数学的に計算された合理的な寸法である。この意味で、ル・コルビュジエはモデュロールを通じてイギリス的な経験主義と大陸的な合理主義の統合をめざしたのだといってもよいだろう。

ル・コルビュジエがモデュロールを初めて建築に全面的に適用したのは、マルセイユの《ユニテ・ダビタシオン》（1945-1952）においてである。この集合住宅で、彼はモデュロールの有効性を徹底的に検証している。『モデュロールI』には、この建築にモデュロールがどのように適用されているかが詳細に報告されている（図13-5）。その適用範囲は、全体配置計画、断面とファサードの計画、住戸計画といった大きなスケールから、ピロティ、屋上庭園、廊下や住戸サイズ、家具造作といった細部に至るまで一貫している（図13-6）。さらにル・コルビュジエはインテリアや展覧会のパネルのデザインから、ニューヨークの国連ビル計画、パリ、サンディエ、アルジェの都市計画に至るまで、身体的道具から都市に至る広い範囲での適用を報告し

図13－5：マルセイユのユニテのピロティとモデュロール
（出典：図13－3と同じ）

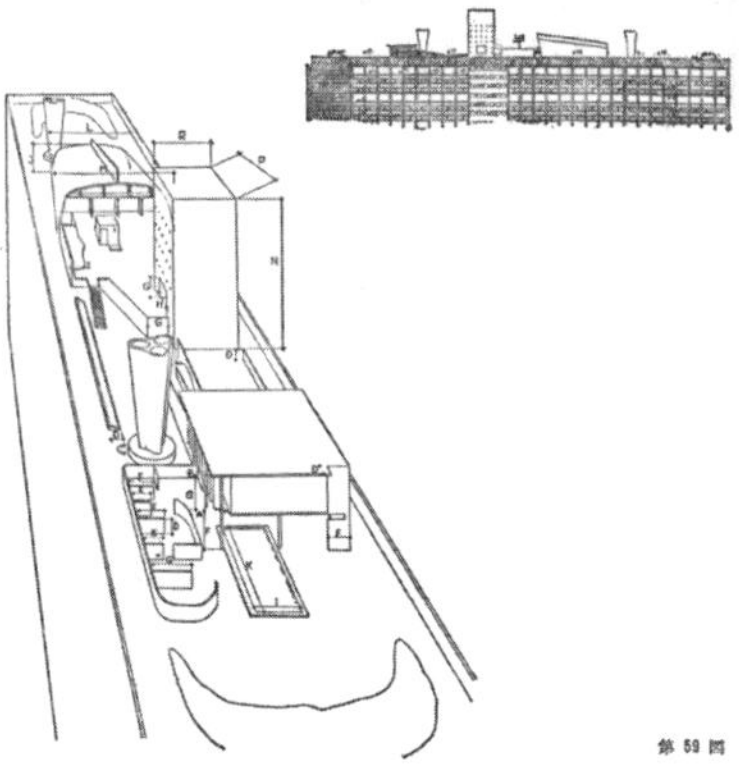

図13－6：マルセイユのユニテのファザードと屋上のモデュロール
（出典：図 13 － 3と同じ）

図13－7：『モデュロールII』表紙
（美術出版社 1948）

ている。こうした徹底した合理性は全世界の建築家に大きな衝撃を与えた。その反響は『モデュロールⅡ』（図13－7）にまとめられている。そのなかでも指摘されていることだが、モデュロールにはいくつかの欠点があった。

ひとつは黄金比が無理数であるために小数点を含む複雑な数列になっていることである。寸法システムが標準尺度として広く共有されるためには、単純でわかり易いことが第1の条件である。もうひとつの欠点は、等比数列だけでは建築の工業化に必要な同一サイズの構成材の反復的な使用に対応しきれないことである。フィボナッチ数列は寸法の加減には相応しいが、単一寸法の反復には相応しくない。これらの欠点を克服するために、ル・コルビュジエはモデュロールに赤と青の二つの数列を用意したが、マルセイユの《ユニテ》においてもこの欠点は完全には克服されていない。大量生産される工業製品だけでなく、単一の建物においても同一寸法の反復と加算は必要不可欠である。こうした欠点やさまざまな政治的条件から、モデュロールは最終的に国際的な標準尺度として受け入れられるには至らなかった。現在ＩＳＯ（国際標準機構）において定められている標準寸法は10ｃｍである。

4. 日本の戦後モダニズムとモデュール

ル・コルビュジエのモデュロールは、日本の建築界にも大きな影響を与えた。先にも述べたように、1959年代から60年代にかけて日本の建築家たちはこぞってモデュールの研究に携わっている。その動機は、視覚的なプロポーションの追求、機能寸法のシステム化、建築の工業生産化の追求までさまざまだった。そのなかでもっとも集中的にモデュールの研究を展開したのは建築家の池辺陽である。

池辺は戦後すぐに東京大学生産技術研究所の助教授に就任し、1940年代末から住宅設計において、さまざまな寸法システムの適用を試みている。池辺が出発点としたのは、かつて所属した坂倉準三の事務所で用いていた3mモデュールだった。『モデュロールI』が翻訳出版される前から、日本ではすでに建築雑誌などでモデュロールは広く紹介されていた。池辺はル・コルビュジエに直接師事した坂倉からモデュロールについて学んだ。池辺はモデュロールを詳細に研究し、先に述べたようなモデュロールの欠点を克服するような寸法システムを追求した。この研究は50年代末までにひとつの寸法システムへと収斂し、池辺は1961年にその結果をまとめた博士論文「空間寸法の体系：ＧＭモデュロールの構成と適用」を提出して学位を得ている。池辺は博士論文の緒言において、日本における寸法システムの探究について次のように述べている。

> 日本においてこの問題のアプローチは比較的おくれていた。このことはこれら外国の寸法体系確立発展の基礎に古典的な日本建築の伝統が影響していることを考えると、実に皮肉な現象である。しかし又一方において、この伝統的な寸法体系の存在が、今日までの日本建築の近代的発展に又役立っていたために、新たな寸法体系の必要が、外国ほど切実でなかったといってもよいであろう。
> 「空間の寸法体系：ＧＭモデュールの構成と適用」（池辺陽博士論文１９６１未刊）

今日の状況から振り返ると、池辺のこうした指摘は歴史的皮肉にも読める。日本では戦後の近代化の一環として、一時期メートル法へ法的に一元化され、尺貫法の使用が禁止されたことがある。しかしメートル法は民間にはまったく受け入れられなかった。現在もこの法律は生きているので、尺貫法の公の使用は法的には禁じられているが、実際には至る所で使用されている。それほど尺貫法は日本の建築生産体制に根を下ろしているのである。現在でも木材の部材寸法は依然として尺貫法の寸・分で呼ばれているし、パネルの標準サイズにも3×6尺が残っている点にもそれは表れている。さらにアメリカやカナダから輸入された2×4（ツーバイフォー）構法では、主構造に2×4インチの木材を用いるが、4inch＝2・54ｃｍ×4＝10・16ｃｍであり、これは日本の伝統的な柱のサイズである3寸5分（約10・5ｃｍ）とも現在の国際標準寸法である10ｃｍとも微妙に異なる寸法である。この微妙な寸法の類似が共通モデュールの設定を妨げてきたともいえる。

寸法の問題は歴史や伝統を抜きにしては語れない。尺貫法は日本の伝統寸法であるとよく言われるが、歴史的に見ればこれは正しくない。伝統寸法といういい方には、つくり手が不明の自然発生的な寸法というニュアンスがある。しかしながら寸法は決して自然発生するものではない。必ず「誰か」が決めるものである。寸法を統一するときには、必然的に政治・経済の問題が絡んでくる。これは言語の問題に似ている。どの国の言語を共通語にするかも、まさに政治・経済の問題だからである。この点はル・コルビュジエがモデュロールを提唱した意図を見ても明らかである。

このように考えると寸法の問題には不思議な構図が潜んでいることがわかる。単純にいえば、過去に誰かが決めた寸法システムが時を経て共有されていき、いつの間にか伝統寸法になるのである。一般に、伝統は自然発生的にうまれたものだと考えられている。しかし寸法に関するかぎり、伝統は明らかにつくられたものである。実を言えば現行の尺貫法も、明治政府によって制定されたものである。江戸時代までは、さまざまな寸法システムが共存していた。尺という用語は古代から使われているが、同じ尺といっても、それぞれの時代で実際の寸法はまちまちだった。つまり寸法というものは明らかに人工的な生産物でありながら、歴史を経て社会に浸透し共有されることを通じて一種の自然的な存在に変容する。それは人びとの意識の底に沈潜した無意識のような存在なのである。

5. モデュールとデザインの自由

かつてのモデュールやＭＣの研究は、戦後モダニズムの一時的な潮流にすぎなかったのだろうか。たしかにそうした面がなかったとはいえない。しかしモデュールとＭＣの考え方は、以前とは異なる次元ではあるが現在でも有効であるように思える。１９７６年にル・コルビュジエの『モデュロールⅠ』『モデュロールⅡ』（吉阪隆正訳、鹿島出版会）

の日本語訳が再版されたが、それに対する書評のなかで、池辺はこういっている。

> ぼくから見るとちょうど『モデュロール』の中でル・コルビュジエがいっている問題がそのまま現在の日本での問題としていまだに存在しているという意味で、たいへんタイムリーな再版であると思う。はっきり言えば、モデュラー・コオーディネーションを考える人には、政府関係報告の『モデュラー・コオーディネーション』（一九七六）はむしろ害があり、まず三〇年前に出されたル・コルビュジエの『モデュロール』を読むことから始めるべきであるといってよい。
>
> 「『モデュロールⅠ』『モデュロールⅡ』書評」
> （池辺陽：著　鹿島出版会『ＳＤ』、１９７７年９月号）

かつて私は、ある建築技術誌の企画に協力し、日本の建築家に対して最近の建築技術の潮流に関するアンケート調査を行い、建築家たちにモデュールやＭＣが顧みられなくなった理由を問うたことがある（『建築技術』１９９７年１月号）。その回答を見ると、アトリエ、組織事務所、ゼネコンを問わず、ほとんどの建築家が、モデュールやＭＣは過去の遺物であり、現代には通用しないと答えている。ほとんどの建築家が特定の寸法システムをもつ必要性を感じていないのである。しかしながらそこで述べられている理由には、モデュールやＭＣは空間を均質化するとか、多様化・個性化の要請に対応できないとか、デザインの自由度を阻害するといったような『モデュロール』以前の時代錯誤的な回答が数多く見られる。かつて池辺が心配していた事態が、現在も続いているわけである。そのような幼稚な認識をもたらした根本的な要因は何だろうか。私見では、建築家が表現やイメージの世界を重視するあまり、現実の建築生産技術から完全に疎外されてしまったことに大きな要因があるように思われる。現実にはあらゆる建築部品が、一定の寸法システムにもとづいて生産されている。実際の設計作業のなかで、建築家は与えられた寸法システムのなかから部品を選択し、それを組み合わせているにすぎないのである。したがってそこには設計から生産システムへのフィードバック回路が存在しない。形態や機能を生産に結びつける最大の回路は寸法システムである。モデュールの本来の働きは、三者を相互に結びつけることである。

　モデュールが顧みられなくなったのは、都市の高密度化にともなって敷地条件が複雑化し、グリッド・モデュールの適用が難しくなったことが一因だとよくいわれる。ここにもモデュールに関する誤解が潜んでいる。単純なグリッド・システムはモデュールの一種にすぎない。たとえばル・コルビュジエのモデュロールは黄金比にもとづく数列である。それは寸法の比例、すなわちプロポーションを決めるシステムであり、均質なグリッドではない。この点について池辺はこういっている。

> 寸法を体系的に組織しておくことは、個々の住宅内部にだけ意味があるのではなく、敷地のとり方、道路の幅、さらには都市計画の場合の寸法基礎としても使われることにも意味があり、ここに、今後の都市形成の重要なよりどころが見いだされる。京都の町並みは、統一された伝統的な美しさで知られているが、この京都の敷地割が、京間の寸法をもとにして行なわれていることを知っている人は少ない。
>
> 『デザインの鍵』「57尺度」より（池辺陽：著　丸善、1979）

ル・コルビュジエが《ロンシャン教会》の有機的形態や、ランダムな窓の配置とサイズを、モデュロールにもとづいてデザインしたことはあまり知られていない。《ラ・トゥーレット修道院》の波動式（オンジュラトワール）と呼ばれる一見ランダムな窓割りは、モデュロールを展開させたデザインにほかならない。この修道院のデザインを担当したギリシア人の建築家ヤニス・クセナキスは作曲家でもあった。彼はモデュロールを五線譜のように用いて波動式の窓をデザイン（作曲）した。寸法システムとしてのモデュロールは、デザインを制約するどころか、逆に自由にすることをこれらのデザインは証明している。

空間は無限の寸法をもっている。そこにできるだけ多数の寸法の選択肢を見出すことが表現の自由を確保する。したがって無限に存在する寸法を特定のシステムに限定することは、自由を制約し阻害することになるのではないか。これもモデュールに対してよく発せられる疑問である。こうした疑問は一見すると正しいように思える。しかしこれに対してはふたつの反論がなり立つ。ひとつは大きな寸法の周辺にも無数の小さな寸法が存在するが、そのような細かな寸法を自由に選択することが果たして本当の自由といえるだろうかという反論である。大きな寸法にとって小さな差異は、ほとんど問題にならない。あるサイズの寸法に対しては、それに相応しい有意味な差異をもたらす寸法が存在し、その差異を選択することの方が、むしろ真の自由ではないかと考えられる。有意味な差異とは、要するに比例にもとづく寸法である。であるならば、デジタルで等比級数的な不連続な寸法システムの方が、アナログで連続的な寸法よりも有意味な自由をもたらすのではないか。いちいち細かな寸法を当てはめるのではなく、比例寸法にもとづいて大まかな寸法を決め、その後に微調整する方がずっと合理的で自由ではないだろうか。

もうひとつはもっと根源的な反論である。認知科学の知見によれば、人間の知覚は絶えず変化する外界からの刺激を取捨選択し、脳の内部で再構成された一種の認識図式だといわれている。たとえば視覚は、絶えず振動する眼球によってとらえられる外界の刺激を、脳の視覚野が再構成した固定像である。変化する刺激や振動する眼球は光の差異をもたらし、その差異が知覚をうみ出す。差異がなければ知覚はうまれない。差異とは複数の対象を切り分ける境界だといってよい。ドイツの哲学者イマヌエル・カントは空間と時間のカテゴリーは人間の生得的能力であり、そのカテゴリーを当てはめることによって人間は外界を認識していることを明らかにした。カントが提唱した空間と時間というカテゴリーは実際には生得的ではないことはすでに証明され得ているが、認識に何らかのカテゴリーが必要であることは科学的に認められている。あるいは、アメリカの生態心理学者J・J・ギブソンは、外界に存在する光の分布（包用光）のなかに存在する〈不変項〉を見出すことが視覚であるという説を唱えている。さらに文化人類学は、外界が生得的な図式だけでなく、文化的な図式によってさらに微細に切り分けられることを明らかにしている。いずれも人間の脳がもっている図式が外界に当てはめられ、差異を識別させるのである。

　たとえば言葉は対象を直接指示すると考えられているが、実はそうではない。言語学が明らかにしたところによれば、言語は差異の体系であり、外界を境界によって切り分け差異をもたらすことによって対象を指示し意味をうみ出す。したがって言語が異なれば、外界の認識も異なるわけである。空間についても同じである。無限に続く連続的空間は、ニュートンとデカルトの思想によってうみ出された抽象的な図式である。したがって空間が無限の寸法を保証しているという考え方は、実は文化的にうみ出された認識図式であり、一種の幻想である。あらかじめ連続的な空間が存在しているわけではないのだ。そうではなく文化的な図式（境界）によって切り分けられていた伝統的な差異が、近代的な物理学によって再編成され、結果として連続的な均質空間がうみ出されたのである。つまり無限に連続する空間は、不連続な図式から遡行的にうみ出されているにすぎないのである。同じように建築家も、なんらかの寸法システムを無意識的に使用しながら空間を切り分けているに違いない。そのもっとも単純な図式がグリッドである。これに対して不連続な寸法システムであるモデュールは、そのような無意識の寸法システムを意識化し、体系化したより高度な図式にほかならない。意識化された寸法システムとしてのモデュールは、デザイナーの制御を越えて自律的に展開する可能性をもっている。これは当今流行のアルゴリズムに似ている。アルゴリズムは特定の規則を備えた形態のシステムを設定し、それを展開させることによってデザイナーの予測を越えた新しい自由をもたらす。モデュールとは寸法におけるアルゴリズムにほかならない。

6. モデュールの未来

歴史的に見ると、１９７０年代初頭にモデュールやＭＣ研究における転機があったように思われる。その最大の要因は、70年代の一連のオイルショックを通じて、日本の中心的な産業が重化学工業からコンピュータ技術を中核とする情報産業へと構造転換したことにある。これにともなって生産中心主義的な社会から消費指向的な社会への転換が生じた。消費社会においては、リアルなモノだけでなくフィクショナルなイメージ（記号）が商品価値をもつようになる。建築は物理的な存在であると同時に、意味を帯びた記号となるのである。

記号には物理的なサイズがない。記号においては比例的関係だけが保存され、具体的な寸法は失われる。ならば記号に対して果たしてモデュールを適用することが可能だろうか。この問題がモデュールに対する視点の変化をもたらしたことは間違いない。それにともなって、池辺が述べたような空間的秩序のヴィジョンが変質したのである。

とはいえ建築は依然として物理的な存在であり、具体的なサイズと機能をもっている。記号性は建築の働きに新しい次元を加えはしたが、それによって建築の物理性や機能性が消えたわけではない。物理性と機能性を結びつけるのが建築の形であり寸法である。だとするなら寸法のシステムが記号性によってどのように変容するかを問うべきだろう。

一方では、建設産業の国際化によって共通の寸法システムの必要性はますます高まっている。建材の輸出国は原材料をそのまま輸出するのではなく、ある程度まで自国で加工し付加価値を加えて輸出するようになってきた。その場合に、日本のような建材輸入国にとって、材料加工の寸法システムはきわめて重大な条件となる。たとえばかつて2

×4住宅が輸入された際には、輸入木材がカナダやアメリカのインチ・モデュールで加工されるために、木造住宅の構法システムまで輸入することになった。これほどドラスティックではないが、同じようなケースは数多く見られる。もはや建築家がモデュールやMCの問題をリードすることはないにせよ、その基本にある考え方は認識しておくべきだろう。

コンピュータによる加工機械の制御技術の高度化は、複雑で多様な寸法の部品加工を可能にし、規格寸法の意味を解消させた。近代建築初期の時代とは異なり、現在では同じ機械によって多様な寸法の製品を製造加工することが可能になっている。したがって現代の建築家や研究者に求められているのは、ITがもたらすグローバル・スタンダードに対して、寸法システム（モデュール）の問題を性能（パフォーマンス）の問題にまで拡大して包含することではないだろうか。つまりモデュールの考え方を、具体的な寸法の問題だけに限定することなく、より抽象的な性能の問題へ拡大することである（図13-8）。言い換えれば、モデュール（寸法システム）をモジュール（性能システム）へと展開させることである。そしてこれは建築の機能と生産を結びつける寸法システムというかつてル・コルビュジエが唱えたモデュロールの当初のヴィジョンに立ち戻ることでもある。

近年、建築の設計条件として、具体的な仕様ではなく性能の仕様を提示する性能発注方式が見られるようになったのは、そのような傾向のひとつの表れだといってよい。この点について池辺陽は先の書評のなかでこういっている。

パフォーマンスの問題は、コルビュジエは、そのような言葉では言っていないが、初めからの彼のモデュロールに対する概念であった。彼にとっての寸法とは、個々のものに与える寸法の問題ではなく、人間の空間全体を組織化する方法としてのモデュロールを提案したわけである。彼は序文で、寸法とは百科事典的なものであってはならないということを明白に述べている。だが現在まだ寸法と建築空間について百科事典的な受け取り方は一般的に強く行われている。『資料集成』はいまだにベストセラーであるらしいが、この百科事典的なものの代表であろう。コルビュジエがモデュロールで求めたものは、結果として寸法のシリーズであるが、その目的は寸法の有機的体系化にあった。そして彼がその原点として見出したものは、黄金比と人間の寸法であった。

池辺陽「『モデュロールI』『モデュロールII』」書評（前掲書）

新しいメディアによって変容するスケール感を、リアルな具体的なスケールに結びつけ物質化すること。そして物質化されたスケールを、再びイメージのなかにフィードバックさせること。さらにスケールを、建築の機能的生産的な性能を結びつける性能の一種としてとらえ、空間の組織化へと展開させること。そうした絶え間ない相互作用を作品のなかで、実験的に繰り返してみせることが現代の建築家が果たすべき社会的役割ではないだろうか。

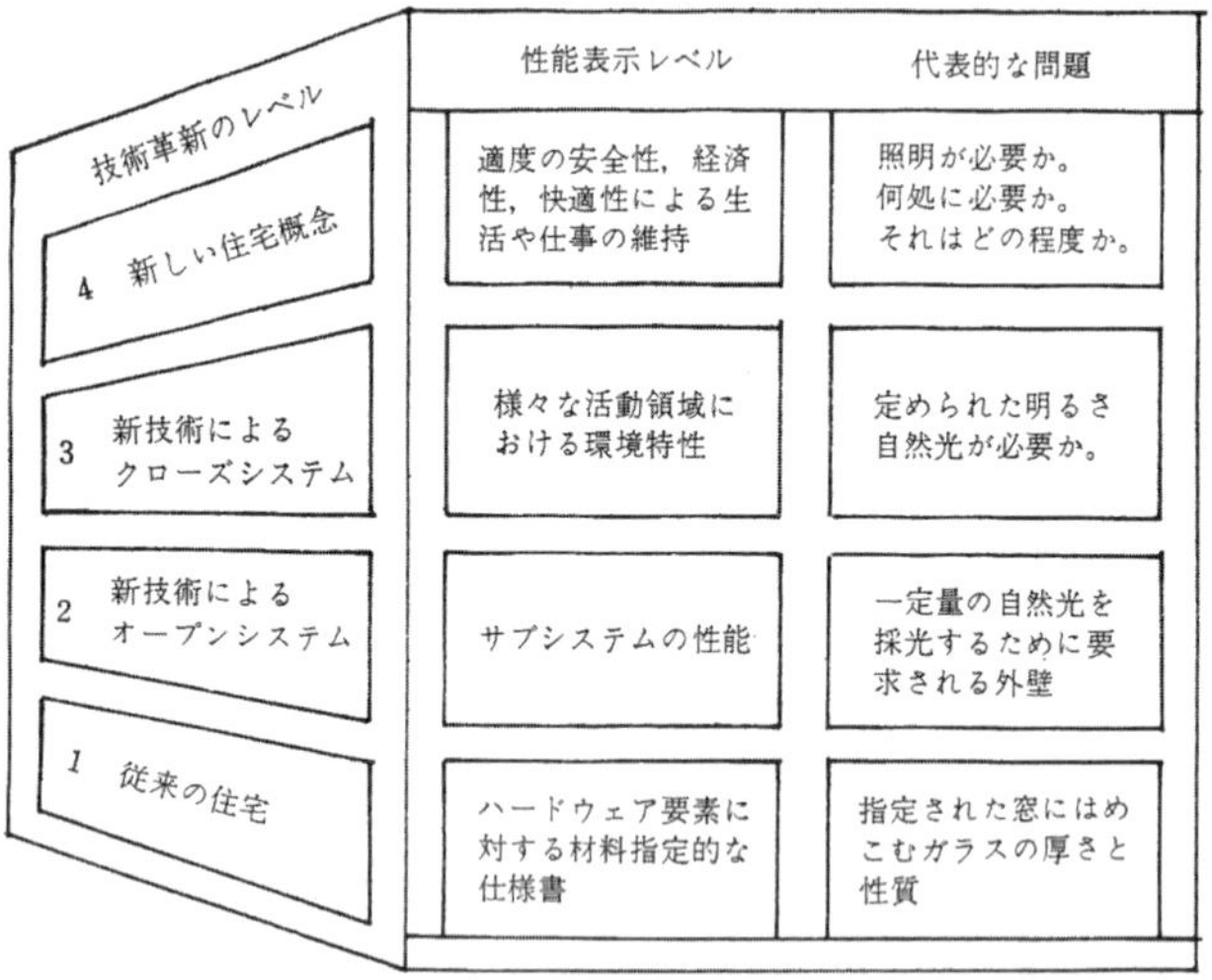

図13－8：性能表示のレベル
（出典：『戦後モダニズム建築の極北　池辺陽試論』難波和彦：著　彰国社）

参考文献

1. 『モデュロールⅠ』（ル・コルビュジエ：著　吉阪隆正：訳　鹿島出版会、１９７６）
2. 『モデュロールⅡ』（ル・コルビュジエ：著　吉阪隆正：訳　鹿島出版会、１９７６）
3. 『デザインの鍵』（池辺陽：著　丸善、１９７９）
4. 『モデュール割と建築生産の工業化』（日本建築学会：編　日本建築学会、１９６４）
5. 『ＭＯＤＵＬＥ』（日本建築家協会：編　彰国社、１９６３）
6. 『図解　すまいの寸法・計画事典』（岩井一幸・奥田宗幸：著　彰国社、１９９２）

◉第十四章　住宅の戦後史

これまでさまざまな視点から戦後の住宅の歴史をとりあげてきた。この章では、それらを「建築の4層構造」によって多角的に分析し、戦後の住宅の変遷を総合的にとらえることを試みる。そしてそのなかで建築家はどのような役割を果たしてきたかをたどってみよう。

1. 戦後復興期（1945-1960）

この時代の前半は基本的に戦後復興期だが、1950年に勃発した朝鮮戦争による特需によって戦後復興は急速に進み、1955年には「もはや戦後ではない」といわれるまでに日本経済は回復する。したがってこの時代の後半は、戦後復興を終えて高度成長期に重なっている。

第1層

急速な戦後復興に並行して、住宅建設は急速に進んでいく。住宅建設は戦後復興を後押しする中心的な需要となった。当初はバラックが建ち並ぶような風景だったが、復興が進むにつれて戸建住宅が建てられるようになった。ほとんどの復興住宅が木造の平屋建てだったが、戦争中の木造住宅の焼失によって多くの人びとが犠牲になったことへの反省から木造住宅の防火構法が開発され、さらに１９５０年代になると鉄筋コンクリートの住宅が出現し始める。戸建住宅の建設を促進するため、政府は１９５０年に住宅金融公庫制度を設立し、個人に対して長期・固定・低金利の住宅建設資金の直接貸付（住宅金融公庫融資）を行うようになった。当初は建築材料不足のために住宅の規模制限（15坪以下）が施行されたが、景気が回復するにつれて規模制限は取り払われ、多くの人びとが自分の住宅を所有する持家政策が住宅供給の中心となっていく。

一方で、公営の集合住宅を提供するために１９５５年に日本住宅公団が設立され、都市郊外に団地と呼ばれる広大な集合住宅が出現するようになる。当初、団地は戸建住宅を所有できない比較的低所得者層のための賃貸住宅として計画・建設されたが、食寝分離にもとづく平面計画や、ステンレス・シンクなど当時としては先進的な仕様を備えていたため、経済的に恵まれた都市の若いサラリーマン家族が入居することになった。国の住宅公団以外にも地方公共団体による住宅供給公社など公営の集合住宅を供給する組織が設立され、鉄筋コンクリートによる多くの集合住宅が建設された。

第2層

戸建住宅にせよ集合住宅にせよ、この時期は上下水道やキッチンなど住宅設備を整備することが精一杯だった。後に高度成長期に入ると、テレビ、洗濯機、冷蔵庫という住宅の「三種の神器」が備えられるようになる。住宅の開口部は障子、板戸、木造ガラス窓が中心で、気密性が悪く隙間風を防ぐのが難しかった。したがって部屋全体を暖房することは難しく、暖房は依然として火鉢や炬燵《こたつ》が中心だった。断熱や気密といったシェルター性能の向上や、室内環境を制御する冷暖房機器が求められるようになるのは、高度経済成長期以降になってからである。「住まいは夏を旨とすべし」という吉田兼好の『徒然草』以来の日本人の住宅観は、こうした物理的条件からうまれたものだと思われる。

第3層

戦後復興の変化の要は、戦前の大家族制度から核家族制度への転換だった。アメリカの進駐軍の指導のもとに進められた大家族制度の解体と核家族への転換は、日本社会全体の民主化の一環として実施された。現代まで続く「一家族一住宅」という政府の持家政策は、大家族制度から核家族制度への転換と一体で進められたのだといってよい。大家族制度から核家族制度への転換は、同時に婦人の立場の解放であり、子供を含めた家族メンバーの民主的な平等化でもあった。終戦直後には、玄関や床の間を戦前の旧弊の残存だと見なし全否定するような急進的な主張も展開された。しかし上下足の使い分けや畳での生活は、そのまま継承された。

住宅の平面計画は、このような民主的な核家族の考え方にもとづいて進められた。具体的には、それまで住宅の北側の裏に置かれていた台所や水回りが、家族の生活の中心である居間と一続きになりＬＤＫとなった。さらに公団住宅の標準型として設計された51Ｃ型の平面計画は、後のｎＬＤＫ住宅の原型となった。終戦直後の復興住宅が間仕切の少ない一室空間的な住戸になったのは、その狭さにも一因があるとはいえ、それ以上に、民主的な核家族の考え方が色濃く反映しているといってよい。

第4層

この時期に、建築家たちはさまざまな復興住宅を提案している。終戦直後は大規模な住宅不足を短期間で解決するために、部品を工場で製作し現場で短い工期で組立てる木造の工業化住宅の試みを展開している（「プレモス」設計：前川國男　1949　図14－1）。これは戦時中の航空機などの生産工場の再利用の試みでもあった。1950年に住宅金融公庫制度が施行されると、最小限の規模によって核家族が住めるような住宅が提案されるようになる。これはヨーロッパで第一次世界大戦後に勃発したモダニズムデザイン運動のCIAM（近代建築国際会議）第2回会議（1929）において提唱された「最小限住居」の影響でもある。日本の戦後復興はモダニズム運動を踏襲していたので「戦後モダニズム」と呼ばれている。日本においても最小限住居のテーマ

図14－1：「プレモス」設計：前川國男 1949
（出典：『図説・近代日本住宅史』
内田青蔵＋大川三雄＋藤谷陽悦：編著　鹿島出版会 2008　p.133）

が追求され実現している（「立体最小限住居」設計：池辺陽 1951 図14-2）。

サンフランシスコ講和条約（1951）によって、日本が終戦直後のアメリカ軍による進駐から脱して国際的に独立すると、建築家たちはあらためて日本のアイデンティティを追求するようなデザインを模索し始める。それが「伝統論争」である（「森博士の家」設計：清家清 1951 図14-3）。戦後復興における住宅は、ある意味で住宅の原型の追求だった。それは新しい構法技術の追求であり、核家族と住まい方の原型の追求であり、純粋な一室空間的住居の追求だった。そのようなこの時代のテーマを典型的な形で実現したのが「スカイ・ハウス」（設計：菊竹清訓 1958 図14-4）である。さらにル・コルビュジエのもとで学び、彼の集合住宅「ユニテ・ダビタシオン」の考え方を日本に根付かせようとした「晴海高層アパート」（設計：前川國男 1957 図14-5）も、この時代を代表する集合住宅の原型だといってよいだろう。

図14－2：「立体最小限住居」設計：池辺陽1951
（出典：『戦後モダニズムの極北　池辺陽試論』
難波和彦：著　彰国社　1999年　p.58-59）

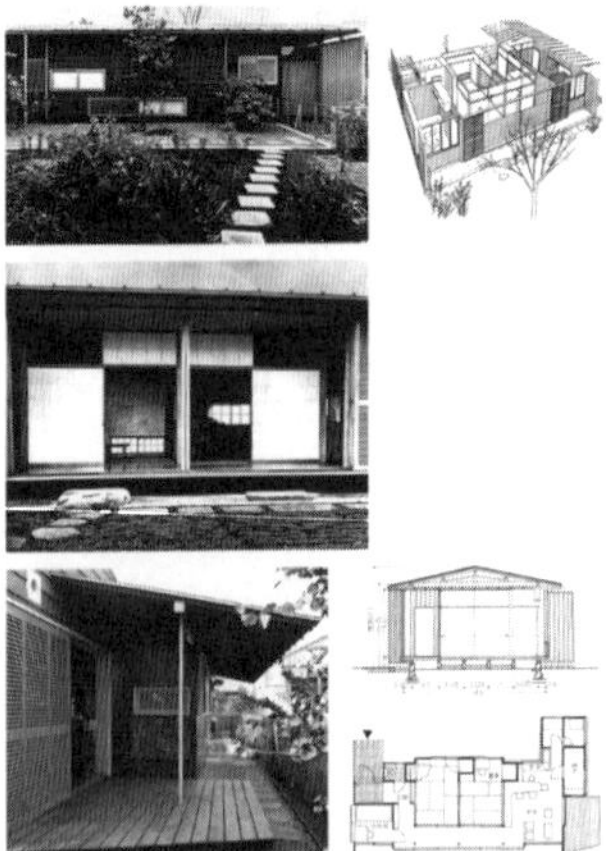

図14－3：「森博士の家」設計：清家清 1951
（出典：『日本の住宅戦後50年』
建築文化別冊　彰国社　1994年　p.31）

図14－4：「スカイ・ハウス」設計：菊竹清訓 1958
（出典：『図説・近代日本住宅史』内田青蔵＋大川三雄＋藤谷陽悦：編著
鹿島出版会　2008　p.140）

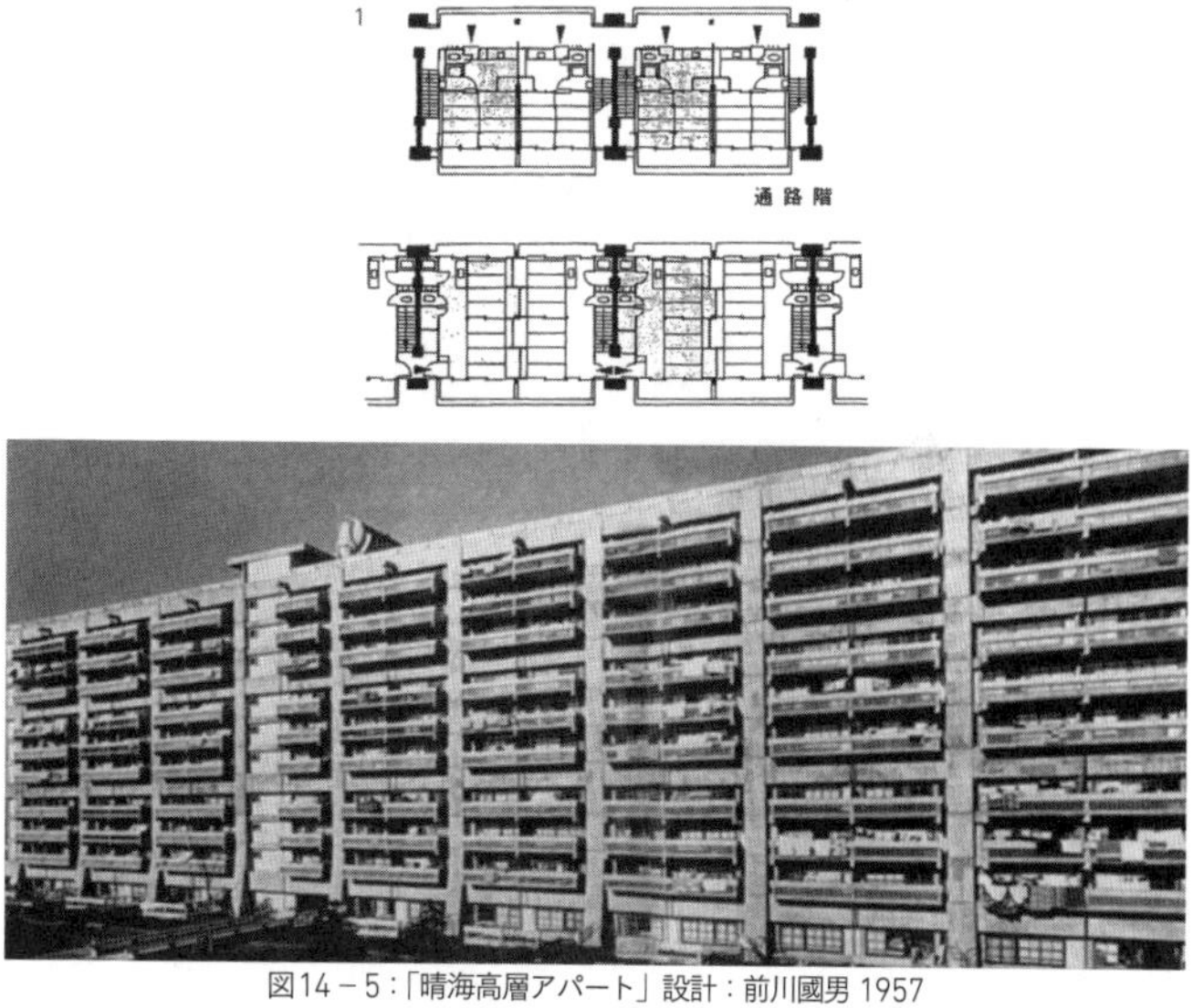

図14－5：「晴海高層アパート」設計：前川國男 1957
（出典：『図説・近代日本住宅史』内田青蔵＋大川三雄＋藤谷陽悦：編著
鹿島出版会　2008　p.148）

2. 高度経済成長期（1960-1975）

1960年代は日本の産業構造が第1次産業から第2次産業へ、さらには軽工業から重化学工業へと転換する高度経済成長期である。しかし1960年代の後半になると、急速な経済成長にともなう弊害が表れ始める。そして1973年のオイルショックによって、日本経済は重化学工業から情報産業への転換を始める。高度経済成長をもたらしたモダニズムへの反省から、全世界的な学生運動や文化革命が勃発する。この時期には戦後うまれの団塊世代が成人して働き始め、婚期を迎える時期と重なっている。日本政府が推進する持家政策を正面から受けとめ加速化させたのはこの世代だといってよい。

第1層

住宅の供給が本格化する1960年代の高度経済成長期になると、戸建住宅を部品化し、高品質な住宅を大量に供給することを目的とするハウスメーカーが出現する。終戦直後の復興の時代には、大量の住宅難を解決するために全世界的に住宅の工業生産化が試みられた。しかしながら鉄筋コンクリートによる集合住宅の工業生産化は、その後も各国において継続されたが、木造を中心とする戸建住宅の工業生産化が建設産業として根付いたのは日本だけである。これは日本政府による住宅金融公庫を柱とする戸建持家政策によるところが大きい。ハウスメーカーの萌芽期には新しい工業化住宅のシステム開発に建築家が参加している（「セキスイハイムM-1」設計：大野勝彦1971 図14-6）。そして戦後世代の団塊世代が婚期を迎える１９７０年代になると、アメリカ的な大量消費社会へ向けて、ハウスメーカーはさらに販路を拡大するため、当初の品質の向上をめざす大量生産方式から、住宅の形態やライフスタイルの多様性に対応するためのイメージ戦略へと販売戦略を転換していく。

同時にこの時期には、ヨーロッパやアメリカからアルミサッシの技術が輸入される。それまでの木製やスチール製の窓に比べると、アルミサッシは気密性の点で格段に優れており、それまで日本の住宅の大きな問題だった隙間風の問題が完全に解決されたため、またたく間に日本中の住宅に浸透し「日本の住宅地の風景を変えた」とまでいわれるようになる。アルミサッシの急速な浸透を受けて、アルミ業界は大規模な設備投資を行い、日本各地の港湾近くにアルミ製錬工場を建設したが、１９７３年の第1次オイルショックで電気料金が3倍に跳ね上がったため、ほとんどの工場が休業に追いやられる。それ

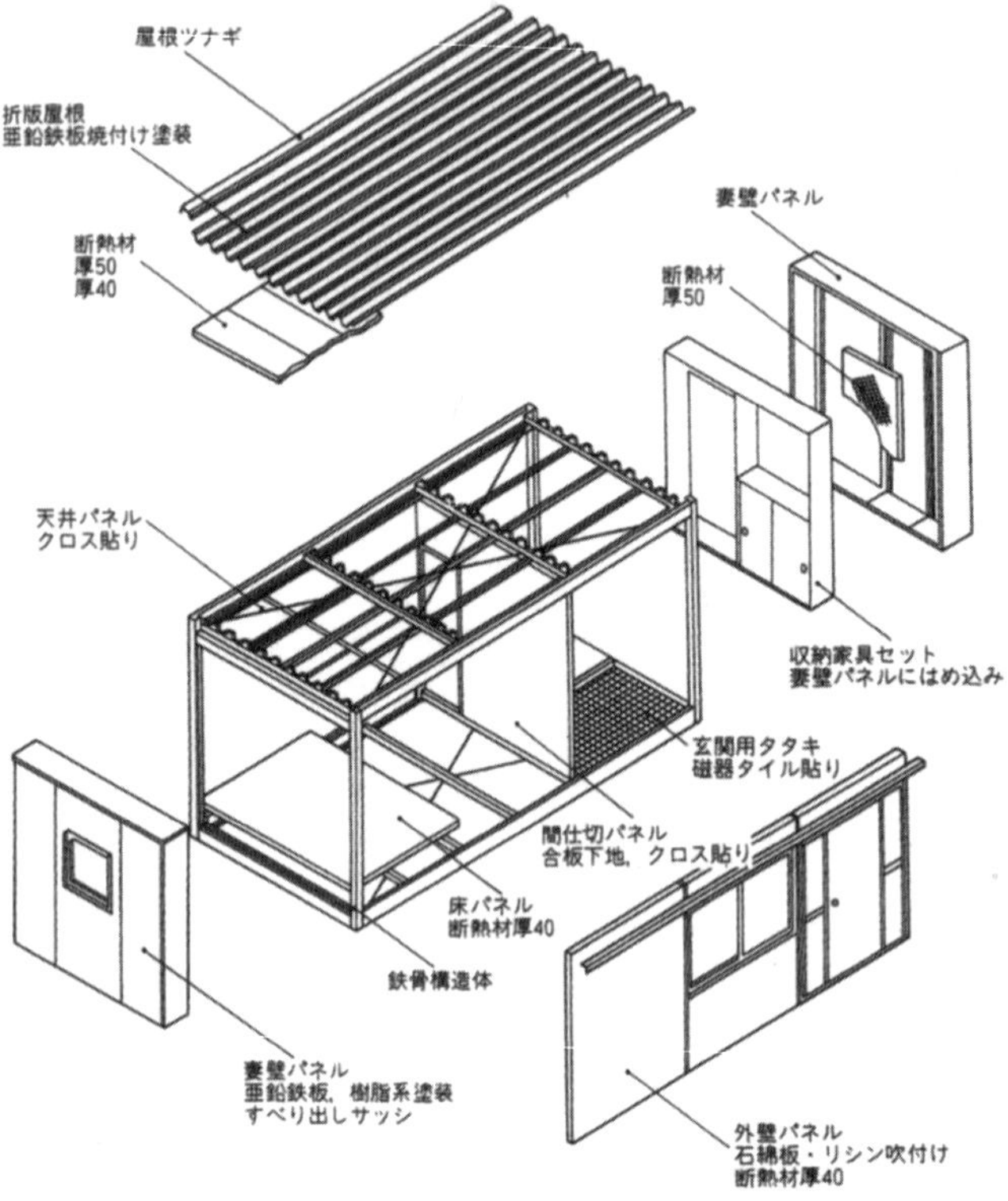

図14－6：「セキスイハイムM-1」設計：大野勝彦 1971
（出典：『日本の住宅戦後50年』 建築文化別冊 彰国社 1994年 p.103）

以降今日までアルミの地金は全面的に輸入に頼ることになった。

ハウスメーカーが興隆する一方で、1960年代半ばには、都心に民間の分譲マンションが出現する。都心の土地価格が上昇する1970年代になると、民間の賃貸マンションや分譲マンションは、都心に住む人たちのためには必要不可欠な存在として浸透していく。

第2層

高度経済成長期の後半になると、テレビ、洗濯機、冷蔵庫という「三種の神器」に代わり、生活が豊かになった核家族の象徴としてカラーテレビ、クーラー、自動車という「新三種の神器」が出現する。この時代には、住宅における電化が急速に進み、さまざまな住宅設備が持ち込まれるようになる。日本経済は軽工業から重化学工業へと大きく転換し、並行してエネルギー源は石炭から石油へと転換する。原子力発電所の建設が本格化するのもこの時期である。

こうして日本社会全体が大量生産大量消費の時代へと突入する。1960年代の後半になると、こうした高度経済成長と大量消費時代への反省としてエネルギー問題が注目を集め、世界的なシンクタンクであるローマクラブによって資源の枯渇に対する警鐘として『成長の限界』（1972）が唱えられる。さらに1973年の第1次オイルショックによって、初めて建築における省エネルギーの問題に焦点が当てられるようになる。自然エネルギーをとり入れたパッシブソーラー・ハウスの研究が始まるのもこの時期である。

第3層

核家族制度が定着し、家族一体的な生活が確立する高度経済成長期になると、住宅の規模は徐々に大きくなっていく。これに並行して家族一人ひとりの自立が求められるようになり、住宅の空間は家族メンバーの個室へと分化していく。この時期には、戦後うまれの団塊世代が一斉に社会へ出て婚期を迎える。夫は会社で働き、妻は専業主婦として家庭を守るという標準的な核家族の形態が確立するのはこの時期である。自由時間を得た専業主婦は、子供に高学歴を与えることに集中する「教育ママ」となり、受験戦争を勝ち抜くために、住宅のなかに子供のための個室を確保しようとする傾向が出現する。

こうして戦後の復興住宅を原型とする一室空間的な住宅は、徐々に個室へと分化し

「ｎＬＤＫ」型の住宅形式が確立するのである。個室の確保は個人の自立をもたらすという機能主義的な論理は実際には成り立たないにもかかわらず、多くの人びとが受け入れたのはアメリカ的な生活様式に追随したからだと思われる。しかし当初の意図に反して、個室の確保は個人の自立よりもむしろ個室に閉じこもる自閉的な子供をうみ出し、家族の解体を促すような方向へと進んでいく。このようにして豊かな住宅という「容器」と豊かな家族生活という「中身」とが少しずつズレて行くようになるのである。

第４層

戦後復興期に建築家たちが提案し一世を風靡した小住宅に対して、その社会的な使命は終わりこれからの住宅供給はハウスメーカーや公共住宅が中心を担うようになるだろうと喝破したのは八田利也の（伊藤ていじ＋磯崎新）『小住宅ばんざい』（１９５８）である。そこでは建築家の役割は特異なクライアントのためにユニークな住宅を提供することになるだろうと主張されている。建築家の仕事は社会的な住宅から芸術的な住宅を提供することに変わるというのである（「白の家」設計：篠原一男　１９６６　図14 - 7）。

１９６０年代の高度経済成長期はアメリカ流の「モダン・リビング」が成立する時代

図14－7：「白の家」設計：篠原一男 1966
（出典：『日本の住宅戦後50年』 建築文化別冊　彰国社　1994年　p.40-41）

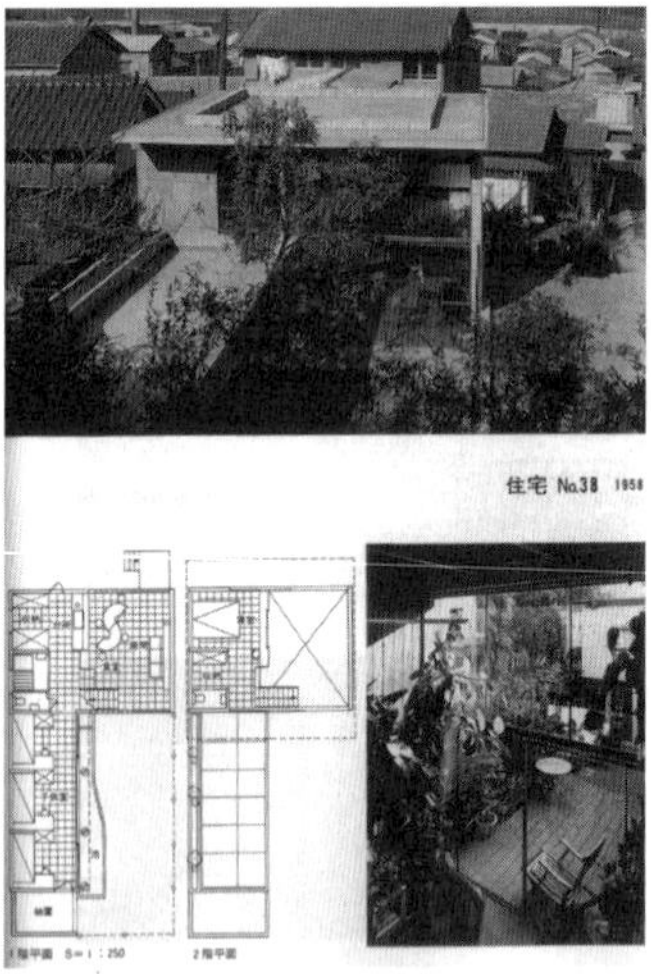

図14－8：「住宅No.38」設計：池辺陽 1958
（出典：『戦後モダニズムの極北　池辺陽試論』難波和彦：著　彰国社　1999年　p.126）

でもある。アメリカにおいて住宅ジャーナリズムが企画し建築家にモダンな住宅をデザインさせる「ケース・スタディ・ハウス・シリーズ」と同じような試みが、日本でも実施されたのがその一例である（「住宅No.38」設計：池辺陽 1958 図14-8）。この時期の建築家たちが提案したのは、アメリカ流の近代的な住宅を換骨奪胎し、日本的なコンパクトで合理的な住宅にまとめあげることだった（「松川ボックス」設計：宮脇壇 1971 図14-9）。しかしながらアメリカのように広大な国土を持たない日本が、アメリカと同じように戸建住宅を中心とする住宅政策を推進したことは歴史の皮肉ともいえる現象である。戸建住宅が密集し、ひたすら平面的に広がる東京のような巨大都市がうまれたのもその

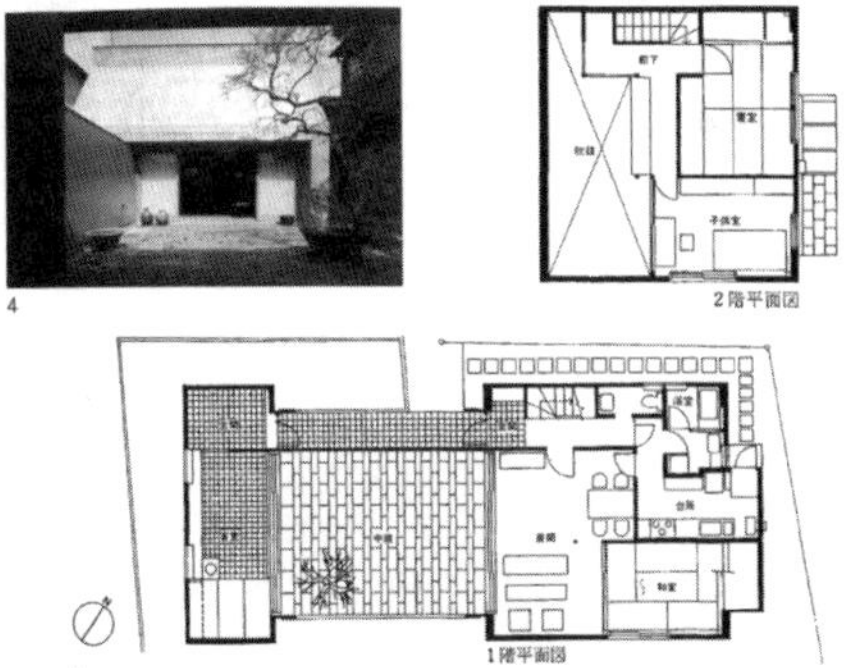

図14－9：「松川ボックス」設計：宮脇壇 1971
（出典：『図説・近代日本住宅史』内田青蔵＋大川三雄＋藤谷悦：編著　鹿島出版会 2008 p.159）

ためである。都市に住むことにこだわるクライアントに対して建築家が果たしたのは、狭小な敷地であっても十分に住めるような戸建住宅を提案することだった（「塔の家」設計：東孝光　１９６４　図14‐10）。１９６０年代の高度経済成長を背景に、都市を計画・デザインしようとする建築運動である「メタボリズム」がうまれ、さまざまな形態の集合住宅が提案される。しかしそのほとんどは計画に終わった。日本住宅公団が一連の郊外ニュータウンを建設するのも、この時期である。

　これに並行して民間ディベロッパーと私鉄が主導して行った郊外の宅地開発は、戸建住宅が広がる郊外スプロールの風景をうみ出した。民間のディベロッパーが開発する郊外の分譲マンションに対しても建築家はさまざまな提案を行っている（「桜台コートビレッジ」設計：内井昭蔵　１９６９　図14‐11）。

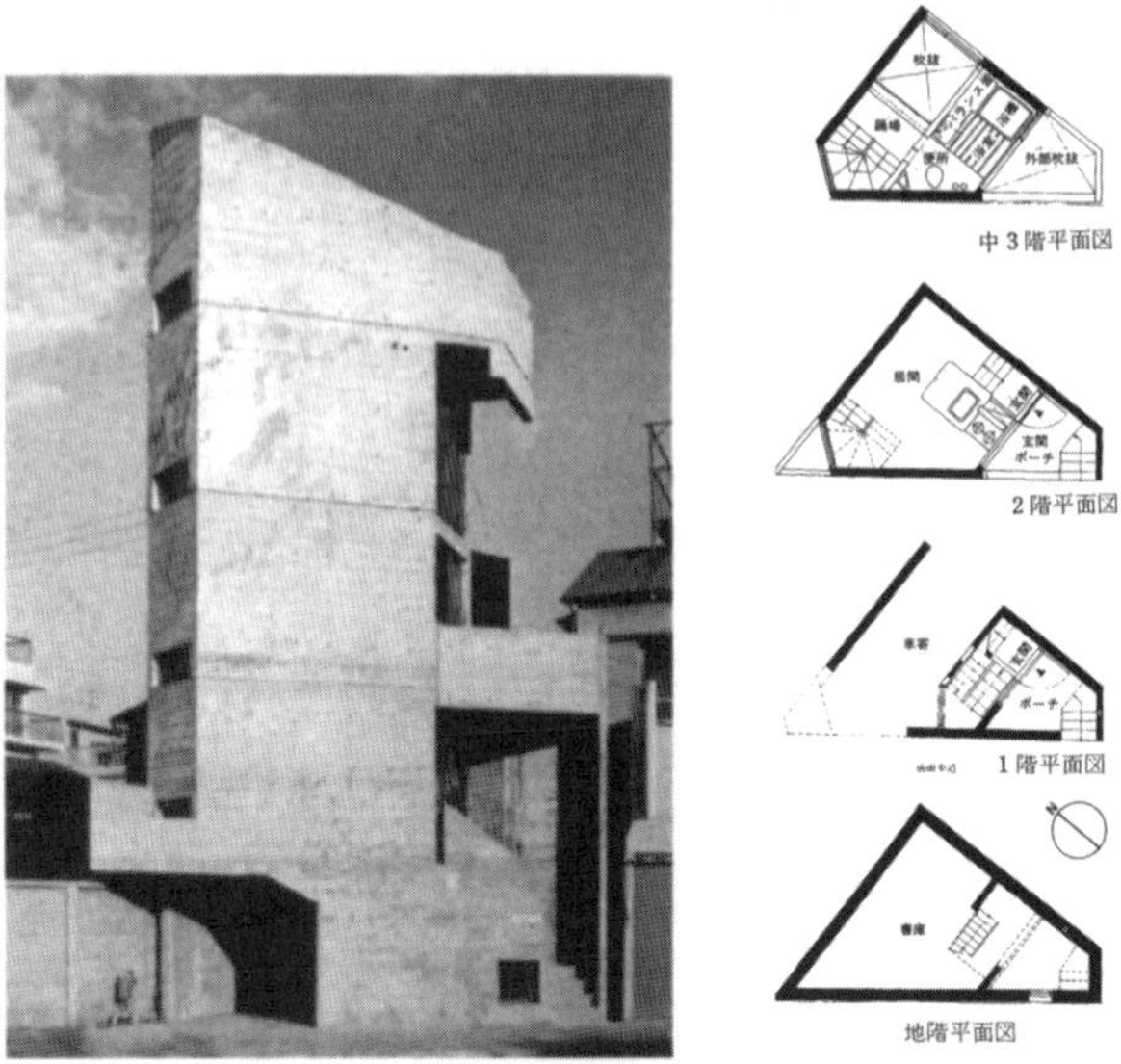

図14－10「塔の家」設計：東孝光 1964
（出典：『図説・近代日本住宅史』内田青蔵＋大川三雄＋藤谷陽悦：編著
鹿島出版会　2008　p.154）

図14－11：「桜台コートビレッジ」設計：内井昭蔵
（出典：『日本の住宅戦後50年』 建築文化別冊　彰国社　1994年　p.60）

3．ポストモダン期（1975-1990）

高度経済成長期の総決算として1970年に大阪万国博覧会が開催され、国民的行事として大成功を納める。大阪万博の成功を契機に、日本経済は世界の先端に躍り出て、1980年代には「ジャパン・アズ・ナンバーワン」と呼ばれるようになる。いわゆるバブル経済の始まりである。この時期は、それ以前に噴出していたさまざまな社会問題が、バブルの好景気によって一時的に棚上げされた停滞期であり、全世界的にみれば、戦後の公共事業を中心とする政府主導の経済政策から、公的組織を民間に移管する新自由主義政策への転換の時代である。

第1層

1970年代には日本全体の総住戸数が全世帯数を超えたため、数の上だけでいえば住宅難は解決された。この事態を受けて、国はそれまで公営の賃貸住宅の供給を行ってきた日本住宅公団を1980年代初めに解散し、業務を住宅・都市整備公団に承継した後に、1999年の都市基盤整備公団へ、さらに2004年には民営の住宅開発を補助する都市再生機構へと再編した。同時に1950年の設立以来、個人住宅の建設資金を融資してきた住宅金融公庫も2007年に廃止され、その業務は独立行政法人住宅金融支援機構に引き継がれた。要するに戦後の公共事業中心のケインズ経済的経済政策から、新自由主義政策への転換として実施された一連の「民営化」の一環である。

グローバリゼーションの進行と円高を背景にして、住宅部品が世界中から輸入されるようになる。代表的な例は、日米の貿易摩擦を解消する一環としてアメリカから輸入されたツーバイフォー（2×4）構法である。これは日本の伝統的な軸組構法とは異なり、アメリカで一般的な2インチ×4インチの木材と構造用合板を組み合わせた壁式構法であり、木材と構法とが一体で輸入された点に特徴がある。ツーバイフォー構法は日本の大工にはまったく不慣れな壁式構法であったにもかかわらず、きわめて簡便な構法であるため、現在では住宅の構法としてそれなりに根付いている。この間ハウスメーカーは成熟期に到達し、それまでの標準設計からクライアントの要求に細やかに対応する注文住宅的な販売方法に展開していく。集合住宅の建設は公営から民間ディベロッパーへと移行し、湾岸やターミナル駅周辺に超高層マンションが林立するようになる。

第2層

１９７３年と１９７９年の２度のオイルショックは、エネルギー問題への注目を喚起し、住宅においても自然エネルギーを活用したパッシブ・ソーラーハウスや省エネルギー住宅の開発が端緒についた。日本経済はオイルショックへの迅速な対応をバネにして急速に成長し、世界経済へと躍り出る。それによってもたらされた１９８０年代のバブル経済は、それまでの地道な研究開発を一気に消し飛ばしてしまった。代わりに空調設備や給湯設備が急速に普及し、住宅におけるエネルギー消費が急速に増加する。住宅の給湯や冷暖房はそれまでは集中式の機器が主流だったが、住宅の規模が大きくなり個室に分化するにつれて、個別制御の機器に分散していく。集中式の方がエネルギー効率はいいのだが、家族メンバーの生活サイクルが異なるため、分散的な小型機器の需要が増加したのである。

第3層

この時期には、戦後の民主的な核家族の理想が徐々に崩れ始める。家族のメンバーはそれぞれ自分の生活サイクルをもち、家族全員が団欒するような生活は幻想に近くなる。

日本の全人口増加は鈍化し始めるが、地方から大都市への人口集中は止まらない。したがって大都市での住宅需要は持続し、地方都市での空家率が増加する。大都市に住む家族形態は平均的な核家族から多様な形態へと分化し、ライフスタイルも多様化していく。しかしハウスメーカーやディベロッパーはそうした地盤変化には気付かず、相変わらずｎＬＤＫの住宅を「さまざまな意匠」をまとわせることによって供給し続ける。日本住宅公団の解体によって公的な賃貸集合住宅の供給はストップするが、それに代わって民間ディベロッパーによる賃貸マンションが出現する。それは都市における多様なライフスタイルに対応するユニークな住居を提案することによって、既存のｎＬＤＫ住戸に代わるような住戸タイプを先取りするようになる。

第4層

１９７０年の大阪万国博覧会に対して、建築家たちは１９６０年代に世界を席巻したモダニズム・デザイン思想の総決算として取り組んだ。メタボリズムはその中核を担ったデザイン運動である。しかしながら若い建築家たちは、この万博をモダニズム・デザイン思想の限界を露呈したイベントとして受けとめた。技術の進歩に支えられた都市デザイン思想の幻想性が明らかになったのである。

　こうして１９７０年代以降、しばらくの間は１９６０年代のモダニズムに対抗する反動的なポストモダニズム運動が勃興する。具体的には、１９６０年代の都市的な発想が影を潜め、近代以前の歴史的様式やヴァナキュラー（民俗的）な建築が再評価されるようになる（「原広司自邸」設計：原広司　１９７４　図14-12）。建築家たちが設計する住宅は、それまでの開放的なモダンリビングに背を向け、都市との関係を拒否するかのように内向的で自閉的な空間となり（「住吉の長屋」設計：安藤忠雄　１９７５　図14-13）社会性を孕んだデザインから個別的なアート（芸術表現）へと向かうのである（「中野本町の家」設計：伊東豊雄　１９７５　図14-14）。

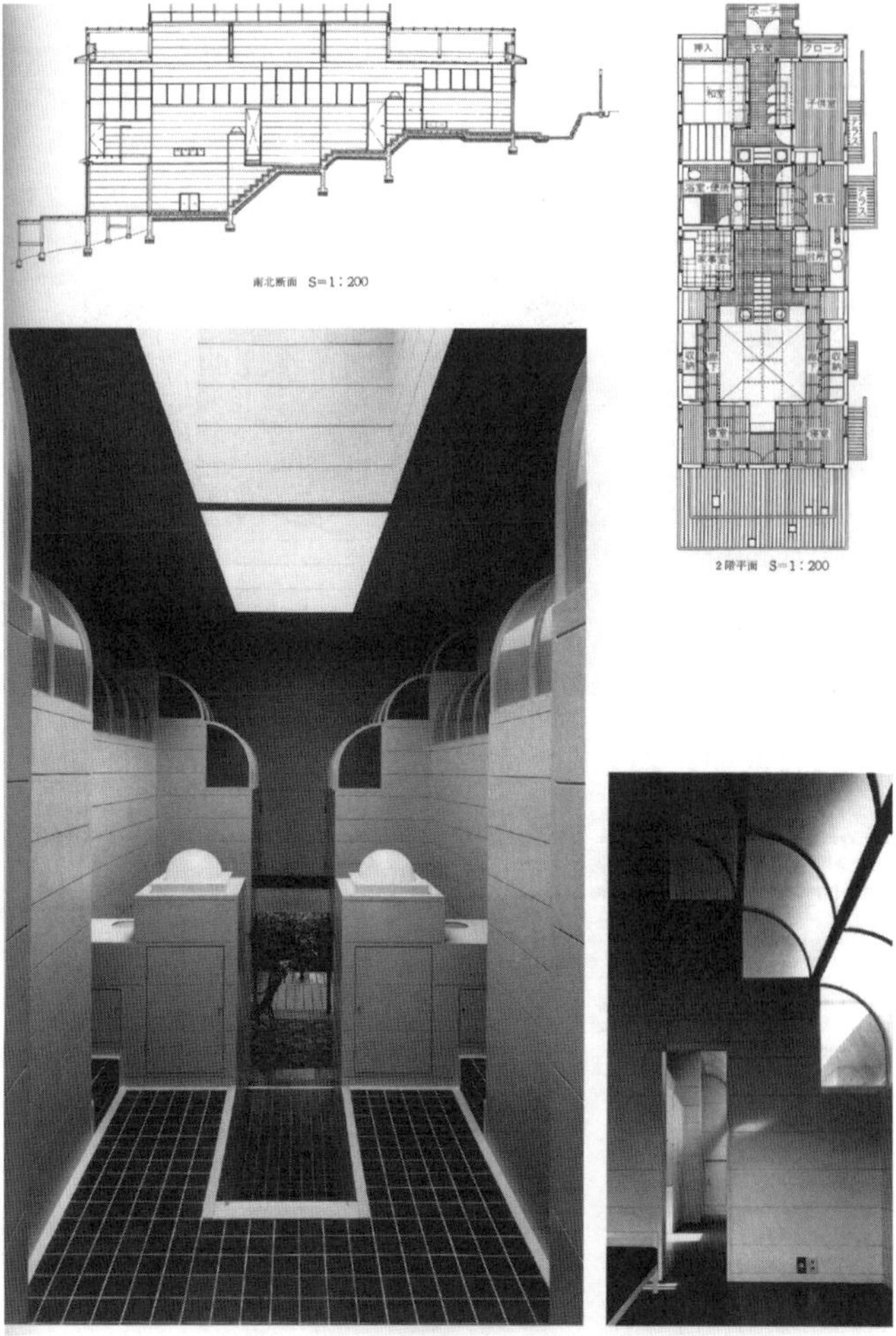

図14－12：「原広司自邸」設計：原広司1974
（出典：『日本の住宅戦後50年』 建築文化別冊 彰国社 1994年 p.69）

図14－13：「住吉の長屋」設計：安藤忠雄 1975
（出典：『日本の住宅戦後50年』 建築文化別冊 彰国社 1994年 p.88）

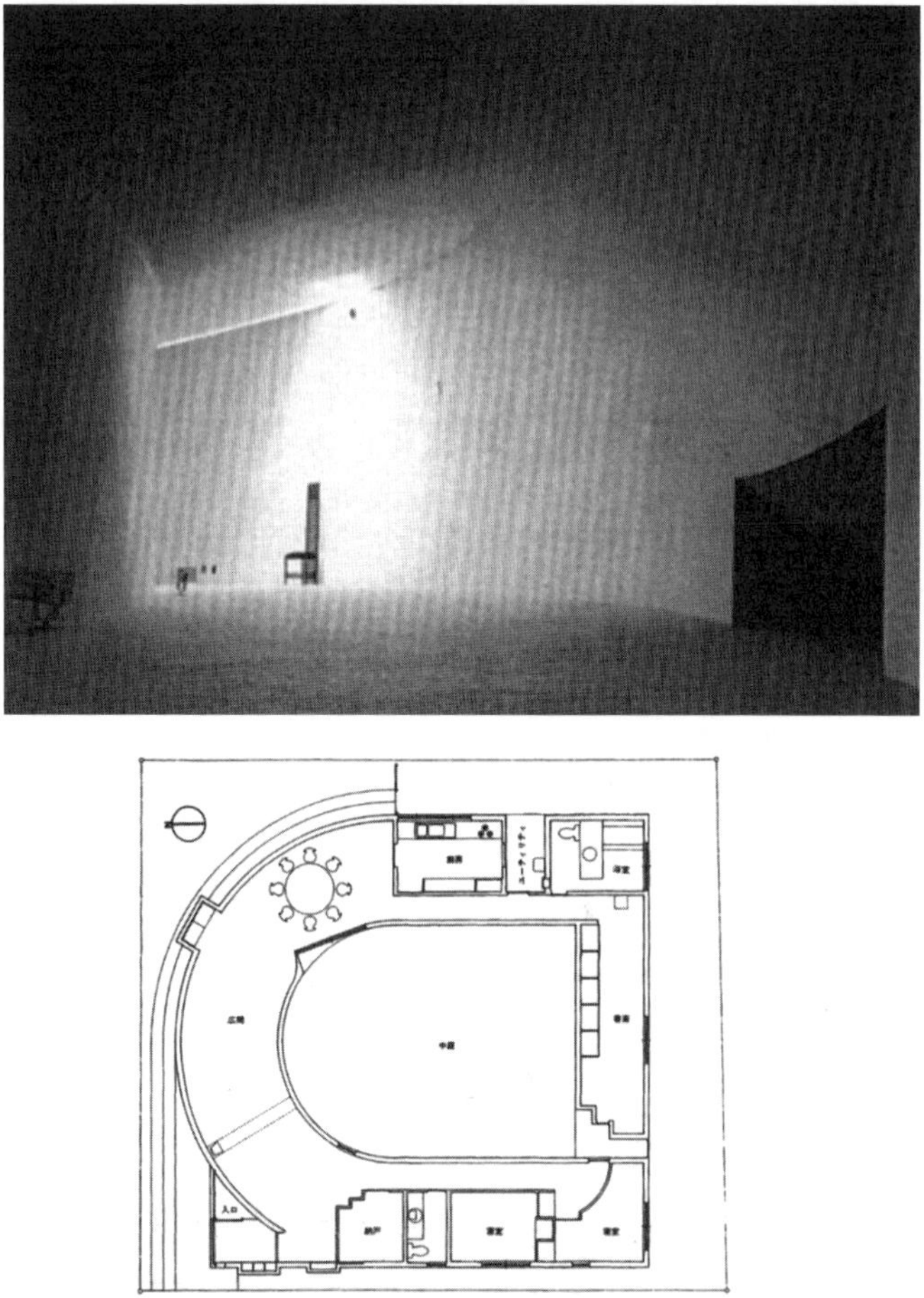

図14－14：「中野本町の家」設計：伊東豊雄 1975
（出典：『図説・近代日本住宅史』内田青蔵＋大川三雄＋藤谷陽悦：編著
鹿島出版会 2008　p.157）

4. 近現代（1990-2005）

1990年にバブル経済が弾けて以降日本経済は「失われた20年」と呼ばれる長期の不景気に突入する。その間に中国や韓国は急速に経済成長を遂げグローバリゼーションが急速に進むなかで日本と拮抗するまでになった。国内では新自由主義経済政策がさらに推し進められ民間資本による都市再開発が急速に進行し大都市への人口集中と、地方都市の地盤沈下がさらに進行する。

第1層

この時期には、戦後から公営の賃貸住宅の供給を担ってきた日本住宅公団が段階的に都市再生機構へと改組され、集合住宅の建設供給から実質的に撤退する。住宅公団に代わって集合住宅の供給を担うようになったのは不動産ディベロッパーである。数のうえでは住宅難は解消されたように見えるが、大都市への人口集中は進行を続け、都心近くの住宅需要は上昇の一途をたどる。加えてコンテナによる物流システムの世界的な浸透によって湾岸一帯の倉庫群が不要となったため、湾岸や都心のターミナル駅周辺には続々と超高層マンションが建設される。さらに将来の住宅需要を見越した投機的なマンション需要も増加するようになる。グローバリゼーションや人口の集中はビジネスの集中でもあるから、必然的にオフィス需要も増加しＩＴの進展や新しい業務形態にあった新しいオフィスビルが建設される。その一方でかつての下町に集中している古い中層オフィスビルは空家となる。そのような古いオフォスビルを住宅に用途変更し、都心居住の要求に応えようとするのがコンバージョンである。この時期には、住宅の工業生産化はさらに進行し、住宅を建設するための材料や部品のほぼすべてが工業製品となった。リノベーションやコンバージョンのような新しい産業ジャンルのために、スケルトン・インフィル（ＳＩ）の技術開発が進むのもこの時期である。一部のハウスメーカーやディベロッパーにおいては、かつて自社が建設した戸建住宅を新しい住宅にリサイクルし再生させるような事業を始めている。

第2層

１９９０年代になると地球環境問題が浮上し、全世界的にエネルギー問題が再注目されるようになる。かつてエネルギー問題が注目された１９７０年代では、住宅において消費されるエネルギーは、建設時においても生活時においても他の産業の消費エネルギーに比べるとそれほど大きくなかった。しかしその後生活が豊かになるにつれて、住宅における消費エネルギーが大きな割合を占めるようになる。さらにこれまでのように古い住宅を解体廃棄して新しい住宅を建てるスクラップ・アンド・ビルドから排出される大量の産業廃棄物も大きな問題となった。こうした背景から、省エネルギー化と長寿命化を中心テーマとするサステイナブルデザインの思想が住宅においても追求されるようになる。高気密・高断熱の住宅が一般的にも普及し、政府も「長期優良住宅制度」などを通じて住宅の数ではなく質を総合的にレベルアップさせるための政策を展開し始める。

第3層

戦後50年を経て、当初の民主的な核家族という理想は大きく変質してきた。一方では、高度成長期を通じて進行した家族の分化と解体の状況を揺れ戻させるように、多様で緩やかな共同体としての家族が見直されるようになる。それによって戸建住宅における一室空間的な住宅の再評価が行われるようになる。もう一方では、人口の高齢化と不景気による未婚者の増加にともなって単身家族が増え、離婚率が増加し、さまざまな問題を抱えた多様な家族が増加する。そうした社会的な変化に対応するように、コーポラティブ・ハウス、コレクティブ・ハウス、シェアハウス、といった多様な集住体の形態がうみ出される。しかしながら民間資本だけでこのような社会性の高い集住体を建設運営することことは難しいだろう。これからの住宅のあり方を考えるうえでは、民間と公共を組み合わせた住宅供給が必要になると思われる。

第4層

１９７０年の大阪万国博覧会以来、都市から撤退していた建築家たちが、１９９０年代になると再び都市に注目するようになる。それまで日本の建築家は西欧の秩序だった都市観の影響を強く受け、無計画で自然発生的な日本の都市空間を否定的に捉えてきた。しかしながら日本が経済的な先進国となりグローバリゼーションのなかで頭角を表すようになると、一見カオティックな都市空間は新自由主義的な都市空間として見直されるようになるのである。

新世代の建築家たちは、それまで否定的に捉えられてきた日本の都市空間を見直し、その潜在的な可能性を引出すような住宅をうみ出すようになる。たとえ狭小敷地に建つ狭小住宅の可能性を極限まで追求したり（「梅林の家」設計：妹島和世 ２００３ 図14-15）、都心の密集住宅地の複雑な条件をクリエーションの条件としてポジティブに評価したり（「ハウス＆アトリエ・ワン」設計：アトリエ・ワン ２００５ 図14-16）、低層で平坦に広がる日本の都市風景を原型的に建築化するような住宅である（「森山邸」設計：西沢立衛 ２００５ 図14-17）。さらにリノベーションやコンバージョンは、単にサステイナブルデザイン以上の意味をもった「時間と歴史のデザイン」として確立していくことは間違いない（「豊崎長屋」設計：竹原義二 ２０１１ 図14-18）。

このように終戦以来建築家は、その時代の潮流に対応するような住宅を提案してきた。しかしそれらは時代を先導する突出した住宅に過ぎず、大部分の住宅はほとんど変化を受けなかった。江戸時代に端を発し明治維新後に近代化され大正時代に洗練された「中廊下型住宅」（図14-19）は、戦後から１９９０年代に至るまで庶民住宅として主流を占めていた。ハウスメーカーがつくる nＬＤＫ 住宅も、この型を踏襲していた。しかしながら２０００年代になって、この中廊下住宅は徐々に住宅平面の主役の座を降りつつある。それに代わって主流となりつつあるのは、居間を中心とする一室空間的な住宅である。生活様式に結びついた住宅平面は、時代の無意識のように頑なで保守的である。しかしそれも決して不変

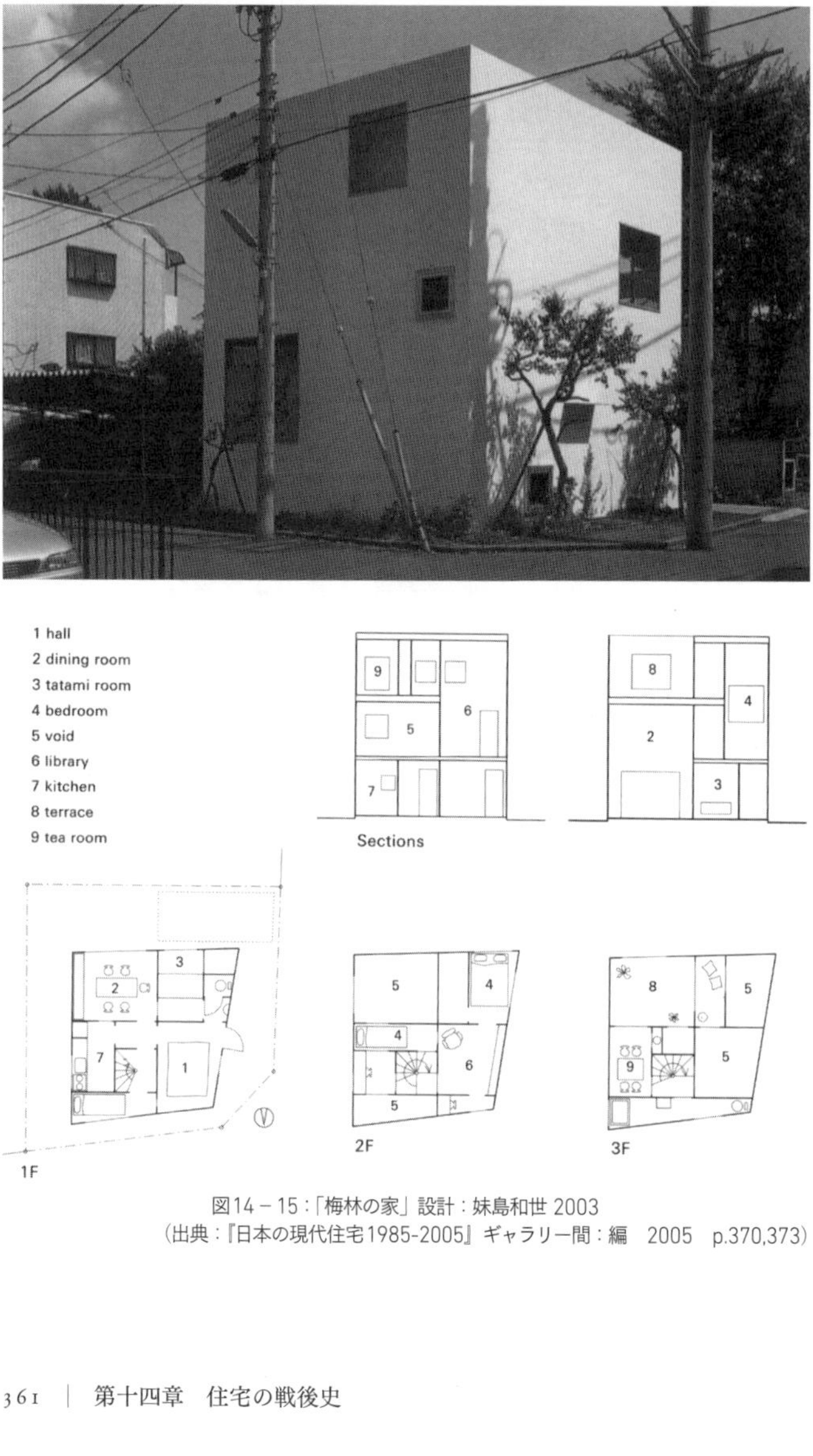

図14－15：「梅林の家」設計：妹島和世 2003
（出典：『日本の現代住宅1985-2005』ギャラリー間：編　2005　p.370,373）

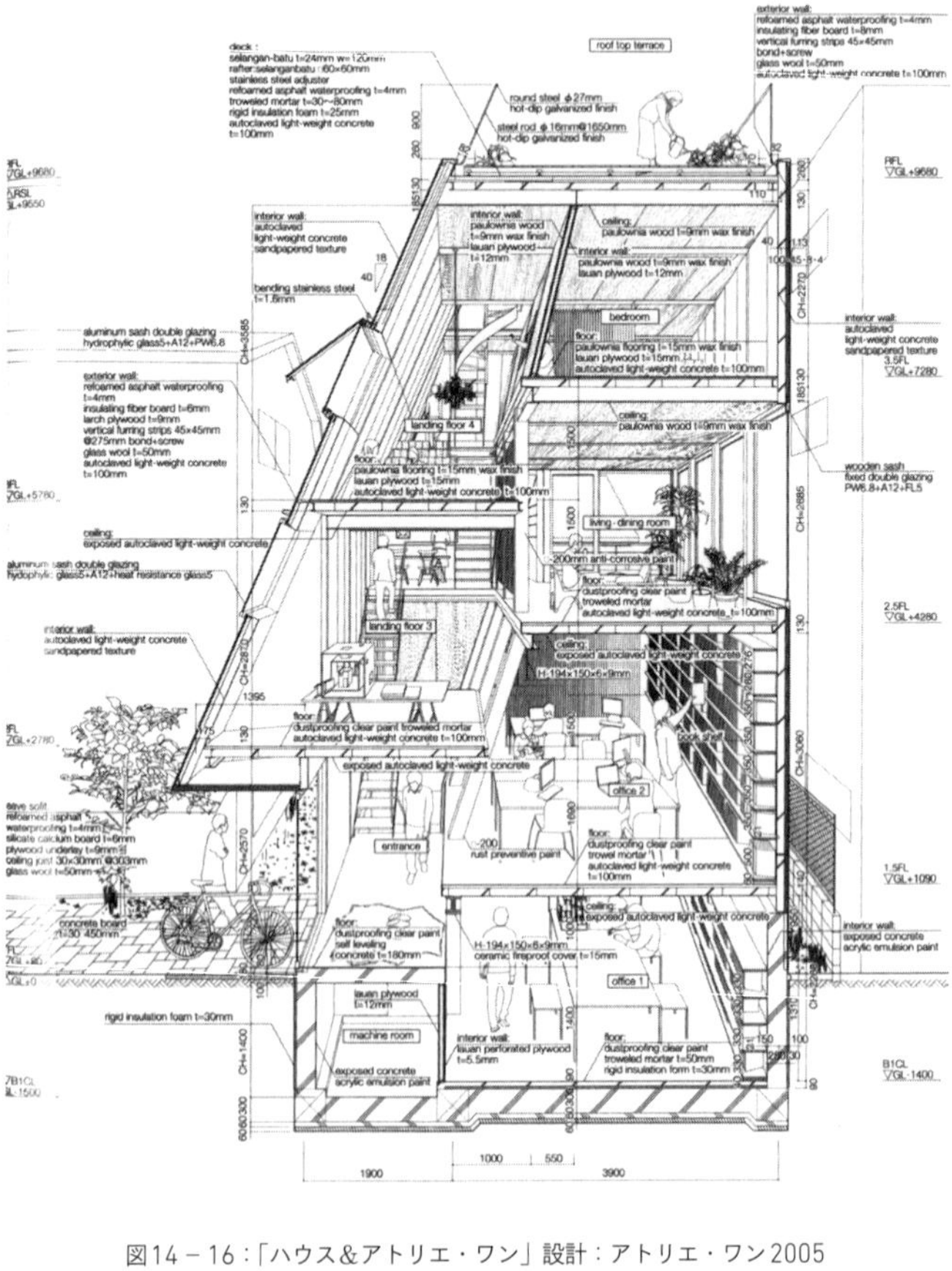

図14－16：「ハウス&アトリエ・ワン」設計：アトリエ・ワン2005
（出典：『TOKYO METABOLIZING』北山恒＋塚本由晴＋西沢立衛：著　TOTO出版　p.65）

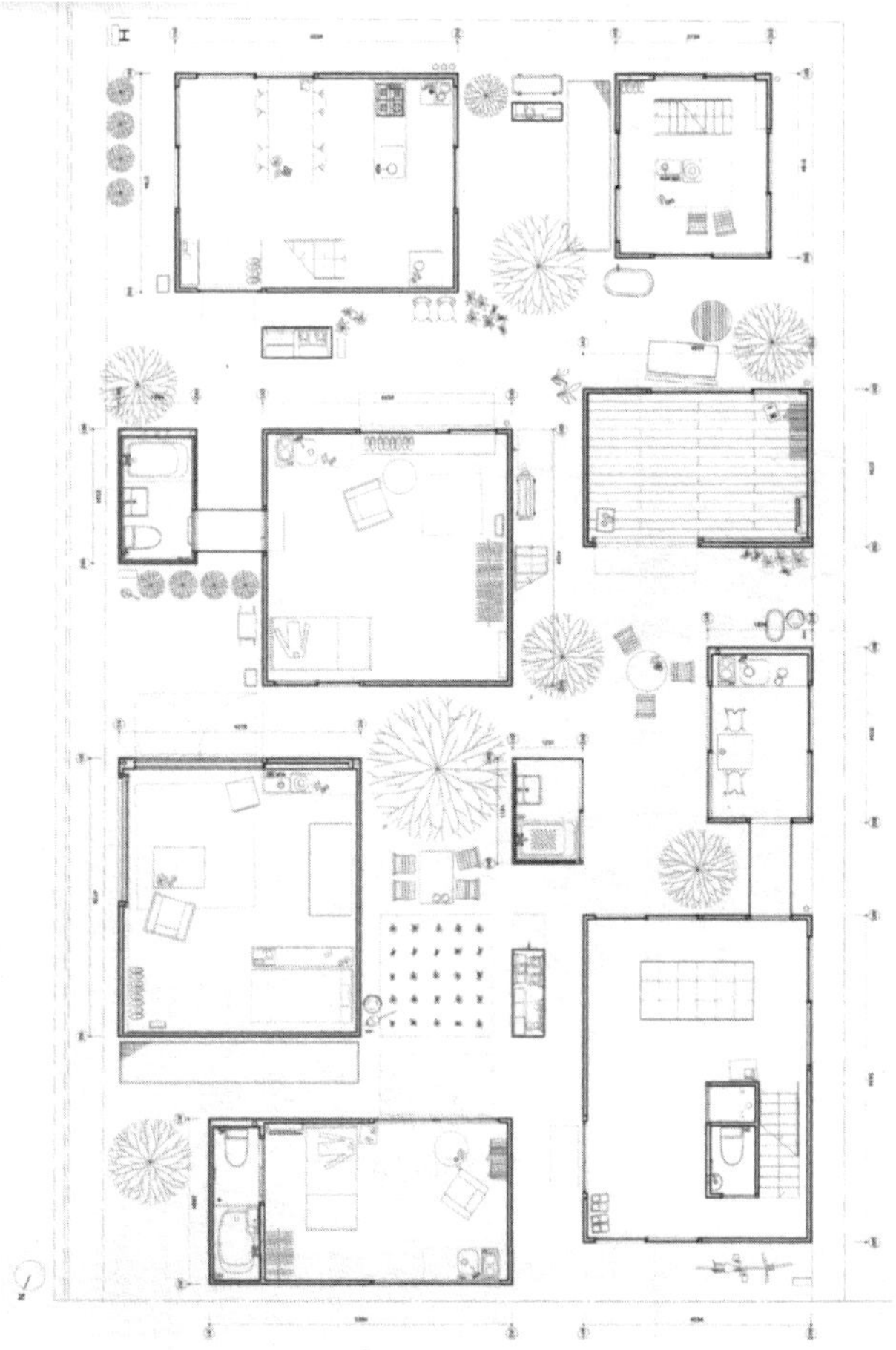

図14－17：「森山邸」設計：西沢立衛　2005
（出典：『東京大学建築学科　難波研究室　活動全記録』2010）

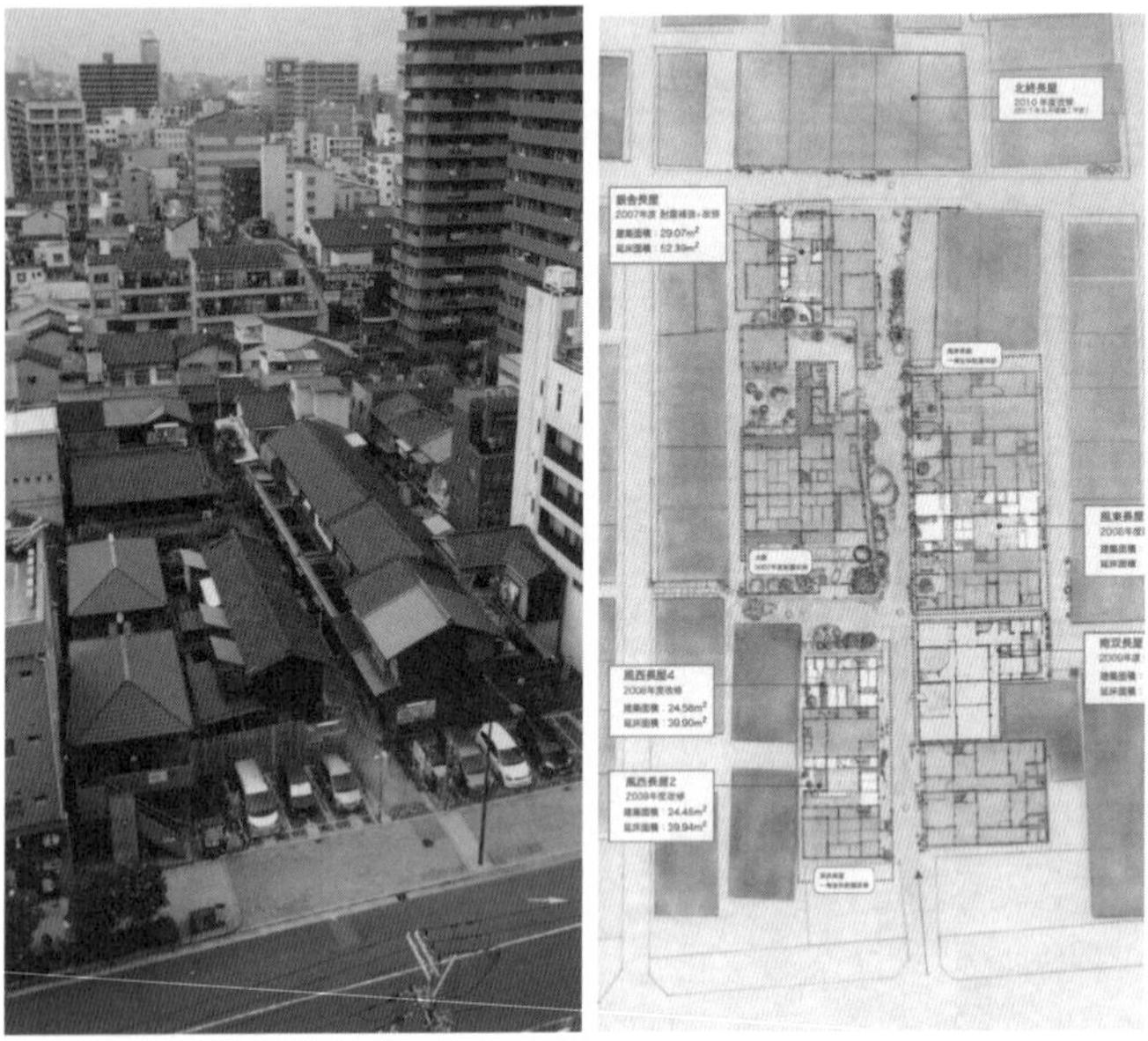

図14－18：「豊崎長屋」設計：竹原義二 2011
（出典：『豊崎長屋』大阪市立大学：編　2011）

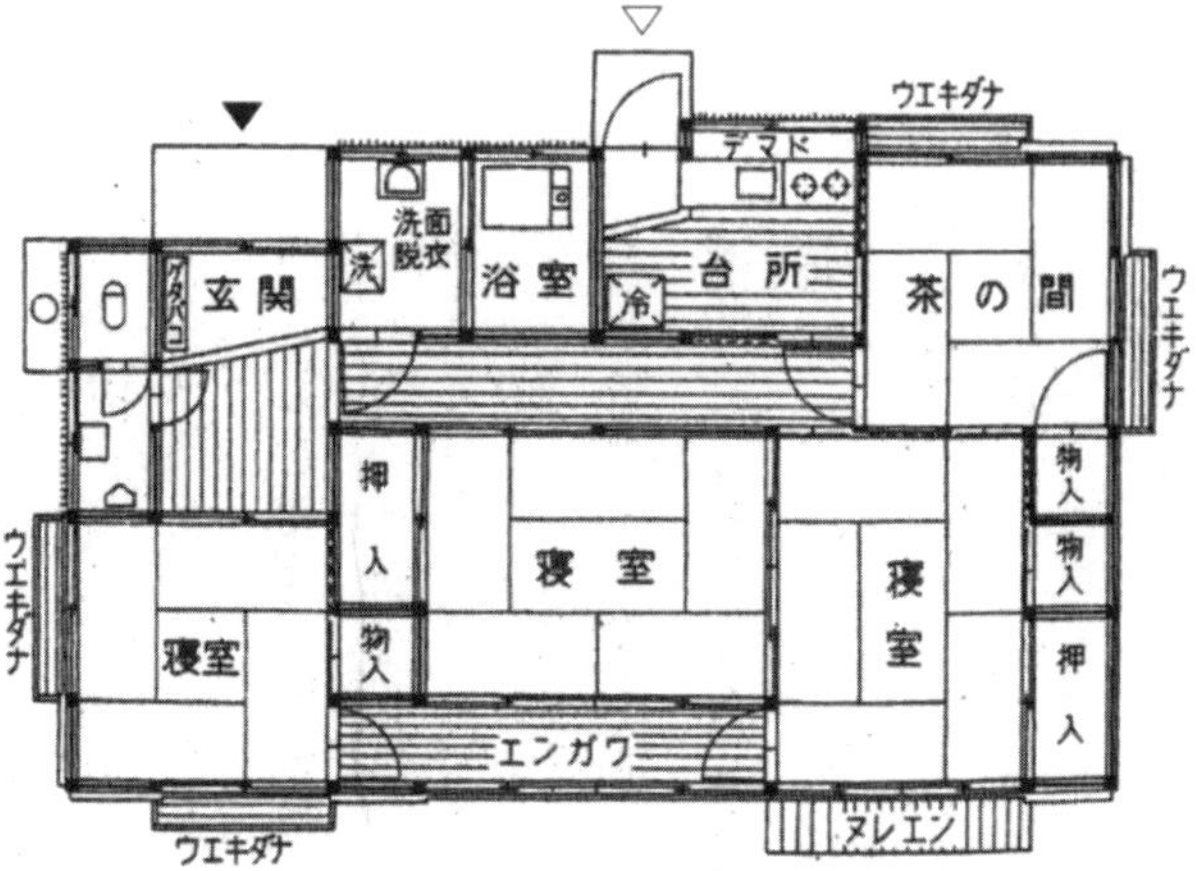

図14－19：「中廊下型住宅」住宅金融公庫 1966
（出典：『中廊下の住宅』青木正夫＋岡俊江＋鈴木義弘：著
住まいの図書館出版局　2009　p.194）

ではなく時代の底流の変化とともに徐々に変化していくのである。

5．近未来：3・11（2011）以降の展望

3・11の東日本大震災は東日本の広い範囲に巨大津波による大きな爪痕を残した。これにともなう福島第一原子力発電所の事故は、世界中の人びとに原子力発電に対する大きな疑問を投げかけた。震災からの復興はこれからの重要な課題である。と同時に震災は時代の潜在的な潮流を加速化させ、目に見えなかった問題を浮上させる。ITの進展は住宅のあり方をどう変えるだろうか。都市化のなかで解体したコミュニティは再生するだろうか。最後にこのような問題を探ってみよう。

第1層

大規模な震災は、これまでの政府の新自由主義的な住宅政策に対する反省を促し、インフラの復興や街づくりに対する都市計画的な政策を引出すだろう。合わせて復興住宅も、一種の公共事業として一時的に住宅供給の活況をうみ出すだろう。大量に建設され

た仮設住宅が解体されて大量の廃棄物とならないように、解体移築や再利用の技術を開発しなければならない。ほぼすべての住宅部品が工業生産化された後の課題は、今後増加するリノベーションやコンバージョンのための多品種少量の部品提供の体制の整備である。これに対応して職人も多機能化していくだろう。こうした潮流はすでに潜在的に存在しているが、3・11はそれを後押しし加速化させることになるだろう。

第2層

福島第一原子力発電所の事故は、これまで眠っていた原子力発電に対する国民全体の不安を浮かび上がらせた。これによって原子力発電のリスク解消のコストは大幅に上昇することは間違いない。原子力発電はコストパフォーマンスの悪い技術として徐々に消えていくだろう。そして今後はさまざまな代替エネルギーの技術開発が模索されるだろう。エネルギー生産の分散化も緊急の課題である。ハウスメーカーや家電メーカーでは政府の補助を得て「創エネ、蓄エネ、省エネ」という3本柱のスマートハウスの技術開発が盛んだが、現在のところはどこまで実現可能か未定といわざるを得ない。当面は個々の住宅においてシェルターの性能をこれまで以上に高め、日射や自然風といった自然エネルギーを最大限に活かすような建築的工夫を追求するのがもっともリアリティのある対処法である。さらに戸建住宅よりも集合住宅の方が省エネであることは明らかなので、第3層のコミュニティや住まい方の問題を含めて、これまでの住様式の再検討が必要になるだろう。

第3層

ハウスメーカーやディベロッパーは、相も変わらずｎＬＤＫタイプの住宅を供給し続けている。外国資本の流入が続く限り、彼らは現状を変えようとはしないだろうが、投資としての住宅ローンの証券化が行き詰まる時点で総崩れになるだろう。いずれにせよ、住宅のあり方について再考しない限り、住宅産業が生き延びる道はない。今後日本では人口減少と高齢化が進むことは確実である。それにともなう家族形態の多様化に対しては、これまでのような「一家族一住宅」は限られた解答に過ぎなくなるだろう。それに代わって主流となるのは、多様な家族形態を受け入れるシェアハウスやコレクティブ・ハウスといった集合住宅である。さらに機能毎に隔離され分散化したモダニズム的なメトロポリス（大都市）は、通勤に多量のエネルギーを使うため、徐々に縮小・分割され、職住が近接し多機能が集積したコンパクト・シティへの分散と移行していくだろう。それにともなって郊外は緑化され公園化していくだろう。

第4層

戦後の日本の住宅を決定づけてきたのは、モダニズムの機能主義的な都市計画思想と、戸建住宅を中心とする持家政策だった。2000年代に完全に民営化されたとはいえ、核家族制度にもとづく住宅形態は依然として持続している。しかしそのような住宅のあり方は、現実社会の変化に対応できなくなっている。これからの建築家が果たすべき役割は、コンパクトな都市に相応ふさわしい多様な家族像や、ライフスタイルに対応した住宅の提案である。戸建住宅は依然として存続するだろうが、これまでのように閉じた住宅から、集合化を促すようなコンパクトで開かれた住宅へと姿を変えるだろう。さらに重要な課題は、これからの新しいコミュニティのあり方を模索した、高性能でサステイナブルな集合住宅の提案である。まだ数は少ないとはいえ、3・11以降建築家たちは、その模索を続けている（「地域社会圏主義」設計：山本理顕　2012　図14-20）。そしてその可能性の萌芽は仮設住宅団地のなかに潜んでいるように思える。

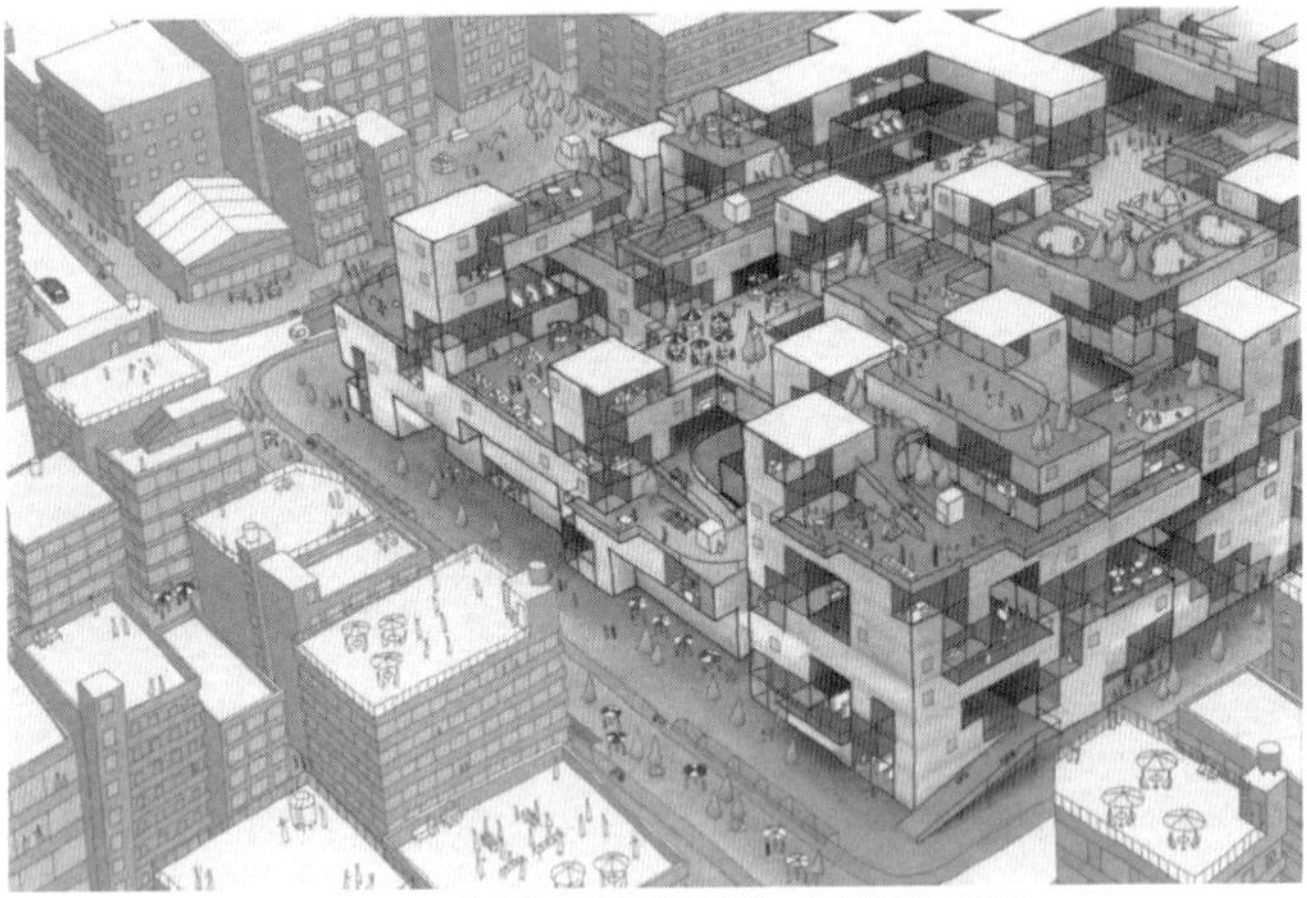

図14－20：「地域社会圏主義」設計：山本理顕　2012
（出典：『地域社会圏主義』LIXIL出版　2012　p.059）

参考文献

1.『中廊下の住宅　明治大正昭和の暮らしを間取りに読む』（青木正夫＋岡俊江＋鈴木義弘：著　住まいの図書館出版局、２００９）

2.『図説・近代日本住宅史』（内田青蔵＋大川三雄＋藤谷陽悦：編著　鹿島出版会、２００８）

3.『現代建築愚作論　現代における都市と建築に関する考察』（八田利也：著　彰国社、１９６１／２０１１）

4.『間取り百年　生活の知恵に学ぶ』（吉田桂二：著　彰国社、２００４）

5.『昭和住宅物語　初期モダニズムからポストモダンまで23の住まいと建築家』（藤森照信：著　新建築社、１９９０）

6.『集合住宅物語』（植田実＋鬼海弘雄：著　みすず書房、２００４）

7.『地域社会圏主義』（山本理顕他：著　ＬＩＸＩＬ出版、２０１２）

◉第十五章　建築家の役割

1．新しい住宅のヴィジョン

本書のなかで明らかになった問題点を「建築の4層構造」にしたがって整理してみよう。ただしこれまでは「建築の4層構造」にしたがって問題をわかり易く分解してきたが、以下では各層の問題点から出発して、それが他の層とどのように関係し合っているかについても検証する。というのも住宅の問題は常に複数の層にまたがっており、互いに影響を及ぼし合っているからである。そのなかで新しい住宅のヴィジョンを総合的に探ってみることにしよう。

工業化と性能の標準化

第1層の中心的な課題は、住宅の工業生産化を今後どのように進めていくかである。住宅は多種多様な材料・部品の組み合わせによってつくられている。そしてそれらの材料・部品は設備機器類を含めて、現在までにほぼ工業製品化されているといってよい。しかしながらそれらの材料・部品は、それぞれ独自に開発され別々の流通ルートによって供給されている。このため住宅部品は性能や精度に関する共通の尺度をもたず、現場ではバラバラの性能や精度のまま組立てられている。そのような現状では良質の住宅をつくることは難しい。

そこでこれからはかつてモデュール（寸法システム）において追求されたモデュラーコーディネーション（寸法調整）のような考え方をさらに拡大し、特定の要求性能をもった住宅に統合する際の性能調整システムのような尺度が必要になるだろう（第4層）。そのためにはＪＩＳ（日本工業規格）やＩＳＯ（国際標準化機構）のような工業製品の標準を建築向けに細分化することによって、材料・部品の性能や精度を開発・生産の段階から調整し、その供給と流通のルートを統合するような性能基準を定めることが必要である。すでに民間においては材料・部品の開発と流通において、性能の調整が可能な製品を互いにネットワークするような大型店舗がうまれている。そのような材料・部品の性能調整という条件が整うことによって、初めてリノベーションやコンバージョンといった新しい住宅産業のジャンルを軌道に乗せることが可能になる。スケルトン・インフィル（SI）構法においても、材料・部品の修繕や更新のためには、性能調整の条件整備は不可欠の条件である。さらに加えて、新しい材料・部品の開発においては、風化と熟成という時間的な条件を取り込むことが求められるようになる。以上のようなプロセスを経ることによって建築材料・部品の国際的な流通を本格化することが可能になるだろう。

エコハウスの可能性

第2層の最大の課題は、いうまでもなくこれからの住宅のエネルギー源と消費のし方をどう考えるかという問題である。エネルギーの問題に正面から取り組んだ住宅を、われわれはエコハウスと呼んでいるが、エコハウスは今後どのように展開していくだろうか。

まず将来、原子力発電に代わるエネルギー源が手に入るようになるかどうかは現時点では不確定である。一方、戸建住宅においては、ハウスメーカー、ディベロッパー、家電メーカーがこぞって「創エネ・蓄エネ・省エネ」をめざすスマートハウスの開発に取り組み始めている。しかしその可能性も依然として未知数である。ハウスメーカーや家電メーカーは、住宅のエネルギー問題を設備機器だけに依存して解決しようとしている。

しかしそのような設備に依存するスタンスは片手落ちといわざるを得ない。なぜならそれ以前に、住宅自体の性能を向上させることによって自然エネルギーを活用し、住宅の消費エネルギーを抑えることができるからである。戸建住宅においては、日射エネルギーの制御や通風制御が必要不可欠であるし、そのためには断熱、気密、熱容量、輻射といったシェルターの性能を向上させることが前提となる（第1、2層）。さらに集住体になれば、床面積あたりの外壁面積を削減できるため、資源の節約と大幅な省エネ効果を期待できる。

集住体の居住者がサステイナブルな意識を共有できれば、緑化、外断熱、ソーラーバッテリー（太陽電池）によって性能を向上させた環境共生の集住体を実現することができるだろう。その先には、先にも紹介した山本理顕が提唱する「地域社会圏」や、都市全体を省エネ化しようとするコンパクト・シティへの展開の可能性もある。重要なことは、住宅におけるエネルギーの問題は、シェルターや設備機器の性能のみならず、そこで生活する住民のライフスタイルに大きく依存しているという点である（第3層）。このように住宅におけるエネルギーの問題は他の層に密接に関係しているのである。

開かれた住宅

第3層の社会的・機能的な問題はきわめて複雑で不確定だが、一言でいえば、いかに「開かれた住宅」をつくるかという課題に集約できるように思われる。人口減少、少子化、高齢化によって家族形態が多種多様になり、従来のような標準的な核家族が中心的な存在ではなくなってきた以上、家族だけで自立・自閉することは今や不可能になった。それでも住宅産業は依然として「一家族・一住居」という制度にしたがって住宅を供給し続けている。もちろん核家族制度がまったく無意味になったわけではない。子供の養育にとって核家族における両親の存在は依然として重要だからである。さらに日本の法制度は、個人所有という条件を前提に組み立てられている。したがってこれからも戸建住宅の需要が消えることはないだろう。だとすればなおさらのことだが、戸建住宅は開かれた住宅にならなければならない。

まず住宅の内部においては、閉じた個室を可能な限り開き、家族のメンバー相互が、何らかのコミュニケーションがとれるような住宅であることが望ましい。室内においても開かれた住宅は、家族構成やライフスタイルの変化に対してフレキシブルに対応できるからである。そのうえで住宅全体は、街に対して開かれ、街と何らかの関係をもち街の景観に対して積極的に寄与しなければならない。現代の住宅は、セキュリティとプライバシーを守るためにデザインされるといわれている。しかしながら一戸の住宅だけによって、あるいは壁というハードウェアによってセキュリティとプライバシーが確保できると考えるのは幻想である。開かれた住宅が連続して街をつくることによって、街のセキュリティが守られ、互いにルールを守ることによってプライバシーが確保されるのである。戸建住宅であっても、常に周囲の住宅や都市空間との間に何らかの関係をもっているような住宅でなければならない。そのような住宅をつくることが、街に住むために必要最低限の義務ではないだろうか（第4層）。

集住体の場合問題はもっと複雑である。玄関の扉によって閉ざされた住戸、あるいは集住体の入口で厳重にロックされたゲーティッド・コミュニティは、閉ざされた戸建住宅以上に幻想によって支えられている。おそらく無人の道路以上に、無人の廊下は不安をひき起こすだろう。しかしそこに住戸内からの灯りや人影が漏れさえすれば、一気に安全な場所に変わるのではないか。それ以上に、住人同士の微かな交流がうまれ廊下は都市的な場所に変わるだろう。さらに住宅に仕事場やワークショップが附属した職住近接住宅であれば、廊下は安全な街路になるだろう。多種多様な家族が住むコレクティブ・ハウスや、住民が共通の価値観をもったコーポラティブ・ハウスならば、住戸は必然的にコモン空間に開かれるだろう。スケルトン・インフィル（SI）システムは、家族構成やライフスタイルの変化に対して、プラニングをフレキシブルに変更したり開放性の異なる住戸をつくることを可能にするだろう（第1層）。

時間のデザインと場所性

第4層のもっとも重要なテーマは時間のデザインである。建築の4層構造からも明らかであるように、時間のデザインは他の3層すべてに関係している。

物理的な層では工業生産化された材料や部品が、木材、石、レンガのように風化（ウェザリング）や熟成（エイジング）に耐えて時間を刻み込むデザインが可能かという課題がある。しかし現在のほとんどの外装材料には、耐候性をもたせるために何らかの表面処理が施されている。その目的は完成時の仕上げを保つためであり、時間のデザインとはむしろ逆行している。かろうじて素地仕上げや焼成された工業製品に、風化や熟成を受け入れる可能性が残されているといえるだろう。

リノベーションは第1層での重要なテーマであり、住宅の性能を高め長寿命化する重要な方法である。ＳＩ構法はそれに対する効果的な解答だといえよう。さらに乾式構法を用いた組立による建設方法は、将来の材料や部品の再利用やリサイクルに対して有効な方法となるだろう。エネルギーの層では、時間や技術革新による設備機器類のメンテナンスや更新の問題がある。これに対しては、設備機器類のメンテナンス・システムを表現に統合するようなデザインは現在でも有効だろう。そのためには乾式構法との組み合わせが重要な課題になるだろう。社会的・機能的な面ではコンバージョン（用途変更）だけでなく、家族構成やライフスタイルの変化に対応した間仕切の変更や増改築がある。これらの課題に対しては、乾式構法やＳＩ構法が効果的な解答を与えるだろう。

住宅の時間的な機能変化は、生活やアクティビティに関わるソフトな問題である。これに対してハードウェアとしての建築においては、当初はできるだけつくり込むことは避け、最小限の要素によって空間をつくるにとどめ、将来の変化の余地を残しておくことが肝要だろう。一室空間住居はそれに対するひとつの解答だといってよい。住宅が住まわれ使い込まれることを通して刻み込まれる時間の表現は、とりわけ重要な課題である。しかしながら時間の表現は建築家のデザインだけによってうみ出されるものではない。住み手が時間をかけて住み込むことによってうみ出される表現である。したがって機能的な変化に対する余地と同じように、デザインの要素を最小限に抑えることが、住み手による時間のデザインを受け入れる余地をうみ出すのではないだろうか。

住宅を構成する材料や部品がすべて工業生産化されたとしても、住宅は特定の土地の上に建てられる。この点は仮設住宅であっても集住体であっても同じである。住宅が場所性をもつことは、一般的な工業製品とは決定的に異なる点だといってよい。たしかに土地は今や商品として売買されている。にもかかわらず、その土地が唯一無二の場所性をもつ点は変わらない。その場所の条件を受け止めながら、その条件を活かし、周囲の環境に対して開かれた関係をもちながら、その場所にしかない住宅、住宅が時間性をもつための最終的な条件はそこにある。それは土地に根づいた樹木のような存在である。つまり場所に植樹され、そこで育っていく樹木のような住宅が、これからの住宅のモデルになるのではないだろうか。

2. 建築家の役割

新しい住宅のヴィジョンを具体化するには、建築家は今後どのように取り組んでいけばよいだろうか。最後にその可能性について考えてみたい。

第1章でも述べたように、建築家がデザインする住宅の数は、現実に建設されている住戸数に比べれば、きわめて僅かでしかない。しかも建築家に依頼するクライアントは、ありふれた常識的な住宅ではなく、特殊でユニークな住宅を求めている。したがって建築家が、具体的なデザインを通して世の中の支配的な潮流に対して何らかの影響を与えることは、きわめて難しいといわざるを得ない。ではそのような状況のなかで、建築家は住宅のデザインを通して、どのような社会的な役割を果たすことができるだろうか。筆者の考えでは、建築家がとることができる立場は大きく分けるとふたつあるように思う。

ひとつは世の中の一般的なデザイン潮流に対して、特異で批評的なデザインを対峙させる立場である。つまり一般的なデザインの潮流に疑問を投げかけ、それとは異なるデザインの可能性があることを示そうとする立場である。そのような代替的なデザインの提案は、一般的なデザインではなくユニークなデザインを求めるクライアントの希望に応えることにもなる。したがってこれは多くの建築家がとっている立場だといってよい。通常、建築家は特異なデザインを提案するそのような職能のイメージでとらえられている。

もうひとつは世の中の潮流を見きわめながら、そこに潜む潜在的な可能性を読み取り、その可能性をさらに先へ推し進めるようなプロトタイプ的なデザインを提示しようとする立場である。あるいは現在の主要な住宅デザインに対峙するようなデザインではなく、むしろその潮流を純化する方向へと推し進めようとする立場だといってもよい。もちろん現在の住宅デザインの潮流は多様だから、それを読み取り推し進める方向性も一律ではないだろう。

いずれにしてもこのような立場をとるためには、現在の住宅が置かれた状況を歴史的に読み取る精細な眼が不可欠であることはいうまでもない。前者を批評的な立場、後者をプロトタイプ的な立場と呼んでもよいだろう。いずれの立場も、特殊解を提示することによって社会に何らかのメッセージを送ろうとする点では共通している。ほとんどの建築家は前者の批評的な立場をとっている。建築家の仕事は特異なデザインによって通常のありふれたデザインとの差異を浮かび上がらせることだと考えられているからである。

それに対して、筆者は後者の立場をとろうとする建築家である。もちろん筆者も特異なデザインを求めるクライアントの要求に対して応えることに吝《やぶさ》かではない。しかしながらそれ以上に、個別的なデザインを通して社会にメッセージを送るには、時代の潮流を読み取り、その方向性を浮かび上がらせるような住宅、すなわちプロトタイプ（原型）的な住宅をデザインすることが建築家の重要な役割ではないか。プロトタイプのデザインを通して、批評的ではなくともユニークな住宅を提案することができるのではないかと考える。最後に、筆者の立場を示す具体的な住宅を紹介しよう。筆者は１９９５年から今日に至るまで「箱の家」という住宅のシリーズをつくり続けている。「箱の家」のデザインは、一見すると多種多様だが。すべてが「建築の4層構造」にもとづく以下のようなコンセプトによってデザインされている。

第1層　物理性：構法を標準化し、コストパフォーマンスの最適化を追求する。

第2層　エネルギー性：自然のエネルギーを取り入れ、省エネルギーで高性能の住宅を実現する。

第3層　機能性：一室空間化によって、家族＝内と、街＝外に開かれた住宅を実現する。

第4層 記号性：単純な箱型のデザインによって、コンパクトでサステイナブルな住宅を実現する。

「箱の家」のこのコンセプトは、最初から確立していたわけではない。たまたま典型的な核家族のために、きわめてローコストの住宅をデザインしたとき、やむを得ず細かな要求条件をすべて削ぎ落とし、筆者が考えている住宅の原型を、そのままの形で提案したことからうまれたのが「箱の家001」である（図15-1〜6）。その後、「箱の家001」に共感するクライアントがつぎつぎに出現し、現代の住宅に関する筆者の考え方が、ある種の普遍性をもつことに気づいた。そして同じような住宅を求めるクライアントに応えて、デザインを展開していくことを通じて「建築の4層構造」の理論が構築され、さらにその理論からのフィードバックによって「箱の家」の4つのコンセプトへと収斂していったのである。

「箱の家」シリーズは2020年現在で約164戸が実現し、その後にはサステイナブルな「箱の家」へと進化しつつある（図15-7）。さらに「箱の家」のコンセプトの展開形として「無印良品の住宅」や「アルミエコハウス」あるいは第2章で紹介した東日本大震災の被災地のための木造集会所「ＫＡＭＡＩＳＨＩの箱」、福島県の木造仮設住宅、さらには復興住宅のプロトタイプなどが開発されている（図15-8）。「箱の家」シリーズは現代住宅の可能性をすくい上げるひとつの特殊解に過ぎない。建築家とは特殊解を通して社会にメッセージを送る職能ではないかと筆者は考えている。

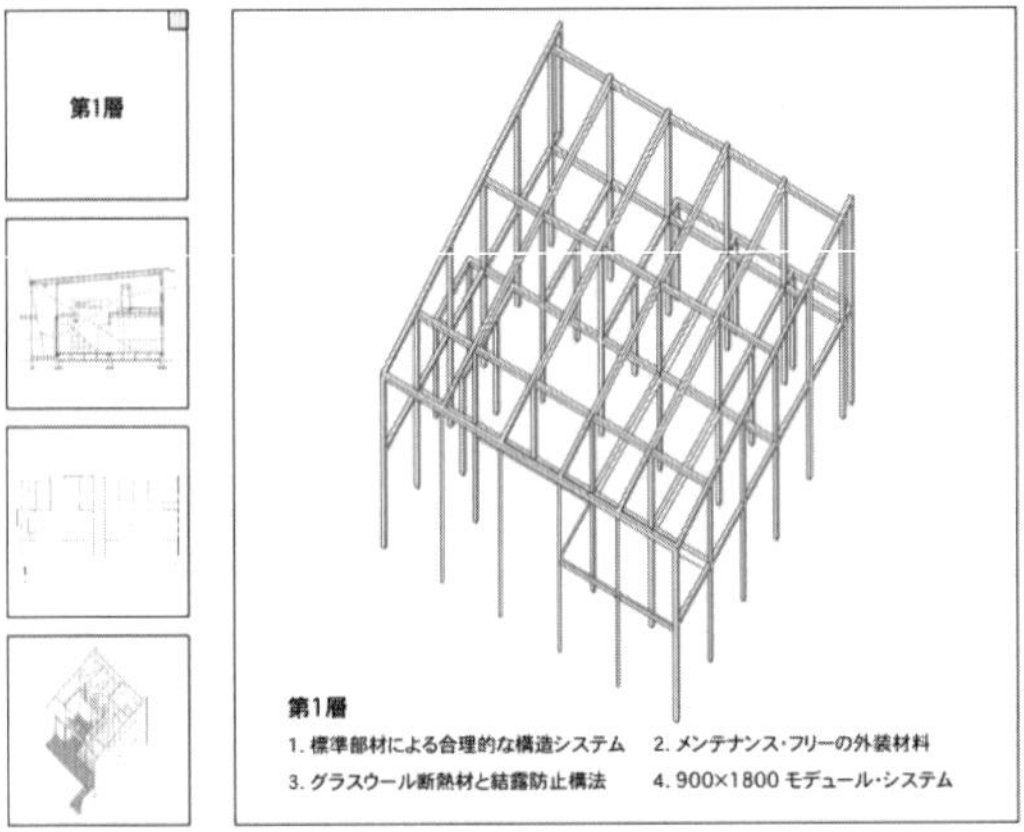

図 15 − 1 :「箱の家 001」第 1 層 : 標準化されたフレームと
サステイナブルなシェルター

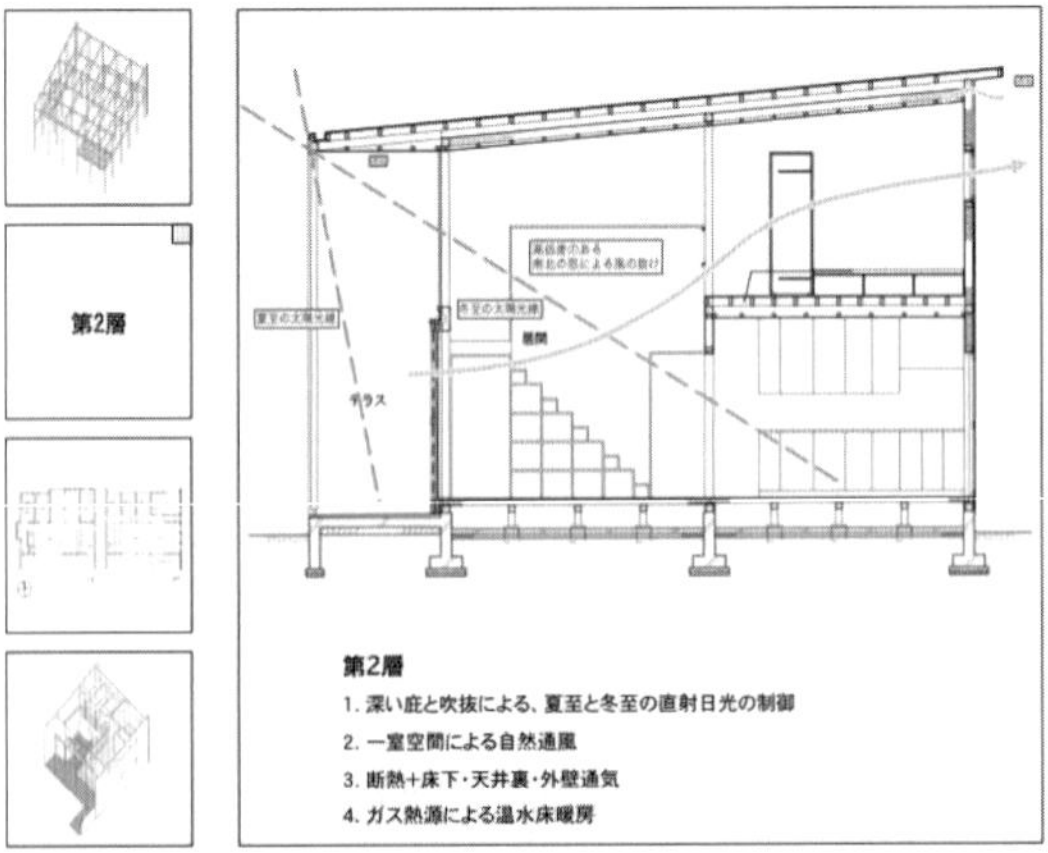

図15 − 2 :「箱の家001」第 2 層 : 環境制御装置としての「箱の家」

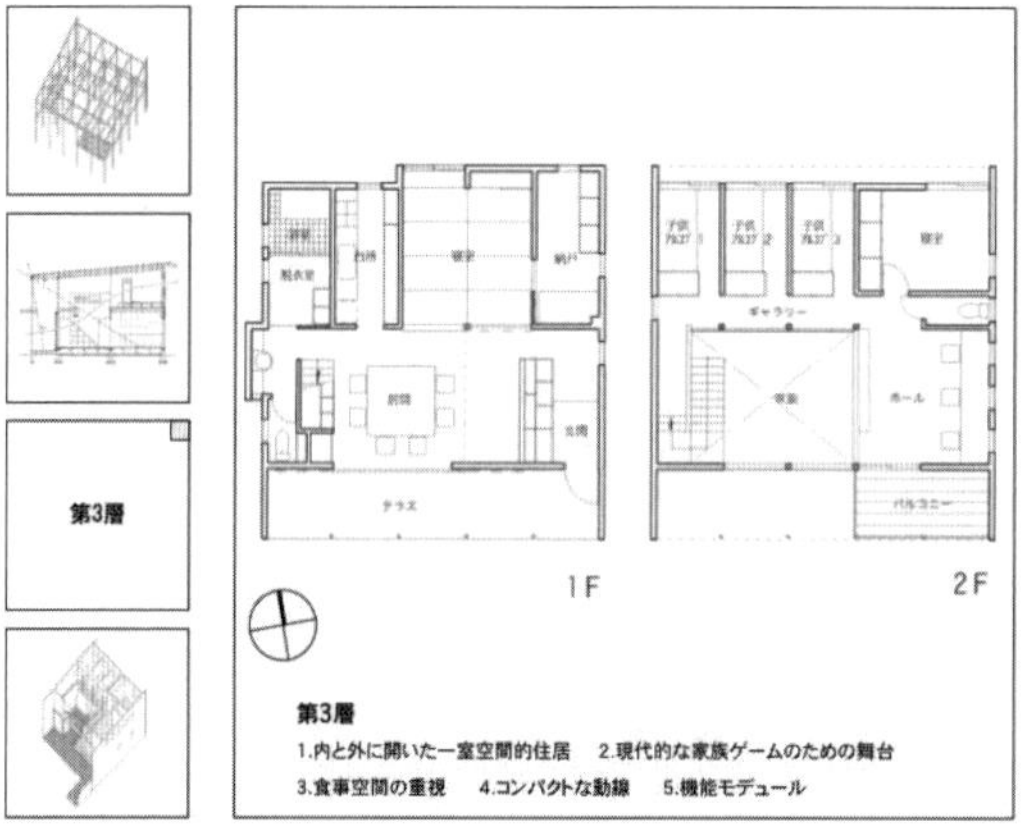

図15－3：「箱の家001」第3層：一室空間住居

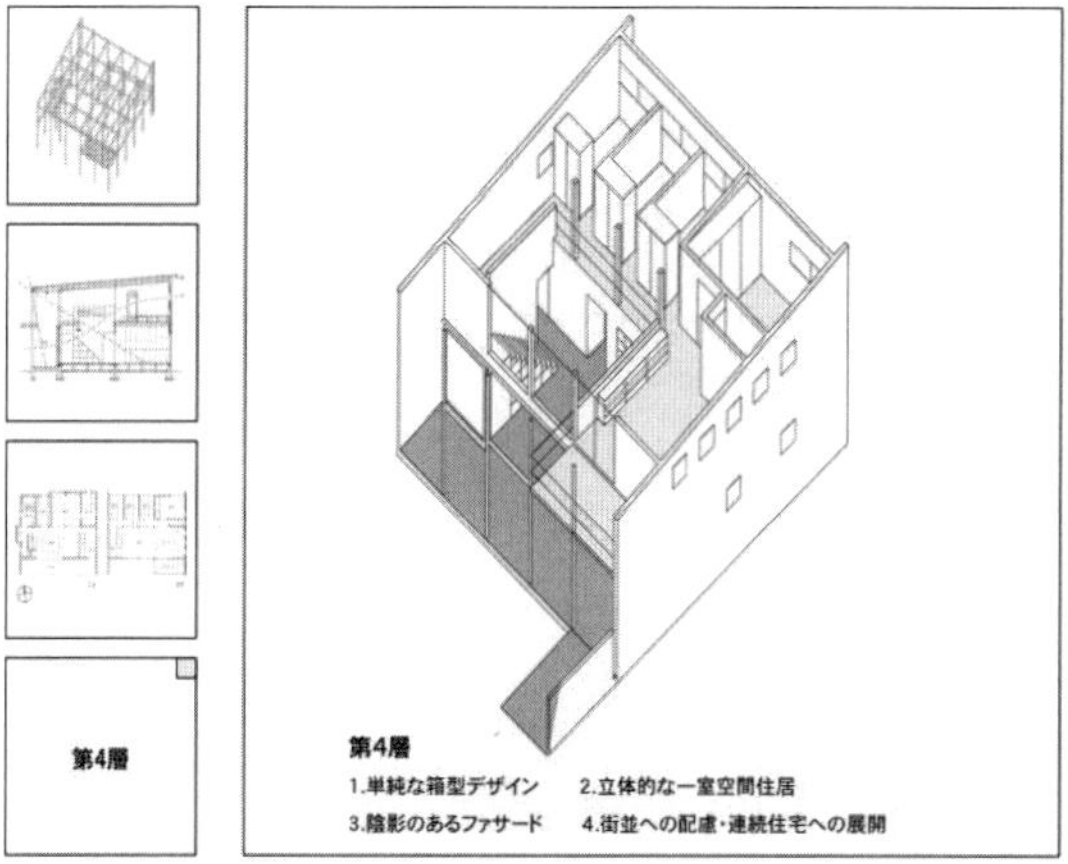

図15－4：「箱の家001」第4層：単純な箱型デザイン

図15－5：「箱の家001」外観（写真：平井広行）

図15－6：「箱の家001」内観（写真：坂口裕康）

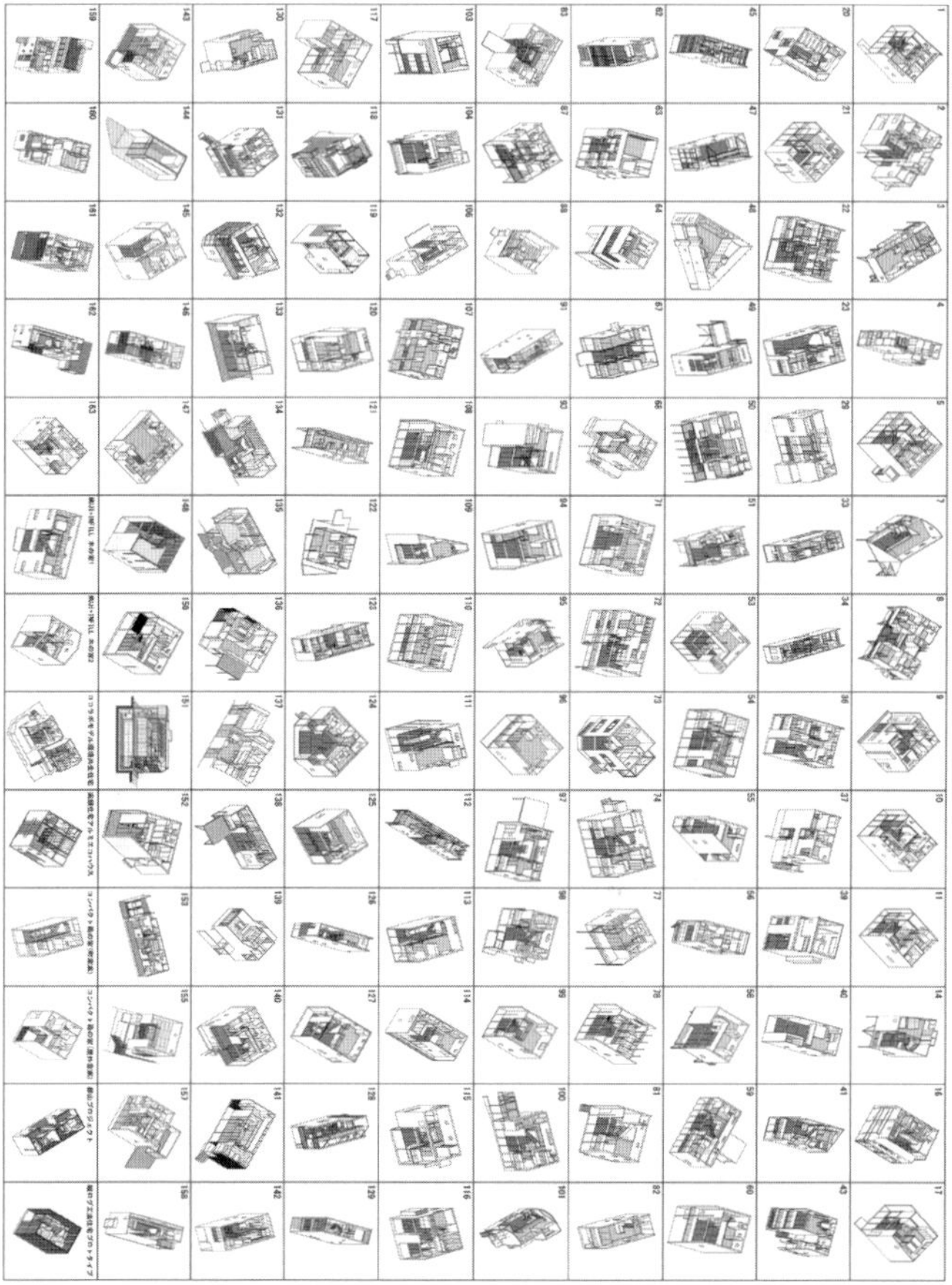

図15－7:「箱の家」シリーズ 1995 - 2020

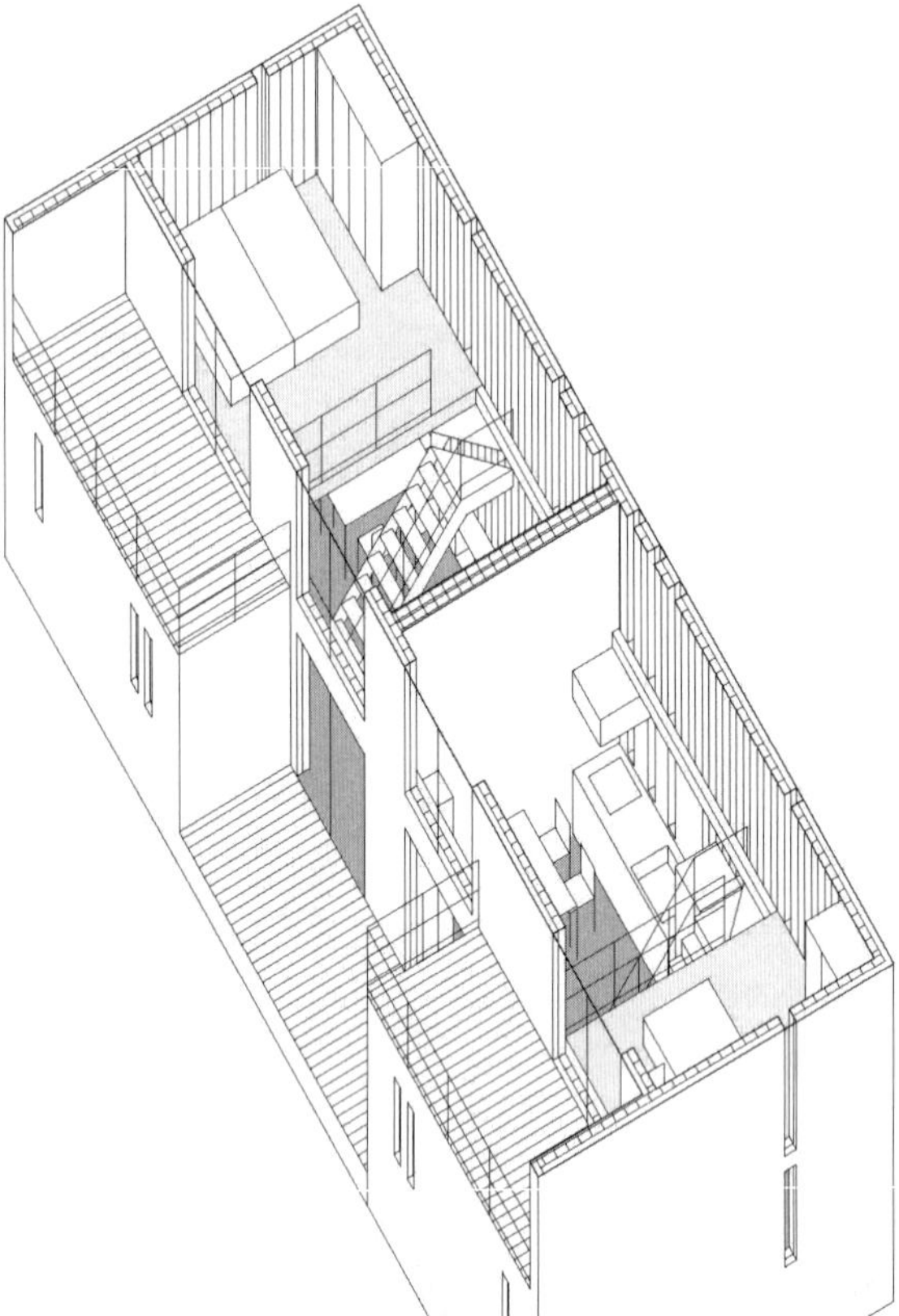

図15－8：郡山復興住宅のプロトタイプ

参考文献

1. 『「箱の家」に住みたい』（難波和彦：著　王国社、２０００）
2. 『「箱」の構築』（難波和彦：著　ＴＯＴＯ出版、２００１）
3. 『箱の家　エコハウスをめざして』（難波和彦＋界工作舎：著　写真：坂口裕康＋ＡｔｏＺスタジオ　ＮＴＴ出版、２００６）
4. 「難波和彦はどこへ向かうか　エコハウスの条件」（『住宅建築』２００７年７月号 建築資料研究社）
5. 『建築家は住宅で何を考えているのか』（難波和彦＋千葉学＋山代悟：著　ＰＨＰ研究所、２００８）
6. 『建築の四層構造』（難波和彦：著　ＬＩＸＩＬ出版、２００９）
7. 『東京大学建築学科　難波研究室　活動全記録』（東京大学建築学科　難波和彦研究室：編著　角川学芸出版、２０１０）
8. 『進化する箱』（難波和彦：著　ＴＯＴＯ出版、２０１５）

索引

事項

【あ行】

【か行】

【さ行】

【た行】

創刊の辞

この叢書は、これまでに放送大学の授業で用いられた印刷教材つまりテキストの一部を、再録する形で作成されたものである。一旦作成されたテキストは、これを用いて同時に放映されるテレビ、ラジオ（一部インターネット）の放送教材が一般に四年間で閉講される関係で、やはり四年間でその使命を終える仕組みになっている。使命を終えたテキストは、それ以後世の中に登場することはない。これでは、あまりにもったいないという声が、近年、大学の内外で起こってきた。というのも放送大学のテキストは、関係する教員がその優れた研究業績を基に時間とエネルギーをかけ、文字通り精魂をこめ執筆したものだからである。これらのテキストの中には、世間で出版業界によって刊行されている新書、叢書の類と比較して遜色のない、否それを凌駕する内容ものが数多あると自負している。本叢書が豊かな文化的教養の書として、多数の読者に迎えられることを切望してやまない。

二〇〇九年二月

放送大学学長　石弘光

放送大学

学びたい人すべてに開かれた
遠隔教育の大学

〒261-8586千葉市美浜区若葉2-11
Tel: 043-276-5111　Fax: 043-297-2781　www.ouj.ac.jp

難波和彦（なんば・かずひこ）

1947年　大阪に生まれる
1974年　東京大学大学院 建築学専攻　博士課程修了
現在　　東京大学名誉教授　（株）難波和彦・界工作舎代表

代表作品 田上町立竹の友幼稚園（1977） EXマシン（1990） なおび幼稚園（2004） アタゴ深谷工場（2010） 箱の家シリーズ（1995～）

主な著書
『戦後モダニズムの極北：池辺陽試論』（彰国社 1999） 『箱の家　エコハウスをめざして』（NTT出版 2006） 『建築家は住宅で何を考えているか』（共著 PHP研究所 2008） 『建築の 4層構造　サステイナブル・デザインをめぐる思考』（LIXIL出版 2009） 『東京大学建築学科 難波研究室活動全記録』（角川学芸出版 2010） 『進化する箱』（TOTO出版 2015）

シリーズ企画：放送大学

新・住宅論

2020年7月31日　第一刷発行

著者　　難波和彦

発行者　小柳学

発行所　左右社
〒150-0002 東京都渋谷区渋谷 2-7-6 金王アジアマンション 502
Tel：03-3486-6583　Fax：03-3486-6584
http：//www.sayusha.com

装幀　　松田行正＋杉本聖士

印刷・製本　創栄図書印刷株式会社

Printed in Japan　ISBN978-4-86528-284-9